四川省教育厅人文社科重点研究基地宜宾学院四川思想家研究中心
资助课题

贺麟人生哲学研究

代发君 ◎ 著

西南交通大学出版社
·成都·

图书在版编目（CIP）数据

贺麟人生哲学研究 / 代发君著. —成都：西南交通大学出版社，2019.8
ISBN 978-7-5643-7020-6

Ⅰ. ①贺… Ⅱ. ①代… Ⅲ. ①贺麟（1902—1992）- 人生哲学 - 哲学思想 - 研究 Ⅳ. ①B261.5

中国版本图书馆 CIP 数据核字（2019）第 172921 号

Helin Rensheng Zhexue Yanjiu

贺麟人生哲学研究

代发君　著

责 任 编 辑	郑丽娟
封 面 设 计	原谋书装
出 版 发 行	西南交通大学出版社 （四川省成都市金牛区二环路北一段 111 号 西南交通大学创新大厦 21 楼）
发行部电话	028-87600564　028-87600533
邮 政 编 码	610031
网　　　　址	http://www.xnjdcbs.com
印　　　　刷	四川煤田地质制图印刷厂
成 品 尺 寸	148 mm×210 mm
印　　　　张	8.75
字　　　　数	228 千
版　　　　次	2019 年 8 月第 1 版
印　　　　次	2019 年 8 月第 1 次
书　　　　号	ISBN 978-7-5643-7020-6
定　　　　价	58.00 元

图书如有印装质量问题　本社负责退换
版权所有　盗版必究　举报电话：028-87600562

目 录

绪 论 ······001
一、贺麟人生哲学的背景与理论诉求 ······001
二、贺麟对人生哲学的关注和倾向 ······005
三、贺麟人生哲学的呈现及主要特色 ······010
四、国内贺麟人生哲学研究的现状和问题 ······015
五、本课题研究的基本思路和难点 ······019

第一章 人生价值的奠基 ······023
一、"逻辑心"与物 ······023
二、"逻辑心"与理 ······032
三、"逻辑心"与人的尊严和自由 ······040

第二章 人生自我的建立 ······044
一、何谓"建立自我" ······044
二、建立自我的价值 ······048
三、建立自我的方法 ······051

第三章 人生理想的引领 ······056
一、理想、梦想与幻想 ······056
二、反对理想的两种倾向 ······060
三、重视理想的四个理由 ······064
四、理想与现实合一的途径 ······067

第四章　人生使命的担承 … 070
　　一、理想与使命的关系 … 070
　　二、使命在人生中的意义 … 072
　　三、人的一般使命 … 075
　　四、个人的特殊使命 … 078

第五章　人生信仰的确立 … 082
　　一、信仰的起源、性质及其与知识的关系 … 083
　　二、信仰的类别及其联系 … 086
　　三、信仰在人生中的功用及其价值取向 … 088
　　四、人生是否应该及如何建立自己的政治信仰 … 092

第六章　人生态度的培育 … 096
　　一、"乐观""悲观"与"情绪观" … 096
　　二、乐观与悲观的相互纠缠与超越 … 099
　　三、从悲观论向乐观论的发展趋势 … 102
　　四、真正乐观人生态度的思想基础 … 104

第七章　人生自由的获取 … 107
　　一、人生自由的三个层次 … 107
　　二、意志自由的两个类别 … 110
　　三、获得自由的三条途径 … 113

第八章　人生学识的涵养 … 119
　　一、"学养"（Bildung）及其内涵 … 119
　　二、哲学、宗教、艺术与真、善、美学养的合一 … 122
　　三、"为学"与"为人"的关系 … 125
　　四、哲学在人生学识涵养中的地位 … 127

第九章　人与自然的映衬 … 130
　　一、自然、"Enquickung"与"Stärkung" … 130

二、工具性的自然与自为的人生 ························· 133

　　三、镜象性的自然与自识的人生 ························· 135

　　四、本源性的自然与自觉的人生 ························· 138

　　五、对象性的自然与自主的人生 ························· 140

第十章　理想人格的塑造 ······································· 143

　　一、新儒者的人格标准 ································· 143

　　二、新儒者的人格表现 ································· 148

　　三、新儒者的人格态度 ································· 152

第十一章　天道人欲的辨析 ····································· 156

　　一、"假私济公"与天道流行 ····························· 156

　　二、自私的近义是自保、自为和自爱 ····················· 161

　　三、超私归公的两个根据 ······························· 162

　　四、理欲调和与寓公于私 ······························· 164

第十二章　伦常德行的守持 ····································· 167

　　一、五伦关系的新检讨 ································· 168

　　二、三纲学说的真精神 ································· 173

　　三、五伦三纲学说的当代价值 ··························· 177

第十三章　时空内外的哲思 ····································· 181

　　一、时空、超时空与生命智慧的开启 ····················· 182

　　二、时空是人作为人的心中之理 ························· 184

　　三、时空是人的自然知识和自然行为所以可能的心中之理 ··· 188

　　四、跨越时空与天地精神往来 ··························· 192

第十四章　教育思想的考察 ····································· 196

　　一、教育目标的转变与走向 ····························· 196

　　二、教育效能的提升与更新 ····························· 199

　　三、人生教育的三个阶段 ······························· 201

四、宣传活动的教育意义 ……………………………………… 203
　　五、英雄崇拜在人格教育中的作用和功能 …………………… 205
　　六、教学相长与长幼相学 ……………………………………… 208

第十五章　阅读方法的探索 ………………………………………… 211
　　一、逻辑的阅读方法 …………………………………………… 212
　　二、体验的阅读方法 …………………………………………… 215
　　三、玄思的阅读方法 …………………………………………… 218

第十六章　观念意识的调整 ………………………………………… 222
　　一、独立自主的批判意识 ……………………………………… 222
　　二、同情理解的接受意识 ……………………………………… 225
　　三、中西对勘的比较意识 ……………………………………… 230
　　四、推陈出新的创新意识 ……………………………………… 232

第十七章　社会生活的开展 ………………………………………… 235
　　一、道德生活的新动向 ………………………………………… 235
　　二、法制观念的新认识 ………………………………………… 240
　　三、功利主义的新发展 ………………………………………… 244
　　四、人己关系的新评价 ………………………………………… 249
　　五、爱与生死的新体验 ………………………………………… 254

第十八章　知行合一的践履 ………………………………………… 258
　　一、"知行合一"字词释义 …………………………………… 259
　　二、"自然的知行合一"向"价值的知行合一"的转进与分歧 … 262
　　三、"理想的价值的知行合一"与"率真的价值的知行合一"的
　　　　努力方向 …………………………………………………… 265
　　四、讨论"知行合一"的原因及其价值 ……………………… 269

后　　记 ……………………………………………………………… 272

绪　论

一个民族的思想启蒙最根本、最艰巨的莫过于人生哲学的改造和更新。由于思想的现代化与作为思想主体的人的现代化是同一过程的两个方面，人的现代化便成为思想现代化的核心和焦点。在现代新儒家思想开展过程中，人生问题同样是其不能回避的思想议题，新儒家学者们对此均有不同形式和程度的涉及。作为新儒家思想重镇，贺麟对人生问题也给予了高度关注，并认为"我们要国家社会的现代化，还须从使每个人的人生观它现代化做起"①。他高扬理想主义大旗，冶古今中西人生哲学思想于一炉，极力发挥儒家传统人学思想和近现代人学素养，以强烈的批判精神扩充人的精神空间，拓展人的精神视域，建立起具有远大理想、有使命担当、有自由精神、有乐观态度、有道德操守、有学识涵养且能知行合一的理想主义人生哲学理论体系。上通天道，下及人事，宏阔而博大，内在而超越，使人生哲学的精神向度得到极大的拓展和开发，为人的现代化提供了坚实的学术基础和教化功能。

一、贺麟人生哲学的背景与理论诉求

1840年，以鸦片战争为标志，中国开始了近代化的历程。东方和西方由历史文明交流发展到以军事冲突为标志的特殊阶段，这种冲突从形式上看是殖民主义国家与被殖民国家之间、压迫与

---

① 贺麟：《文化与人生》，北京：商务印书馆，2005年，第321页。

反压迫之间的冲突，但在本质上却是两种不同文明形式之间的现实遭遇，是传统与现代的一种激烈对抗。腐朽的封建王朝由于跟不上历史的进程而以彻底失败告终，最终导致了封建专制主义的结束。这一剧烈的历史变迁给国人带来的震动史无前例，并演绎为一场风雷激荡的学习运动，推动着国人由传统走向现代。

经由科技（洋务运动）、政治（戊戌变法）、文化（五四运动）的逻辑跃迁，国人将对西方的学习层层推进，西方文化汹涌而至，直接冲击着国人的世界观、人生观和价值观。"儒门淡薄、收拾不住"，资产阶级要求人们对以孔子为代表的儒家思想进行无情的攻击和彻底的批判，要求将封建主义的世界观和人生观改变为资产阶级的世界观和人生观。他们以科学和民主为大旗，引进西学、改良民族精神，用科学理性反对传统实用理性，用近代人文主义反对传统的仁礼禁忌，力图建立以自我为价值主体的现代个体，以便取代以家庭为本位的传统人生。借用美国威斯康星大学教授林毓生的观点：从19世纪末到20世纪初的中国反传统主义都有一个共同的信念，"那就是要振兴腐败没落的中国，只能从彻底转变中国人的世界观和完全重建中国的意识入手"。他称之为"借思想文化以解决问题的途径"。①

然而，中国资产阶级的先天不足和后天环境的恶劣使其革命努力与现实社会要求存在着巨大差距。一方面，与西方近代资产阶级思想家的历史处境相比，中国近代资产阶级思想家从一开始就面临着异常尖锐的社会政治矛盾，救亡压倒启蒙，②尽管他们具有深刻的理论自觉，时代却没有给予他们深入系统批判旧哲学、

---

① 林毓生：《中国意识的危机——"五四"时期激烈的反传统主义》，贵阳：贵州人民出版社，1988年，第45页，第85页。
② "救亡压倒启蒙"是李泽厚在《启蒙与救亡的双重变奏》中提出的著名观点，他认为，"启蒙"和"救亡"是中国现代思想史的两大主题。由于在发展过程中，"反封建"的文化启蒙任务被民族救亡运动"中断"，革命和救亡运动没有继续推进文化启蒙工作，反而渗入"传统的旧意识形态"，以致造成"文革"，"把中国意识推到封建传统全面复活的绝境"。

建立新哲学的条件和时机。另一方面，传统思维方式和哲学观念仍自觉不自觉地存在于他们头脑中，强制并束缚着他们的思想，资产阶级的世界观、人生观、价值观远未在中国生根，没有成为指导人们现实生活的准则。"他们思想理论中包含着的内在矛盾冲突在新的条件下以更为激烈和深刻的形式反映出来，并预示着在新文化运动后期资产阶级思想阵营的分化。"①

在此背景之下，以传统文化保守者自居的新儒家思想阵营应运而生。他们"以传统儒家人生哲学为中国人生命精神和人生慧识的正宗和代表，强调由人本的、道德的形而上学的进路，以儒家人生观作为主体，会通、吸纳西方人生观中的有益成分，以作为中国人生哲学理论现代化的出路。在中国现代化的问题上，新儒家学者们的共识是，依靠发掘人类内在的道德'良知'、通过做'圣贤工夫'以挺立人之所以为人的人格尊严，作为整个中华文化现代化的根基和基本途径。在理论建构上，他们将关于人的存在、发展及其意义的理解作为全部思想上的基础和出发点"②。其强烈的人文关怀和民族意识为他们在现代思想史上赢得了文化保守主义的时代声誉，并以卓然而立的姿态与自由主义、马克思主义并驾齐驱，成为现代化过程中中国思想界的"三足"之一。

1922年，梁漱溟的《东西方文化及其哲学》诞生，成为现代新儒家人生哲学的开山之作。梁漱溟认为东西方文化的差异是"人生路向"上的根本不同。他一反"中国人蹈袭西方的浅薄"，要求走"孔家的路"，中国人应"如宋明人那样再创讲学之风，以孔、颜的人生为现在的青年解决他烦闷的人生问题"。如此"才可以真吸收熔取了科学和德谟克拉西两精神下的种种学术种种思潮而有

---

① 武东生：《现代新儒家人生哲学研究》，沈阳：辽宁大学出版社，1993年，第29页。
② 武东生：《现代新儒家人生哲学研究》，沈阳：辽宁大学出版社，1993年，第3页。

个结果"①。1923年2月,张君劢在清华大学作"人生观"的演讲,进而引发一场关于科学与玄学在人生问题应用上的大论战。他认为"思潮之变迁,即人生观之变迁也。中国今日,正其时矣","方今国中竟言新文化,而新文化转移之枢纽,不外乎人生观"②。他坚持以宋明理学的心性论指导中国人的人生,反对对西方的科学的顶礼膜拜。"他们都认为人生观除去具有使人'有着落'的意义外,能否建立正确的人生观更是决定民族整个文化的关键所在。"③

  作为现代新儒家的第一代群体,梁漱溟和张君劢等人在人生哲学上的成绩不可磨灭,却又不容回避地带有那一时期儒学复兴的初创性特征与理论局限。出于对现实社会问题和思想问题的正面作答,他们明确了现代人生哲学的开创方向、人生理想和主要路径,然而他们的人生哲学却缺乏对中国传统人生哲学和西方人生哲学的深入批判,缺乏在人生哲学上的系统构建;特别是源于现实社会的种种刺激,使得他们的人生哲学不同程度带有矫枉过正和偏执特性,使得他们在现代化的人生哲学过程中,在处理东方与西方、工具理性与价值理性、自由民主与儒家伦理等方面明显不足,且缺少本体论层面的哲学思考,为后来的儒家学者在人生问题上的思考提出了更为艰巨的历史任务。

  20世纪30年代,现代人生哲学的研究进入了一个新的历史阶段。国内政治矛盾冲突加剧,思想理论争鸣依然存在,一大批青年学者从国外学成归来,成为现代新儒家学者的理论中坚。他们既有传统儒学的人文素养,又受过西方文化的长期熏陶,"在人生经历和体验上,学养和知识结构上都更具有近现代知识分子的特点"④。由于师从多门,较少门户之见,他们的思想具有更大的开

---

① 梁漱溟:《东西方文化及其哲学》,北京:商务印书馆,2005年,第215页。
② 张君劢:《中西印哲学文集》,台北:台湾学生书局,1981年,第914-915页。
③ 武东生:《现代新儒家人生哲学研究》,沈阳:辽宁大学出版社,1993年,第31页。
④ 武东生:《现代新儒家人生哲学研究》,沈阳:辽宁大学出版社,1993年,第47页。

放性和包容性。特别是在第一代儒家学者的探索下,他们对儒家人生哲学的研究拥有更多的理论资源,这为其进一步反思现代人生哲学,沿着第一批新儒家学者开创的方向持续进发奠定了基础。贺麟就是在这一历史时期成长起来的学者之一。

二、贺麟对人生哲学的关注和倾向

作为一个经历剧烈时代变迁的哲学家、思想家,贺麟对人生问题时刻保持着关注。他认为"哲学的职责就是要对人的重要的根本的问题,加以专门的研究"①。《近代唯心论简释》《五十年来的中国哲学》《文化与人生》等文集,系统展现了他对人生问题的深度思考。他说:

> 所谓人生,普通地说,就是人的生活、生存或生命。人的生活有多方面,有社会的生活和个人的生活,有衣食住行等物质生活,有宗教、艺术、道德、学术等精神生活。就心理方面说,复有情感生活、理智生活、意志信仰生活等方面。人生哲学就是将这各方面错综复杂的生活,加以一番反省和考察,从经验中求得一合理的看法,以作为生活的指导。简言之,就是格人生之物,穷人生之理,批评错误的人生态度而建立健全合理的人生观。②

贺麟认为,就普通个体而言,探讨人生问题其实并不容易,并且需要保持一种高度的谨慎。因为:

> 要探讨人生问题,就是要人自己研究自己,反省自己,大凡了解外物易,了解自己最困难。所以人生问题实在是最困难、最不容易研究的问题。也可以说是最重要、最大、最不易得解答的

---

① 贺麟:《近代唯心论简释》,北京:商务印书馆,2011年,第9页。
② 贺麟:《文化与人生》,北京:商务印书馆,2005年,第312页。

问题。谈此问题大都容易陷于宽泛空洞。

其次，人生问题是与做人有关的问题，也就是多少关于道德修养的问题。这种切身的问题，最好找个人最知己的朋友，最接近的师长，做私人的谈话，方有亲切的指导，不必作公开的讨论。并且这种切身的人生问题，全待自己反省、体察、自求解答，他人顶多只能尽提醒启发之责，此外实无能为力。

再次，在某种意义之下，个人最好是埋头热烈地去生活，去奋斗，忘记了自己有人生问题，有道德修养问题，那是最快乐的没有了。人的精神健康也与身体健康一样，有许多天天讲卫生，随时随地都在用科学方法想保持健康的人，每每容易生病。反之，一个很忙的人，听其自然，不特别讲卫生，也不特别戕贼身体，反而身体健康。同样，许多天天讲人生观，讲修养，道德名词挂在口上说的人，反而每每道德并不好。而许多从来不谈人生，不谈道德的人，生活反较快乐，道德反而较好（例如科学家的道德并不比道德家、传教士坏，一般人身体的健康并不比医生坏）。所以，我们一方面要对人生问题特别看重，特别认真，但另一方面又须不要把此问题当成一场空话来讲说。①

在贺麟看来，人生问题悬而难决，容易踏空，既不能够全凭外力，又不能仅仅停留在口头上，"平时静坐谈心性，临危一死报君王"等传统陋习便是实证。认真的反省和真诚的生活都是解决人生问题的重要途径。知行合一才是人生的达道。

但同时他也认为，知为主、行为从，正确的行为必须依靠正确知识的指引，人生不能与时代脱节，现代化是人生的永恒主题。他说：

一个人处在一个新时代，必须要有新的思想来指导他的行为，也可以说一个人现代化的生活与行为，必须与现代化的思想平行

---

① 贺麟：《文化与人生》，北京：商务印书馆，2005年，第80-81页。

发展。假如时代已经到了一个新的阶段，而支配人的行为的观念，仍是原来那一套陈腐的东西，或处在一新时代，顽固拒绝新时代应有的新思想，都足以障碍时代的进步，增加社会的纷扰，引起个人生活的矛盾与不安。①

他高扬传统儒学精神，认为儒学或哲学从本质上就是人学，就是一种以人为本，帮助人、理解人、成全人的大智慧。他反对那种远离人生、崇尚清谈、华而不实的哲学态度。他指出：

> 哲学的知识或思想，不是空疏虚幻的玄想，不是太平盛世的点缀，不是博取科第的工具，不是个人智巧的卖弄，而是应付并调整个人以及民族生活上、文化上、精神上的危机和矛盾的利器。哲学的知识和思想因此便被认为是一种实际力量——一种改革生活、思想和文化上的实际力量。②

不仅如此，他还认为，哲学在人的一生中扮演着至关重要的角色，因为哲学本身同时具有"真、善、美"的内在价值，是一种健康的精神活动，是促进人生自我完善和提升的途径，是使人生清楚、明白而且高贵起来的方法。他指出：

> 哲学是一种学养。哲学的探究是一种以学术培养品格，以真理指导行为的努力。哲学之真与艺术之美、道德之善同是一种文化，一种价值，一种精神活动，一种使人生高洁而有意义所不可缺的要素。③

在他看来，哲学与人生是密不可分的，哲学关注人生、人生亲近哲学是实现哲学功能和人生意义的重要手段。

---

① 贺麟：《文化与人生》，北京：商务印书馆，2005年，第215页。
② 贺麟：《五十年来的中国哲学》，上海：上海人民出版社，2012年，第15-16页。
③ 贺麟：《哲学与哲学史论文集》，北京：商务印书馆，1990年，第120页。

真正伟大的哲学并不是智巧的卖弄，而乃是精神上的清茶淡饭。真正伟大的哲学家，其伟大处即在于能够道出人心之所同然，能启发人的灵性，提醒人的潜伏意识。所以哲学若果要有生命的话，是应该与大众见面的；大众若果想要过有意义的生活的话，也应该设法与哲学亲近的。[①]

对贺麟而言，哲学与人生应该是一体两面、互为其根的，研究哲学必然诠释人生，考察人生必定依赖哲学。作为哲学家，其使命就是将自己于时代中体察的人生问题系统地发挥和表达出来，实现思想的时代自觉。在论文集《文化与人生》新版序言中，他曾深情地说：

我虽无法把它们分章节地作为系统的形式排列起来，但它们确是代表一个一致的态度，一个中心思想，一个基本的立场或观点，它们之间实有内在的联系。自信十余年来，我的思想没有根本的变化，没有今日之我与昨日之我作战或自相矛盾的地方，只是循着同一个方向进行发展。即是从各方面，从不同的问题去发挥我所体察到的新人生和新文化应取的途径。[②]

可见，人生哲学不仅是贺麟哲学的重要组成部分，而且是其哲学构架中的核心部分。

同时，在方法上贺麟也给予了高度的重视。在他看来，并非任何观点和方法都适合于对人生问题进行研究。[③]因此，必须予以深入的辨析。

一是机械观。这种观点从物理和化学的角度出发，认为自然完全受到机械定律的支配，于是用机械方法、"原子""数量"等概念来解释人生和精神现象。"将价值自然化，采用只承认数量的

[①] 贺麟：《哲学与哲学史论文集》，北京：商务印书馆，1990年，第120页。
[②] 贺麟：《文化与人生》，北京：商务印书馆，2005年，第1页。
[③] 贺麟：《近代唯心论简释》，北京：商务印书馆，2011年，第6页。

差别,而否认价值的差别的观点以研究人生问题,如认心灵为原子式的观点联合所构成,认社会为原子式的个人所构成等说,均系机械观所应有的结论。"①

二是生机观。即从生物学的研究来看,认为一切生物的各部分都相互关联,有自生力和内在目的来适应环境并维持和延续其生存。这种观点将"发育""进化""机构"等生物学上的概念扩大为宇宙原则,认为全宇宙都是充满了生命的有机体。

三是经济史观或唯物观。"此说认生产方式或经济组织的变迁为决定历史演化的主力,以人类适应社会生活、对付经济困难所产生的工具作为解释人类精神活动的关键。"②

四是精神观或理想观。这种观点通过对人类精神生活和文化历史的研究,认为人类文化为人类的精神力量创造而成,"因而应用其精神的或理想的观点以解释人生和自然,认自然为自由精神的象征,认历史的进化为绝对精神的自求发展,认精神有陶铸物质的力量,且必借物质方得充分的表现"③。

对于以上四种观点,贺麟认为我们不能等量齐观。从总体上看,前三种观点具有相对的局限性,不适合做普遍性学科应用,他说:"以上各种观点,皆各有其依据的学科背景,皆各予吾人对于宇宙以一种一贯的根本看法,因此亦各有其范围与效准:机械观不失为研究自然科学有用的假设;经济史观亦不失为解释社会现象和历史变迁之一种适用的假定;生机观在哲学上尚不失为一种不彻底的精神主义。"④也就是说,对于这几种观点,我们虽然要承认其学科的价值,但是也不能一味地到处乱用,例如,生机主义由于偏重本能和生命,不知理性和精神更为根本,被哲学史家称为自然的精神主义或精神的自然主义,若将这种观点作为研

---

① 贺麟:《近代唯心论简释》,北京:商务印书馆,2011年,第6页。
② 贺麟:《近代唯心论简释》,北京:商务印书馆,2011年,第6页。
③ 贺麟:《近代唯心论简释》,北京:商务印书馆,2011年,第6-7页。
④ 贺麟:《近代唯心论简释》,北京:商务印书馆,2011年,第7页。

究生物学的前提，就是对精神科学方法与范畴的滥用，最终会成为非科学非哲学的怪物。

而对于第四种观点，贺麟则给予了极大的肯定。他指出：

> 至于根据精神科学——亦称文化科学，以作哲学的基础，应用人类最高的精神能力以观认世界，规定机械的唯物观与经济的历史观以应有之地位与范围，使勿逾越权限，发挥精神生活的本质、文化生活的根基，批评自然科学和社会科学所依据的范畴、原则和前提，调节自然和精神的对立，而得到有机的统一，使物不离心而独立，致无体，心不离物而空寂，致无用，便是理想的观点所取的途径，也即是真正的哲学——不论唯心与否——应有的职务了。①

显然，在人生问题上，贺麟一开始便走上了一条唯心主义的人生哲学道路，对机械观、生机观和唯物观的考察，正是为其"精神观"或"理想观"的哲学方法进行的前提批判。

三、贺麟人生哲学的呈现及主要特色

从时间上看，贺麟在人生问题上的思考具有三个显著不同的历史时期，即留学时期（1926—1931年）、20世纪三四十年代（1931—1949年）和中华人民共和国成立以后（1949年以后）。②

1926年，贺麟赴美国留学，入奥柏林大学学习哲学。由于当时占支配地位的是杜威的经验主义，教师多注重从生理学、心理学和人类学等方面研究道德和人生观，促使贺麟在这一时期多以经验论的方法阐释和看待人生问题。克洛德（E.Clodd）、约翰·菲斯克（John Fiske）、朗格（A.Lang）的神话著作和泰勒（E.B.Taylor）、

---

① 贺麟：《近代唯心论简释》，北京：商务印书馆，2011年，第7页。
② 贺麟：《哲学与哲学史论文集》，北京：商务印书馆，1990年，第1-11页。

摩尔根（Morgan）的原始文化著作都曾对他产生过影响。在此过程中，贺麟先后写过多篇读书报告和论文，内容涉及神话的本质、魔术的性质、艺术与宗教的关系、村社制度、婚姻的起源、婚姻伦理等。其中，用英文写成的《论述吉伍动的伦理思想》和用中文写成的《西洋机械人生观最近之论战》，集中反映了贺麟早期的人生观、宇宙观、宗教观和伦理学方法论。由于"亲身体会到近代科学成就带来的巨大影响，耳濡目染杜威一派彻底经验论，压倒了他从小接受的理学"①。从这些文章来看，贺麟引证较多、分析较少，支持较多、批评较少，缺乏自己独立的见解。对此，在《哲学与哲学史论文集》序言中，贺麟曾有较为清楚的交代。他说：

> 我于1927年曾在《东方杂志》上发表《西洋机械人生观最近之论战》一文，最初收入《近代唯心论简释》一书内，现在看来，其内容与其他有关唯心论各文显然意味大不相同。因为那时我初到美国，在奥柏林大学教导我的老师多是杜威一派的，比较注重从生理学、心理学和人类学着手去讨论道德、人生观等哲学问题。②

此外，在收入《哲学与哲学史论文集》的《西洋机械人生观最近之论战》一文结尾按语中他也曾指出：

> 此文作于一九二七年之春。曾在《东方杂志》发表。当时因初到美国曾读到了一些生物学、生理学、心理学的书，对于哲学尚未得其门径。只能杂陈各方意见，不能提出自己的批评。文中对于机械主义相当同情。③

他甚至认为，"这些文章，由于和自然科学很有关系，所以比

---

① 张学智：《贺麟》，台湾：东大图书公司，1992年，第9页。
② 贺麟：《哲学与哲学史论文集》，北京：商务印书馆，1990年，第1页。
③ 贺麟：《哲学与哲学史论文集》，北京：商务印书馆，1990年，第387页。

较接近客观事实，也可以看作是接近唯物论"①。依据贺麟本人的看法和后来的思想发展，这一时期的学术观点显然不能代表其成熟时期人生哲学的思想水平和本来面目，且有本质的差异。

留学时期虽然未能使贺麟的人生哲学有所开展，但是却为他后来的人生哲学提供了丰富的养分，这与他对西方哲学的深入吸收密不可分。斯宾诺莎、格林、鲁一士、哈特曼、康德、黑格尔、费希特、谢林都不同程度对他产生过影响，为其"新心学"及其人生哲学的形成奠定了坚实的西学基础。

贺麟回国后不久，九一八事变、七七事变相继爆发，抗日战争全面开始。在民族危亡、国难当头的时刻，贺麟应时任天津《大公报》文学副刊编辑吴宓的建议，写一篇拿破仑入侵德国后德国哲人何以自处的文章。他欣然而作，用半年时间完成《德国三大伟人处国难的态度》，可以说是他真正介入当下，在时代前沿思考人生哲学的开始。他在其单行本序言中写道：

> 此篇之作虽系由于国难当前有所激发而成，而主旨欲在于客观地描述诸哲之性情、生活、学说大旨。希望此书不仅是激励爱国思想一时的兴奋剂，而且可以引起我辈青年朋友尚友千古，资以求学与修养的良伴与指针。

可见，贺麟此时已将歌德、黑格尔和费希特三大哲人的人生气节和处世言行作为表达自我、教育青年的楷模，彰显着他本人的生命热情和价值判断。诚如吴宓在按语中就其彰显黑格尔的言语所说："且作者黑格尔之学，夙已研之深而信之笃，更取中国古圣及宋儒之思想比较参证，融会贯通，期建立新说，以为中国今日之指针。故篇中凡描述黑格尔之处，亦即作者个人主张信仰及其成己济世之热诚挚意之表现也。"②这段话不仅道出了贺麟人生

---

① 贺麟：《哲学与哲学史论文集》，北京：商务印书馆，1990年，第5页。
② 贺麟：《德国三大哲人歌德 黑格尔 费希特的爱国主义》新版序，北京：商务印书馆，1989年。

哲学的热情,而且深刻阐明了他的人生哲学的思想方法。

从贺麟的性情上看,他一生希望成为一个纯粹的学者,从小便醉心于"平淡的生活,高尚的思想,在一架书里走遍古今中外"①,但实际上他却从未远离现实,在他心中有国家、有民族、有知识分子的良知与担当,他关注着时代的变化,思考着现实人生的存在及人的生存之道。早在1926年,贺麟在美国学习时,便挤出时间写下了《中国革命的哲学基础》,为北伐胜利而欢呼。

抗战期间,贺麟相继写下一系列人生、道德方面的文章,如《儒家思想的新开展》《乐观与悲观》《论人的使命》《战争与道德》等,"这些都充分表明,贺麟的学术研究,始终与他的爱国主义紧密相联系,他希望自己以笔来为民族振兴、国家富强的事业服务。这一时期,他的文章始终有一种强烈的'入世'精神,且有一种催人奋进的鼓舞力量"②。而这些,成为贺麟人生哲学的重要基调,这就是:

> 书中的每一篇文字都是为中国当前迫切的文化问题、伦理问题和人生问题所引起,而根据个人读书思想体验所得去加以适当的解答。③

贺麟笔耕不辍,直至1946年、1947年仍在《树木与树人》和《西洋近代人生哲学的趋势》等文中沉思,对人生问题的探讨不曾停歇。

中华人民共和国成立以后,贺麟人生迎来了一个巨大的转折。由于特定的政治环境影响,他的学术研究重心发生了重大变化,不仅学术锋芒锐减,将大量的时间转移到西方古典哲学的翻译和讲授上,而且接受了马克思主义的影响,逐渐从唯心主义向唯物

---

① 张祥龙、张祥平:《从唯心论"大师"到信仰唯物主义的革命者》,载《人物》,1987年,第6期。
② 王思隽、李肖东:《贺麟评传》,南昌:百花洲文艺出版社,1994年,第34页。
③ 贺麟:《文化与人生》,北京:商务印书馆,2005年,第1页。

主义转变,在翻译、阐释黑格尔哲学等方面取得卓越成就。然而,他在人生哲学方面却鲜有新作。他积极参加土改,亲自体验普通群众的生活,主动转变政治立场,用实际行动为社会主义现代化服务。即使在反右斗争中受到极大冲击,他也始终以一个哲学家的品质和识度超然处之,践履着高迈的人生态度,为其乐观人生态度做出了最好的脚注。

回顾贺麟一生,人生哲学始终是其哲学思想的重要组成部分。无论是留学时期的亦步亦趋,成熟时期的奋发而为,乃至中华人民共和国成立以后的身体力行,他对人生的关注和思考从未停止。不过比较而言,在三段人生的具体思考中,只有在成熟期,他才是真正以一儒者身份从事人生哲学思考和创作,这也是他与国家、时代和民族共同应对剧烈时代变迁的显著时期。他厚积薄发,夜以继日,将自己对人生哲学的探索和见解与民族的命运紧密联系在一起,使其人生哲学具有鲜明的时代特色。

一是突出的现实感受。[①]他继承陆王心学济世救民的传统,反对魏晋名士"原登太华山,上与松子游。渔父知世患,乘流泛轻舟"的避世主义态度,始终站在时代前沿,用自己的眼睛、心灵去把捉时代人生的风云变幻。用他自己的话说,即"有我的时代,我的问题,我的精神需要",与时代同步成长。

二是强烈的理性精神。与近代西方非理性主义思潮以孤独、荒谬、恐惧、存在、生存意志等哲学概念来诠释人生的种种状态不同,贺麟对人生的思考是冷静的、现实的、合理的,较少涉及神秘主义的人生体验。他通过对日常生活思想议题的逻辑梳理和哲学反思,用理智的态度来引导、满足和节制人生与自我的各种欲望和要求,将理想、使命、自由、乐观、德性、学养、知行合一等熟知的生活概念诠释为人生的基本问题,使其具有丰富的思想内涵和强大的解释功能,从而赋予人生广阔的精神空间和文化

---

① 王思隽、李肃东:《贺麟评传》,南昌:百花洲文艺出版社,1994年,第89-90页。

视野,寻找人生可能的精神密码,激活生命本身的内在动力,将人生的自由、光明、德性、涵养、高贵以理论的形态呈现出来,引导人们改过迁善、优化生命。

三是会通中西的眼光。在人生哲学上,贺麟从不回避近现代西方文化的特殊价值,借鉴、引进西方人生哲学的问题意识和思想观点是他从事人生哲学思考的重要方法。同时,他又始终立足于中国文化的大本大源,极力挖掘传统儒学的现代内涵,以对话的心态诠释中西方在人生上的种种问题。如他用"求放心""知几""尽性"等思想命题来诠释自由;用诗教、礼教、理学诠释西洋的艺术、宗教、哲学等人生学养。他企图通过吸收、融化西学,克服中国传统哲学和近现代人生哲学中的实用主义倾向,建立起以贯通本体论、宇宙论为基础,知天、知物、知人、知生死的人生观,极力践行"横渠四句"的儒者抱负。

总之,"贺麟是一位俊逸透辟的人生哲学大师。他的人生哲理既不玄奥,又不华丽,虽然那么平实无华,读起来却令人有一种'久旱逢甘霖'的亲切感。就像与一位挚友在一起交流思想,既启迪心灵,引起共鸣;又促人反思,奋发向上"①。

四、国内贺麟人生哲学研究的现状和问题

与对现代儒家学者群的整体研究相一致,对贺麟的研究也始于20世纪80年代。得益于杜维明等海外华裔学者的大力宣传,"复兴儒学"和"儒学第三期发展"等主张受到强烈关注。1986年,在方克立等人的努力下,"现代新儒学思潮研究"课题被批准为国家哲学社会科学"七五"规划的重点项目之一。随后一大批学者投入其中,《现代新儒家学案》(上、中、下三册)、《现代新儒学

---

① 王思隽、李肃东:《贺麟评传》,南昌:百花洲文艺出版社,1994年,第89-90页。

辑要》(共十五册)、《现代新儒学概论》(郑家栋)、《现代新儒学研究论集》等研究成果相继而生,贺麟先生也逐渐走入人们的视野。

20世纪90年代之后,贺麟研究进入一个高潮,集中产生了一批涉及贺麟研究的专著和论文集,如张学智的《贺麟》(台湾东大图书公司,1992年),宋祖良、范进合编的《会通集:贺麟的生平与学术》(生活·读书·新知三联书店,1993年),宋志明的《贺麟新儒学思想研究》(天津人民出版社,1998年),张茂泽的《贺麟学术思想述论》(陕西人民出版社,2001年),岑庆祺主编的《濠江哲学文集》(河北大学出版社,2002年),王志捷的《贺麟文化理论研究》(首都师范大学出版社,2008年),王思隽、李肃东的《贺麟评传》(百花洲文艺出版社,2010年),何仁富的《贺麟与唐君毅理想唯心论研究》(河南人民出版社,2011年),赵艳婷的《贺麟新儒者人格学说研究》(河南人民出版社,2011年),代发君的《贺麟西方古典哲学译介研究》(河南人民出版社,2011年)等;公开发表论文200余篇。一些研究生也开始将贺麟作为研究对象。

在此期间,贺麟人生哲学的价值也得到了一定程度的关注和肯定。廖建平教授撰文指出:"贺麟先生着重对人生问题进行过理论思考",并努力"探讨人生哲学中的理论问题"。[1]武东生教授强调:贺麟曾深入研究过"中国人及其人生哲学现代化过程中'儒家思想新开展'的意义、原则及方向",正是他对人生问题的思考,才使得他较同时代学者而言"更表示了现代新儒学作为一个学派对自身使命的自觉"。[2]而王思隽博士、李肃东博士则力证贺麟在其学术生命最旺盛时所作的文章"都是为中国当时迫切的伦理问题和人生问题所引起的",因此,"在研究贺麟思想时,几乎不提他的人生哲学,这恐怕会有失偏颇"。[3]

---

[1] 廖建平:《贺麟对人生与自然关系的理论思考及启迪——兼评贺麟人生哲学的特色》,载《文史博览》,2009年,第12页。
[2] 武东生:《贺麟早年人生哲学思想述评》,载《学术界》,1993年,第29页。
[3] 王思隽、李肃东:《贺麟评传》,南昌:百花洲文艺出版社,1994年,第86页。

2001年，由陕西人民出版社出版的张茂泽教授的《贺麟学术思想述论》是研究贺麟哲学思想的一部大作。由于贺麟的哲学思想缺乏巍峨宏伟的外观，形式较为松散，张茂泽先生通过对贺麟哲学思想的详尽梳理，确立起了一个完整的哲学系统，并将"人学思想"作为第八章专题研讨，在意志自由、理想主义、人的使命和理想解释法等方面进行了阐释，使其人生哲学获得了应有的地位。2002年，由岑庆祺先生主编的《濠江哲学文集》是海峡两岸暨香港、澳门学者在澳门哲学研讨会上的论文汇编，其中对贺麟先生在引介西学方面的成绩做出了重要评价，部分学者也涉及其人生哲学，探讨其"自然与人生""知行"观念等哲学思想。2008年，王志捷教授出版《贺麟文化理论研究》将"人生问题"作为第五章专题讨论，系统阐明了贺麟的"理想的人生"和"学养的人生"两大人生思想维度。2010年，王思隽、李肃东的《贺麟评传》出版，他们认为，贺麟的论文粗略地勾勒出了一个人生哲学体系的轮廓，并指出其内容主要涉及人生目的、人生理想、人生态度和人生教育等四个方面。2011年，何仁富教授的《贺麟与唐君毅理想唯心论研究》以现代新儒家内部贺麟与唐君毅为比较视野，系统阐明了两位哲学家理想唯心论从建立到展开的全过程，较为全面地分析了贺麟与唐君毅两位哲学家人生哲学的异同；同年，赵艳婷的《贺麟新儒者人格学说研究》是以贺麟人格理论为对象进行的专题研究，全面分析了人格理论在贺麟人生哲学中的重要价值。

论文方面，1993年，武东生教授的《贺麟早年人生哲学思想述评》是第一篇明确以贺麟人生哲学为题公开发表的学术论文。他认为，贺麟人生哲学主要包括两个方面——系统的人生哲学理论和对构建现代儒家人生哲学意义的论证，并从人生使命方面对其人生哲学理论进行了分析。次年，由辽宁大学出版社出版的他的《现代新儒家人生哲学研究》，将贺麟的人生哲学同梁漱溟、熊十力、冯友兰、方东美、唐君毅等哲学家的人生哲学并列呈现，系统反映了贺麟人生哲学在现代新儒家学者群中的学术地位。2007年,华东师范大学顾洪亮教授的《技术人与道德人——论贺麟的儒者人格观》发表,他以"技术人"和"道德人"为题,不仅抓住了贺麟儒者人格的本质,而且全面诠释了其深刻内涵。2009年,廖建平教授发表了《贺麟对人生与自然关系的理论思考及启迪——兼评贺麟人生哲学的特色》。他认为,在对人问题的认识上,贺麟与同时代的其他著名学者有着显著不同,既不同于冯友兰等致力于构建一种新的人生观,也不同于张君劢等通过与他人论战来阐述自己对人生的看法;贺麟对人生问题的研究,着重于对人生问题进行理论思考,探讨人生哲学的理论问题。他特别认为,贺麟在人生哲学研究中,"扬弃了人类中心论和非人类中心论的对立,用天人合一境界汇聚中西人生哲学的优秀成果,他强调用超越理性精神认识人生,凸显了融会中西哲学精神于人生的意愿"[①]。此外,2011年,徐建勇博士的《论贺麟的新儒者人格观》阐明了人格理论在贺麟人生哲学中的核心地位。他认为,贺麟在继承传统和借鉴西学的过程中,将工具理性和价值理性进行了有机的结合,构建了一种合乎时代需求的人生哲学理论,这与顾洪亮教授的论文颇有异曲同工之妙。

然而,与学者们对贺麟人生哲学的肯定和对研究不足的担忧不相匹配的是,贺麟人生哲学始终没有成为一个热点,更没有像梁漱溟、冯友兰、唐君毅等哲学家的人生哲学那样引发强烈关注和持续讨论,特别是没有出现以贺麟人生哲学为核心的系统的专题研究。从现有研究成果来看,绝大多数研究者在涉及贺麟人生哲学研究时都是在其他专题下进行简要概述。有的涉及一点,有的涉及几点,只有何仁富教授的成果较为系统,在逻辑演绎中也极其深入。但是,由于其出发点是将贺麟与唐君毅在体系构建上进行比较,在一定程度上限制了其写作的空间。其次,缺少对贺

[①] 廖建平:《贺麟对人生与自然关系的理论思考及启迪——兼评贺麟人生哲学的特色》,载《文史博览》,2009年,第12页。

麟人生哲学背后的中西思想关系的全方位梳理。哲学研究的本质是对思想的逻辑前提进行反省和批判。研究贺麟的人生哲学，材料整理和综述固然重要，深入考察其背后的思想来源则是更为关键的步骤。从总体上看，贺麟会通中西的思想方法是十分明确的，但具体体现在人生哲学之上，贺麟到底是如何贯彻这一原则的，本身却还十分模糊，特别是在一些核心概念的消化上，研究明显不足。以"学养"为例，如果离开了他对黑格尔哲学的翻译和诠释，离开了他对德语"Bildung"的理解，便很难说有深入的理解。作为一位人生哲学家，贺麟在人生问题上虽然承接儒家积极入世的精神作风，但他到底为当代人生问题提出了一个怎样的人生态度和精神空间，在研究上还是不明显的，而这些均有待拓展和加强。

五、本课题研究的基本思路和难点

基于对贺麟人生哲学的认识和理解，课题希望能够在国内现有的贺麟研究成果基础之上，对贺麟人生哲学重新进行一次系统的逻辑梳理，以期达到对其人生哲学更为全面的把握。

一是以贺麟人生哲学的问题和内容为依据，对其人生哲学的概念框架进行重新编排与整理。概念框架是哲学的骨骼，是哲学家表达哲学思想的载体，不同的哲学家往往具有不同的概念框架；即使概念框架大致相同的哲学家，由于彼此思维水平的不同，概念框架的内涵、高度也不尽相同。是否具有系统完备的概念框架是判断哲学家思想成熟与否的重要标志。贺麟的哲学思想颇受争议的一个重要原因就在于，一些学者认为贺麟的哲学思想缺乏系统的概念表达和波澜壮阔的形式外观。其实，贺麟人生哲学既不缺少系统的概念表述，更不缺少对这些概念的深入阐释，在理想、使命、自由、乐观、学养、知行合一等概念上，贺麟不仅进行了详尽的分析，而且在很多方面见解非凡、颇具识度，达到了那个时代的最高水平。所以，为了全面呈现贺麟人生哲学的完整面目，首先需要对贺麟的所有概念进行一种较为整齐的排列。虽然贺麟本人认为其人生哲学不能分章分节地以系统的形式排列起来，但以问题和内容为依据进行排列却是可能的。课题通过对贺麟人生哲学的全面梳理，认为从其人生哲学思想的立论到其逻辑终点，大致可以归纳出十余个具体的关注环节或部分，即：人生价值的奠基、人生自我的建立、人生理想的引领、人生使命的担承、人生信仰的确立、人生态度的培育、人生自由的获取、人生学识的涵养、人与自然的映照、理想人格的塑造、天道人欲的辨析、伦常德性的守持、时空内外的哲思、教育思想的考察、阅读方法的探索、观念意识的调整、社会生活的开展、知行合一的践履。这与阳明先生早年以"心"为出发点、以"知行合一"为落脚点的"心学"路数是一脉相承的，在论点上也与同时代的冯友兰等有很多契合之处[①]。这说明，这些问题既是当时中国社会、人生问题在理论上的反映，又是贺麟对传统儒家人生哲学的现代诠释，突出反映了贺麟在人生理想、人生价值、人生态度上的立场、观点和方法。

二是以贺麟人生哲学的逻辑和演绎为依据，对其人生哲学的思想来源和前提进行反思与总结。内容的形式问题固然重要，但真正的哲学考察却需要进行纯粹的理论建构和脱离经验的形上表达。只有从逻辑的层面进行层层演绎，其哲学才足以成其为放之四海皆准的真理，具有超越时代的精神价值。贺麟在人生哲学上虽然缺少类似其他现代新儒家学者在人生问题上的皇皇巨著和建构整全的形上文本，但其人生哲学本身却并不缺乏理论根基和哲

---

① 例如，在冯友兰《南渡集》（生活·读书·新知三联书店，2007年）中有"论信念""论青年节""理想与现实""论知行""论悲观""论信仰"等论点与贺麟相似；在《新原人》（生活·读书·新知三联书店，2007年）中有论"学养"、论"生死"等论点与贺麟相似。只不过，在具体的立场、观点上，二者存在很多明显的分歧。

学思辨。一方面，贺麟以传统儒家哲学，尤其是宋明理学为基础，广泛介绍和吸收西方近代人生哲学的有益成分，从而使其人生哲学具有极其广泛的问题意识和思想内涵，并使儒家人生哲学得到了新的发展，特别是在人格理想、自由意识等具体的人生问题上焕发出全新的活力。另一方面，贺麟在具体的哲学分析上具有极强的逻辑意识和层次感。在具体问题的演进过程中，他始终以逻辑为依据，中正平实，少有情绪化的偏执。这就使其人生哲学不仅具有极大的理论魅力和诚意，而且在一定程度上克服了梁漱溟、张君劢等现代新儒家学者在人生问题上的偏执情绪。从逻辑上对贺麟人生哲学进行研究，就是要服从贺麟人生哲学本身的内在逻辑，并以逻辑化的语言对其进行逻辑化的梳理。

三是以贺麟人生哲学的焦点和义理为依据，对其人生哲学的基本态度和精神取向进行透视与把握。众所周知，从贺麟留学开始到1949年中华人民共和国成立，这20余年间，中国社会发生着翻天覆地的变化。从北伐战争到中华民国，从抗日战争到中华人民共和国的成立，每时每刻都涌现出不同的新情况、新问题。贺麟对人生的关注焦点也因此不断发生着变化和转移，甚至他的写作观点都因那个时代的具体问题有感而发，具有那个时代最鲜明的思维特征和时代印记。也正是因为如此，与其他哲学家的人生哲学研究和表达相比，贺麟的人生哲学一开始就具有十分"松散"的形式。他的绝大多数人生思想都以论文形式发表在报刊上。以《文化与人生》一书第一版为例，这是他1946年9月2日离开昆明返回北平之前，将抗战期间在西南联合大学任教时在各报刊上发表过的论文收集整理而来。后来，新版发行时，又有不少具体改动，不仅增加了不少新的文章，而且重新订正了篇名。还有相关的论文则散见于《近代唯心论简释》和《五十年来的中国哲学》等文集。这样一来，前后巨大的时间跨度，写作主题的丰富多样，文集编撰的参差错落，使读者很难轻易掌握贺麟人生哲学的态度和具体内容。然而,"古人著书立说,皆有所为而发"①,贺麟一直认为,这些文章确是代表着一个一致的态度、一个中心思想、一个基本的立场或观点。换言之,在贺麟丰富的人生哲学文本背后,一定有一个一以贯之的精神世界,课题应为此张目。

  课题的难点在于,为了全面呈现贺麟人生哲学的主题和面貌,必须对现有的哲学文本进行拆分和整理,然而,其丰富的问题意识和概念系统极大增加了课题的内容跨度,在章节的划分上变得过于琐碎。但是,如果将这些丰富的内容压缩为几个主题,则又变得含混,很难突出贺麟人生哲学的丰富内涵。为了克服这一难题,课题仍然以形式服从内容,增加文本的章节,展现贺麟人生哲学的多重向度。好在无论如何课题以何种形式呈现贺麟的人生哲学以达到理解、诠释贺麟人生哲学的最终目的,贺麟人生哲学都在那里,不会因我辈的唐突而有所削减。他的睿智、眼光仍可以划破时空,泽被后学,为当代人提供其独特的人生智慧。笔者也尽量追随贺麟先生的脚步,在人生的大道上作一番特殊的思想之旅。

---

① 陈寅恪:《金明馆丛稿二编》,上海:上海古籍出版社,1982年,第247页。

第一章　人生价值的奠基

我们该如何谈论贺麟的人生哲学呢？按照贺麟的解释，人生哲学"就是格人生之物，穷人生之理，批评错误的人生态度而建立健全合理的人生观"。既然如此，那么人生又该首先从何处格起？是我们变化多姿的人生态度、理想信念？抑或是更为基础性的存在？显然，每一位哲学家都试图从更加本源性的观念上获得一种阐释，以便建立自己巍峨的哲学大厦。在人生哲学问题上同样如此，如果离开了对人生问题的基础性挖掘，哲学将会流于肤浅和形式，人生也势必无所依附。纵观贺麟人生哲学思想全貌，我们将会发现，其全部精神基础可毋庸置疑地归结为一个"心"，这个"心"既有传统陆王心学的精神内核，又有近代西方哲学，尤其是康德、黑格尔哲学的规范态度。"主乎身，一而不二，为主而不为客，命物而不命于物。"（朱熹语）人生的一切现象、问题和价值皆依附于此，明其心则明其大者，明其心则明其尊严。

一、"逻辑心"与物

对人而言，人与大千世界的关系无疑是最基本的存在关系。到底是世界赋予人生以意义，还是人生赋予世界以价值，并不单单是一个逻辑的问题，它还关涉人的世界观、人生观和生存态度。在唯物主义者看来，物质是第一性的，意识是第二性的，物质决定意识，意识是客观存在的主观反映。相反，唯心主义者则认为，人对外物的认识并非只是一种简单的反映关系，物质世界的存在离不开人，如果缺乏人的理解和认知，世界将毫无意义，甚至连存在本身都存在问题。作为一个理想唯心主义者，贺麟对人与世界的关系的态度鲜明而直接，他以坚定的唯心主义语气明确宣称："唯心论者认为，心外无物，理外无物，不合理性，不合理想，未经过思考，未经过观念化的无意义无价值之物，均非真实可靠之物或实体。"①

显然，在贺麟看来，世界的存在离不开人，正是因为有了作为主体的人的观照，世间万物才有了成为世间万物的存在的价值和依据。在宇宙万物之间，人的存在、人心的存在给予了世界极其非凡而具奠基性的意义。那么，既然如此，这个"心外无物"的"心"到底是怎样的一种所指？它会给予人生怎样的价值呢？它是我们日常生活中所言说和谈及的那个心吗？如果不是，我们又将怎样认识它？在心物关系、心理关系上，贺麟会给予我们怎样的演绎？

在《近代唯心论简释》一文中，贺麟曾开宗明义地指出："心有二义：（1）心理意义的心；（2）逻辑意义的心。逻辑的心即理，所谓'心即理也'。"②

按照贺麟的解释，心是具有层次或维度的。在日常生活中，当我们谈论心的时候，所指的往往是情绪意义层面的，或者说，我们说的是"心理意义的心"。然而，从哲学层面上说，这个心并不能承载本体的价值功能，因为"心理的心是物，如心理经验中的感觉、幻想、梦呓、思虑、营为，以及喜怒哀乐爱恶欲之情皆是物，皆是可以用几何方法当作点线面一样去研究的实物"③。换句话说，"在贺麟眼里，通常所谓的'心'在真正的'理想唯心论'看来，还不够'心'而只能是'物'。'心理意义的心'或者说'心

---

① 贺麟：《哲学与哲学史论文集》，北京：商务印书馆，1990年，第129页。
② 贺麟：《近代唯心论简释》，北京：商务印书馆，2011年，第1页。
③ 贺麟：《近代唯心论简释》，北京：商务印书馆，2011年，第1页。

理心',是有经验直觉能力、有生理心理功能、有想象体验形态的'生理心''情感心''心理心'或者'经验心'"。因此"心理心"本质上还不是"心"①。

与此相反,"逻辑心""乃一理想的超经验的精神原则,但为经验、行为、知识以及评价之主体。此心乃经验的统摄者、行为的主宰者、知识的组织者、价值的评判者。自然与人生之可以理解,之所以有意义、条理与价值,皆出于此'心即理也'之心"②。

贺麟在此表达了三层含义:首先,就"逻辑心"的特征来看,它是区别于"心理心"的另一层级的心,其本质特征在于,它是一种"超经验的精神原则",具有一不可测度性,不能用研究"物"或"心理心"的手段对之进行考察;其次,就"逻辑心"的功能而言,它具有强大的支配能力、统摄能力、主宰能力、组织能力和评判能力,它是主动的而不是被动的;最后,在与自然和人生的关系上,"逻辑心"具有意义、条理和价值的给予性,是命物而不命于物的存在。而这些,都是"生理心"或"心理心"所不具备的。

当然,尽管"逻辑心"与"心理心"之间存在如此巨大的差别,但并不是说在人身之内同时具备两个心。若是如此,反倒违背了常识。贺麟的意思是说,在我们理解二者的时候,"逻辑心"作为高于"心理心"的精神原则是既寓于又异于"心理心"的。一方面,它就存在于我们的"心理心"之中,并不是在"心理心"之外另有一个单独的存在;但另一方面,它又具有克服"心理心"、主导"心理心"、超越"心理心"的价值功能。正是因为有"逻辑心"对"心理心"的扬弃和超越,人才能超越动物性,以理性的形式将自己与动物区别开来。

贺麟这样坚持地从"平常心"中区分出"心理心"和"逻辑心",显然不是叠床架屋,或者刻意创设一套应对西学挑战的理论

---

① 何仁富:《贺麟与唐君毅理想唯心论研究》,郑州:河南人民出版社,2012年,第1页。
② 贺麟:《近代唯心论简释》,北京:商务印书馆,2011年,第1页。

体系；而是因为在他看来，唯有融会中西，创造性地诠释儒家心学，才能真正有效地说明人与世界的关系，突出显示人在世界中的位置。

不过，仅仅就心言心还是不够的，还必须言"物"，特别是心与物的关系，才能说明心的奠基性作用。在贺麟看来，"普通人所谓'物'，在唯心论者看来，其色相皆是意识所渲染而成，其意义、条理与价值，皆出于认识的或评价的主体。此主体即心。一物之色相、意义、价值之所以有其客观性，即由于此认识的或评价的主体有其客观的必然的普遍的认识范畴或评价准则。若用中国旧话来说，即由于'人同此心，心同此理'。离心而言物，则此物实一无色相、无意义、无条理、无价值之漆黑一团，亦即无物"①。同所有唯心主义者一样，贺麟自觉地将物"消解掉了"，所谓物不过是作为主体的人的意识所渲染而成，物的意义、条理、价值皆出于认识主体，物的客观性不是物自身所具备，而是作为主体的人通过普遍的认识范畴和评价准则所赋予。一言以蔽之，就是"心外无物"。

毋庸置疑，贺麟的这一言说根本上源于阳明思想的影响。《传习录》中曾有明文记载，王阳明游南镇时，有学生指着岩中花树问他："天下无心外之物，如此花树，在深山中自开自落，于我心亦何相关？"王阳明回答说："你未看此花时，此花与心同归于寂；你来看此花时，则此花颜色一时明白起来，便知此花不在你心外。"在王阳明看来，作为客观存在的花，于山中自开自落，自然独立于人心之外，我看与不看，它都会存在于此，但却只能是毫无意义的自然存在，"与汝心同归于寂"。而当你看它时，花就与你的生命一气流通，成为确证你生命存在的对象，花便在你心中，人花一体了。所以，在思想的架构上，贺麟所做的"心—物"论述，与王阳明并无二致。

不过，就逻辑方法和言说方式而言，贺麟明显多得于康德和

---

① 贺麟：《近代唯心论简释》，北京：商务印书馆，2011年，第1页。

贝克莱。对康德而言，对物的消解关键在于将物的客观实在性抽象地剥离出去，然后剩下一个光秃秃、没有任何规定性的存在。"此存在是有，又是无，存在，又不存在。这种不存在的存在，人不可知，和'心'无任何关系，固然也无意义、无价值等，确实是漆黑一团的混沌。贺麟把这样抽象出来的存在引入，以指称物，说它在'心外'，诚然。这个存在本来就不存在，这个物也可以说是'无物'，据此说'心外无物'，很有道理。"①

与此相反，贝克莱则直接用心界定物。贝克莱的经典命题是"存在就是被感知"，在他看来，物的存在离不开心的"感知"，或者说，存在的意义在于被心感知。既然所有外物经过感觉到达心灵，那么我们能够确信的是我们的感觉，我们无法确定感觉之外还有什么外物。物质只不过是我们经验到的感觉材料的累积，是习惯的力量才使它们在我们的心中联结起来。

虽然两个方法从形式上看略有不同，但其根本宗旨却是一致的，它们"都是要把物质的客观实在性消融掉，转移到心那里去"②。而贺麟则是将两个方法并用，试图从西方唯心主义那里找到更为严密的思想方法。一方面，他用康德的办法，用"漆黑一团"将抽象的物质的客观实在性消解掉；另一方面，他又用贝克莱的办法，用"无意义赋予"将具体的万事万物的客观实在性转化掉。换句话说，他一方面将物转化为物的色相、意义、价值、条理等；另一方面，又将物的色相、意义、价值、条理等客观性归结于心。经过转化，物本身的内在规定丧失了，心成为真正的价值源泉。

针对新实在论者批评唯心主义者"戴着绿色眼镜看事物"，贺麟曾颇为深刻地应答："就哲学史来看，典型的唯心论的中心问题决不在'看见则存在，不看见则不存在'这个讨论上。哲学史认识论上，不论唯物论或唯心论所注意的是存在的意义和价值。我们不能说连我们想象之中都不存在的空谷幽兰有什么价值，什么

---

① 张茂泽：《贺麟学术思想述论》，西安：陕西人民出版社，2001年，第34页。
② 张茂泽：《贺麟学术思想述论》，西安：陕西人民出版社，2001年，第34页。

意义，因为价值和意义都是思想、欣赏、判断、认识的能力赋予的。周口店的北京猿人远在三皇五帝以前就已经存在，它的意义和价值对于一普通人只不过一堆骨头；康德如果复生，在中国农民眼中至多也只是一个外国的老头子。假如，连这一点点认识关系都去掉，那么剩下的还有什么呢？一片雾，一个谜，一团混沌，一种玄而又玄的未经过人的感知和思考的未知物、无名之朴，如黑格尔所说的'这个'（thisness）。因此认识论的努力，在于用思想从逻辑上、法理上对事实上的存在关系、来源、所以可能的条件，加以证明；这不是主观化，而正是客观化，这不是戴绿色眼镜看事物，而正是开辟混沌，冲破黑暗，赋予万物以意义价值的思想之光的照耀。因此康德主张知一物要知其条件，知其法则，知其关系，知者即立法者。"①

贺麟的态度无疑是明确的，他从未回避或否认所谓的存在问题，问题的关键在于，在没有认识物之前，就对"漆黑一团"之物加以肯定，实在毫无意义。他认为，唯物论者所定义的"客观实在性"，根本上只是物的意义的内容之一，既非逻辑之外，更非幽然独存，始终是为主体所赋予。所谓的"心外无物"，其实绝非简单地否定空间之外的既存事实，而是在逻辑的意义之外，就理论的涵摄而言，不能无视心的价值。我们不能说在心的空间外没有物存在，而是说在心的本质所及的范围之外"无物"。

概括地讲，贺麟丢掉物的客观性，确立心的主体性和奠基性分为三个步骤："一是将物界说成漆黑一团，不可认识的'物自身'，即'这个'。它一无所有，当然也没有客观实在性。二是将具体的物转化为物的意义、价值等，认为物即便有所谓客观实在性，也包含在物的意义、价值等在内。三是指明物的意义、价值的一切性质，均出自于逻辑心。"②经由这样的转换，物的存在便由逻辑心颁发了证书，一幅由心主宰的世界图景也就自然而然形成了。

---

① 贺麟：《现代西方哲学讲演集》，上海：上海人民出版社，1984年，第78页。
② 张茂泽：《贺麟学术思想述论》，西安：陕西人民出版社，2001年，第37页。

接下来，便是进一步说明心物关系在本体论层面的系统开展，以便看到逻辑心对物的支配过程。贺麟借用西方哲学本体方法，发挥中国哲学中的体用说，提出了其独具特色的"心体物用"论。

在贺麟看来，"心体物用，心主物从说，乃唯心哲学的真正看法"①。体用问题包含有主从问题，其中，体为主、用为从。哲学上的"体"泛指形而上的本体或本质，"用"则指形而下的现象、具体事物。"心体物用"的含义即在于，"逻辑心"即体，万事万物、宇宙存在即用，"逻辑心"永远决定和主宰着"物"。同时，"逻辑心"与'物'是动态的主宰的过程，表现形上世界与形下世界的过渡、收缩、展现和往返交错。具体而言，贺麟试图从心生造物和心决定物或体决定用两个方向说明心体物用和心主物从。

首先，"心体物用"体现为心"生造"物。所谓"生造"，是贺麟为了说明"心"对"物"的内在推动而创设的一个哲学概念。它既不是一般意义上的"生产"或"制造"，更不是常识上的"发明"或"创造"，其根本精神在于，"生造乃内在的、循目的的、动而无动的"②。

就内在性而言，这种内在不是空间的内在，而是逻辑的内在。不是一物产生一物，一物创生一物，如工人生产商品，学者创新学说，而是在本性范围内的生造。其精神内核在于无能生有、旧能创新。"具体说，'生造'只是说一物内部有自我产生的原初动力，有自我更新的内在动力，这动力，不在此物之外，故不源于外力的引发、推动、牵引，而只在此物之内，只以此物之内在本质如矛盾为动力的源泉。"③这种内在性也可以称之为内发性，强调的是事物的产生、发展非由外铄，而是自我产生、自我发展。

就目的性而言，贺麟想要说明的是，目的是理想的现实化、具体化，遵循目的生造，就是实现生造者遵循自身的理想，实现

---

① 贺麟：《哲学与哲学史论文集》，北京：商务印书馆，1990年，第218页。
② 贺麟：《哲学与哲学史论文集》，北京：商务印书馆，1990年，第391页。
③ 张茂泽：《贺麟学术思想述论》，西安：陕西人民出版社，2001年，第51-52页。

自身的理想。换句话说，一物的理想，就是它的概念和范型；而一个人作为人的理想，就是他作为人的概念和范型。一旦目的和理想相反，则其追求的结果，也就往往和他的主观愿望相反，被理想"假公济私"所利用。只有目的和理想相符，目的和愿望才能彻底实现。

就动而无动而言，生造是绝对的，是永恒不动的，不管是成功还是失败，是快乐还是痛苦，生造都遵循逻辑心或理想，依照逻辑心或理想，自身不增不减、不欢不喜，它只是"冷漠地"展示自己、呈现自己、实现自己。它是我的理想、我的未来、我的本质、我的范型，但它注视着我、照耀着我、勉励着我、抚慰着我、督促着我、牵引着我。没有逻辑心或理想，现实的我便如行尸走肉。所以，它是不动的动力，圆满自足，永恒不易。

如同亚里士多德的"第一原因""第一动力"，"生造"展现了"逻辑心"或宇宙本质在造物过程中的多重特性。"其一，心是物的最初根源；其二，心是物的最高本质；其三，心是物的最终理想。"贺麟将"生造"作为"逻辑心"与"物"的决定关系，在"心"的主体性上赋予其强大的价值功能。

其次，"心体物用"体现为心决定物、体决定用。在贺麟看来，"严格讲来，心与物是不可分的整体。为方便计，分开来说，则灵明能思者为心，延扩有形者为物。据此界说，则心物永远平行而为实体之两面"[①]。不过，尽管二者关系如此密切，二者却具有价值上的高低之分。其中，"心是主宰部分，物是工具部分。心为物之体，物为心之用，心为物的本质，物为心的表现。故所谓物者非他，即此心之用具，精神之表现也。故无论自然之物，如植物、动物，甚至无机物等或文化之物，如宗教哲学艺术，科学道德政法等，举末非精神之表现，此心之用具"[②]。贺麟认为，所谓主宰者，即一物的根本和本质，就是形而上的逻辑心；而被主宰者则

---

① 贺麟：《近代唯心论简释》，北京：商务印书馆，2011年，第2页。
② 贺麟：《近代唯心论简释》，北京：商务印书馆，2011年，第2-3页。

是形而下的物质材料,是被主宰者利用以达到自己目的的工具。"主宰,则是主宰者和被主宰者之间主动和被动、制约和被制约、目的和手段、自由和他由的关系的实现过程。在这个过程中,物之最大价值的实现,即在于充当逻辑心的工具,被主宰者所主宰;心的最大价值的实现,即在于利用制约物,主宰物。"①

而在其他情况下,贺麟又将这种心主宰物称为"决定",意在更为抽象地表明心与物、体与用的逻辑关系。他说:"体永远决定用,心永远决定物,心永远命物而不命于物。"②不过,所谓"决定""计有三义,一为常识上之决定,乃影响之意。如心可影响物,物可影响心,皆常识上的说法。二为因果的决定,如因决定果。体决定用,与因决定果,意思根本不同。譬如,就物为心之用,心为物之体而言,我们不能说在科学上心为物的原因,物是心灵活动的结果。……三为逻辑的决定,即认体为逻辑上的在先,较根本,而为用之所以为用之理。换言之,谓逻辑上物永远为心所决定,意即指物之意义价值及理则均为心所决定。"③显然,在贺麟看来,心决定物、体决定用的决定,既不可能是常识意义上的"影响",也不可能是因果意义上的"作用",而只能是逻辑意义上的"主宰"。具体而言,就是"心"是"物"的本质,"物"为"心"的表现;"心"逻辑上先于"物",价值上高于"物"。

因此,在贺麟这里,价值上最高和逻辑上在先是统一的。价值的实质是,在主体与客体的相互作用中,由于主体及其内在尺度的作用,使客体趋向主体、接近主体,发生客体主体化的运动,从而实现主体的需要,而心物关系正是这样一种主客关系。从主体性的角度而言,心既是价值的最高承载者,又是逻辑的先在者,无论在价值的尺度上,还是在逻辑的支配上,作为主体的人或"逻辑心"都对作为客体的"物"具有生造能力、主宰能力或决定能力。

---

① 张茂泽:《贺麟学术思想述论》,西安:陕西人民出版社,2001年,第59页。
② 贺麟:《哲学与哲学史论文集》,北京:商务印书馆,1990年,第418页。
③ 贺麟:《哲学与哲学史论文集》,北京:商务印书馆,1990年,第418页。

二、"逻辑心"与理

当然，心决定物的过程并非毫无凭借。因为心毕竟是心，物毕竟是物，在心物之间还需一个合理的中介。这个中介既要具有精神性，又要具有物质性，是能够将"心—（中介）—物"联系起来的纽带。唯物论者将这个中介概括为"实践"，是一个主观见之于客观的桥梁。而贺麟则认为，这个中介就是逻辑性大于历史性的"理性"。前面提到的色相、条理、价值、意义，它们都是这样的中介或理性。例如，色相乃物之感性认识之理，条理乃理智认识之理，价值是规范客体的主体之理，意义乃制约主体的客体之理。唯其如此，心的功能才能环环相扣，不至于脱节。

对于心与理的关系，贺麟的核心命题是"心即理"和"心与理一"，他说"逻辑的心即理，所谓'心即理'也"①。唯心论或精神哲学"即注重心与理一，心负荷真理，理自觉于心的哲学"②。在他看来，心和理兼具二重性。就心而言，一方面是逻辑心，是心的本质；另一方面是心理心，是逻辑心的表现。就理而言，一方面是天理、太极、大道，"是潜伏在万物中的精神，此精神尚未分化，尚未树立对象以资征服"③，是众理之全体，最高本质和最初本源；另一方面则是天理的表现，是标准、法则、尺度和规范等。他指出："理是一个很概括的名词，包含有共相、原则、范型、标准、尺度以及其他许多意义。"④其中这个概括就是天理，众多意义就是众理。这样一来，两对概念进行排列组合，便会产生不同的对应关系或心理关系，即"逻辑心和天理""逻辑心和众理""心理心和天理""心理心和众理"。不过从逻辑高度上看，后三者都只不过是"逻辑心和天理"的展开。

---

① 贺麟：《近代唯心论简释》，北京：商务印书馆，2011年，第1页。
② 贺麟：《近代唯心论简释》，北京：商务印书馆，2011年，第2页。
③ 贺麟：《黑格尔哲学讲演集》，上海：上海人民出版社，1986年，第154页。
④ 贺麟：《近代唯心论简释》，北京：商务印书馆，2011年，第19页。

逻辑心和天理，即"心即理"，两者名称不同，其实则一。对于二者的关系，如同传统多数儒者一样，贺麟几乎没有直接论证，而是在描述本体时极富诗意地揭示了本体的即心即理、亦心亦理的特征。①他说，作为本体的太极，既是天理，又是天心，"大约是向外观察，乃物所同具，心所同然的至理；向内反省，乃己所固有，非由外铄的本则。它是求之不来，挥之不去的。你盲目不理会他，他会在那里潜移默化，无为而无不为。你用力去钻研它，你也不能包办它、掠取它、助长它。它是取之不尽、用之不竭的。你说它旧，它乃是活泼泼的源泉，变化无方。你说它新，它乃是万古如斯，在古典诗人的灵感里，在古圣先贤的箴言里，在英雄义士的生活里，在野老村妪的本能信仰里，随处都是它的表现，它的降衷"②。

贺麟的意思在于，"就物言，本体乃统率万物之主宰；就理言，本体是众理之大全；就人言，是人性；就心言，是逻辑心。心的先天本质，即普遍性、必然性、内发性，正是天理、天心的特征。天理即理，天心即逻辑心。故站在本体的层次和角度，看心和理，无非是说，本体心和本体理，就是一个本体的两个称谓，两个称谓所指的只是一个本体。所以，从本质上看，两个称谓相等同，心即理。心在内，是己所固有之理；理在外，又是物所同具、心所同然之心。无论内外，心理都先天地统一在一起"③。

不过，为了突出"心即理"的逻辑必然性，贺麟从两条路线予以证明：一是吸收黑格尔"实体即主体"说，阐明"主体即本体""心即理"命题；二是从哲学史出发，阐明"心即理"是中西哲学发展的必然结果。

贺麟指出，本体论是西方哲学的主流，不过，只有到了斯宾诺莎，本体论才获得真正理性的表达。在斯宾诺莎看来，作为神

---

① 张茂泽：《贺麟学术思想述论》，西安：陕西人民出版社，2001年，第81页。
② 贺麟：《哲学与哲学史论文集》，北京：商务印书馆，1990年，第125页。
③ 张茂泽：《贺麟学术思想述论》，西安：陕西人民出版社，2001年，第82页。

或上帝的"实体",是自性的必然、内在的必然,是自身的根据。"实体"作为独立自在,是无条件、无限的,只能自己限制自己。"实体"是基质,实体以外的万物都在实体上生长;"实体"是大全,是最有力量者,永恒不易。宇宙存在之所以为真、为善、为美,都是因为符合实体的要求,分享了实体的光荣。

然而,就像黑格尔批评斯宾诺莎一样,贺麟认为斯宾诺莎的实体说还缺乏主体性,更没有主体性的自觉,由于斯宾诺莎过分强调本体,压抑万物,令人沉醉于本体的一,而忘记了世界的多。之所以如此,源于斯宾诺莎的实体只是"本体"而不是"主体",只是"理"而不是"心",更不能达到"心"与"理"的合一。贺麟指出:"斯宾诺莎的本体不是精神,所以他只是一个理性主义者,不是一个唯心论者或理想主义者。只是理学而非心学。"[①]"斯宾诺莎的本体不是创造事物的真正原因或力量,乃是消灭事物的力量,不能建立事物,且抹煞事物为虚幻为偶然。抹煞现象,抹煞个体事物,以事实之虚幻,来证本体之真实。这种本体是静的本体。"[②]因此,随着本体论发展,斯宾诺莎的"实体"说必须被扬弃。

这项任务最终落到黑格尔头上。首先,黑格尔承认"实体"确为万事万物的根本原因,是前提、是动力、是根据。但是,在黑格尔看来,"实体"不仅仅是本体,而且是主体。因为本体既是原因,又是在辩证中发现自己、回复自己。本体在原因中,但在结果中实现自己。本体自我发展、自我实现,所以可称之为本体的自由。其中,因是自我,果是自我实现。因此,自由包含着必然。所谓自由,就是自己的以自身为目的的活动,就是一切外在运动的影响中仍能保持自己。这样,从本体到主体,从必然到自由,本体论便获得长足的发展。

对于黑格尔的工作,贺麟给予了充分的肯定。他认为,"照斯

---

① 贺麟:《黑格尔哲学讲演录》,上海:上海人民出版社,1986年,第182页。
② 贺麟:《黑格尔哲学讲演录》,上海:上海人民出版社,1986年,第182页。

宾诺莎的讲法，实体是自因。既然是自因，当然是自由了。故将斯宾诺莎本体观充分发展，则一方面是自因，一方面是自由"①，"真理不只是要直认本体，且须体验其为主体。这是从斯宾诺莎（本体）经过康德（自因）到黑格尔（自由）的线索。这也可以说是从理学到心学"②。基于此，贺麟认为"斯宾诺莎是理性主义者，黑格尔则为唯心主义者"③。

总之，贺麟将黑格尔的"实体是主体"命题移植到了中国，运用它来讲"心即理"，经过了一个提高主体性的改造活动。换句话说，心是主体，经过提高，便成了本体；理是实体或本体，经过改造，便成了主体。"于是，'心即理'说一出，黑格尔的本体论中，理性的主体性就格外鲜艳夺目，似乎黑格尔也成了心学家。在贺麟的心目中，大约是如此的。"④"他用黑格尔的辩证唯心论，并上溯到斯宾诺莎的实体说，将西方古典哲学，从斯宾诺莎，经康德、费希特，到黑格尔，连贯一体，并以这一历史过程为基础，证明'心即理'的坚不可摧、牢不可破的地位。"⑤

与此同时，贺麟认为，在中国的哲学历史上，也存在着一条从理学到心学的发展道路。以宋代理学为标志，性、理、心等哲学概念得到了显著的重视，心与理的关系被提上哲学的议程。只不过"朱子对于心与理的关系的问题，尤甚费踌躇，而陆象山直揭出'心即理也'一语，贡献尤伟"⑥。从陆象山以后，中国哲学"乃根本掉一方向，心即是理，理即是在内，而非在外，则无论认识物理也好，性理也好，天理也好，皆须从认识本心之理着手。不从反省心着手，一切都是支离骛外。心既是理，则心外无理，心外无物，而宇宙万物，时空中的一切也成了此心之产业，而非

---

① 贺麟：《黑格尔哲学讲演录》，上海：上海人民出版社，1986年，第185页。
② 贺麟：《黑格尔哲学讲演录》，上海：上海人民出版社，1986年，第185页。
③ 贺麟：《黑格尔哲学讲演录》，上海：上海人民出版社，1986年，第185页。
④ 张茂泽：《贺麟学术思想述论》，西安：陕西人民出版社，2001年，第81页。
⑤ 张茂泽：《贺麟学术思想述论》，西安：陕西人民出版社，2001年，第80页。
⑥ 贺麟：《哲学与哲学史论文集》，北京：商务印书馆，1990年，第151页。

心外之傥来物了"①。

贺麟指出，在朱子那里，理是本体，心是主体，心并无本体含义，心之所以能"即理"或"心与理一"，是因为修养者通过自身不断修养达到的境界，是主体奋斗的结果，因此重点不是本体，而是主体努力奋斗的工夫和方法。心与理在逻辑上天然具有一种上下关系而非内在关系。

与此相应，王阳明则在朱子的基础上，进一步追问了主体努力修养尚能达到"心即理"或"心与理一"的原因。在王阳明看来，心不只是主体，更是本体。在修养者尚未修养之前，就已经先天具有"心即理"的良心，而后天的努力修养，根本上只是将自己固有的良心表现出来，所以心外无理，理不在心外，心与理不再是朱子那里的上下关系，而是具有同等的地位。这样一来，主体的本体性被明确揭示出来，心便达到了全新的逻辑高度，"心即理"成为从理学到心学的最高命题。

"心即理"命题最后被彻底贯通，则与王夫之有关。贺麟指出："船山不离理而言天，由事物以求明理知天，处处不离理学规范。然而他又不离心而言理，不离心而言天，处处鞭辟近理，一以心学为宗主。所以我们敢断言他是集理学与心学之大成的人。"②"他的学说乃是集心学和理学之大成。道问学即所以尊德性，格物穷理即所以明心见性。表面上他是绍述横渠，学脉比较接近程朱，然而骨子里心学、理学的对立，已经被他解除了，程朱陆王学问的矛盾，已经被他消融了。"③可见，"心即理"不仅是一个即心即理的问题，而且还是亦中亦西的问题。它既是理性的发展，又是历史的必然。

当然，心与理的内在关系极其丰富，远不是证明"心即理"在本体论上的相互衔恰就一目了然。在贺麟那里，"心即理"还内

---

① 贺麟：《哲学与哲学史论文集》，北京：商务印书馆，1990年，第151页。
② 贺麟：《文化与人生》，北京：商务印书馆，2005年，第265页。
③ 贺麟：《文化与人生》，北京：商务印书馆，2005年，第258页。

在地开展为一个过程,从主体的角度上看,这个过程具有正反合三个辩证阶段:"第一阶段是心即理;第二阶段是理出于心,理在心中,表现为心与理二的现象;第三阶段是心与理一,心即理获得实现。"①其中,第一阶段较为抽象、空洞,缺乏具体内容和表现力;第二阶段则是第一阶段的否定,肯定了平常心的主体地位和理的客体性;第三阶段又是对第二阶段中主客分离的否定,通过主体努力,实现心与理一的理想。所以,"心即理"不仅要蕴含即心即理、亦心亦理的自我肯定,还要过渡到"理出于心""理在心中"的自我否定。

在贺麟看来,思想作为事物的性质,思想的活动就是自我活动,事物的性质就是思想自我的产物,"是我的心灵的产物,纯粹自在自为的自我的产物"②。思想、自我,即心;事物的真性质,即众理。所以,"理出于心",进一步说,"理是以心整理感官材料所用的工具,是此心用先天工具在感官材料中所提炼出来的超感官的本性或精蕴,而不是感官材料的本身"③。作为心生造物、心决定物的工具,"理"是心生造物、决定物的桥梁。"理既是规定经验中事物的必然秩序或法则,既是经验中事物所必遵循的准则,既是衡量经验中事物的尺度,则必是出于经验的主体,即规定者衡量者所先天固有的法则、标准尺度,而不是从经验以外突然而来自天降下的奇迹。"④

贺麟强调,理既是本体,同时又是工具和功能,便不能离心而言理。他说:"心之有理,犹如刃之有利,耳之有聪,目之有明。我们说心外无可理解之理,犹如说刃外无利刃,耳外无耳聪,目外无目明。"⑤所以,"凡此认理在心外的说法,大都只是见得心的

---

① 张茂泽:《贺麟学术思想述论》,西安:陕西人民出版社,2001年,第76页。
② 贺麟:《黑格尔哲学讲演集》,上海:上海人民出版社,1986年,第150页。
③ 张学智编:《贺麟选集》,长春:吉林人民出版社,2005年,第39页。
④ 贺麟:《近代唯心论简释》,北京:商务印书馆,2011年,第20页。
⑤ 贺麟:《近代唯心论简释》,北京:商务印书馆,2011年,第20页。

偶性，只见得形而下的生理心理意义的心，而未见到心的本性，未见到形而上的'心即理也'的心"①。按照贺麟的理解，理是心的本质，则必然理在心中，假如心而无理，则失其所以为心。例如，由于禽兽没有理性，所以我们便只能说禽兽有感觉，而不能说禽兽有心。正是因为理在心中，因心聚众理，故心是"一而不二，为主而不为客，命物而不命于物"的真正主动者。

最后，心与理的关系还体现在"心与理一"的自我回归。贺麟指出，从"心即理"出发，心的展开过程并不是心——心向外展示自己、否定自己，同时还要回归自己，是合内外，且以向内为主的辩证历程。所谓向外"格物穷理"，即向内"明心见性"；"明心见性"即"格物穷理"。而"心与理一"的过程，既是内在的超越，又是内外俱进的过程。在此过程之中，"心即理"接受考验，实现价值，走向回归。"心即理"在自我的展开过程中，得到具体的表现、丰富的内涵。

在此过程之中，心作为出发点，向理的方向运动，实现"心与理一"的理想。其动力并非来自心外，恰恰相反，它源于"自性的必然"和先天性。换句话说，这种动力即在于心的内在矛盾与冲突。"因为有内在的矛盾，乃不能不为内在的驱迫以解除其矛盾，以超出其自己"②，达到无限。因此，事物的这一"内在矛盾"并非事物独立自在的、不依人的精神的存在而运动的。与此相反，它正是心物矛盾、主客矛盾的表现，是逻辑心的自我矛盾。

贺麟的这一观念与黑格尔和费希特的观点是完全一致的。在黑格尔看来，"凡经过你我思想的东西，才是真的"③。而思想的目的就在于探索事物的必然性或理，解释事物矛盾的进展，因此"思想的路线应该循必然性作为出发点，不能提出一些偶然的孤立的不同事物作出发点，必须把事物的对立性揭示出来，才算是真

---

① 贺麟：《近代唯心论简释》，北京：商务印书馆，2011年，第20页。
② 贺麟：《黑格尔哲学讲演集》，上海：上海人民出版社，1986年，第160页。
③ 贺麟：《黑格尔哲学讲演集》，上海：上海人民出版社，1986年，第261页。

正的思想"。从费希特的"自我"说予以解释，事物的对立性就是把事物归结为"我"与"非我"的区别，通过这种区别，从而使事物的意义显现出来。因此，事物虽然在主客之间对立，但"它们之间的根本关系却因此现实出来，以自我为出发点来表明世象之关联。所以，虽然对立，却非二元"。贺麟的"心与理"同样也是这样一种关系，这种对立固然要发生矛盾，自我分化，但却不是不同东西的对立，因此，结果不是双方彼此消灭，而是相互建立、相互融合，从心出发，由心建立"非我"的理，再由"非我"的理建立作为自我的心，最终达到"心与理一"，实现其辩证的发展历程。

其中，心对理的突出的功能表现在两个方面。一是认识功能。即心能"认识全体"[①]，具体表现为心对良心、直觉的认识。故认识全体，即心的自我认识，"即在他物中遇见自己或发现自己"[②]。心之所以能认识全体，从根本上说，是因为心本身就是全体，实体即主体，"心即理"。同时，对大全的认识，又是主体对宇宙本质的直觉，是心与理的同一，是主体认识世界的最高境界，更是"心与理一"的认识基础。二是建立功能。贺麟指出，"心不只要认识全体，它另一方面又是规模、法度、理则、真理、大道的建立者"[③]。没有心，理只是空洞的架子和形式，缺少力量。即便是这个架子、形式，其实也是心创造出来的。换言之，理的功能、力量都为心所赋予，是心的外化和表现。

总之，在贺麟看来，"心与理一"的境界，类似于桑提耶纳的"本性世界"。"它是一种空旷虚灵的富于新奇、讨美而又孤寂静穆的境界。这静穆境界被玄学家所沉思，被诗人所歌颂向往，犹如经历了千辛万苦九死一生而达到的至善的乐园。又如在飞机中，在驰向远方的火车中忽然看见的一片美山好水。人在发现它的那

---

① 贺麟：《现代西方哲学讲演集》，上海：上海人民出版社，1984年，第20页。
② 贺麟：《黑格尔哲学讲演集》，上海：上海人民出版社，1986年，第185页。
③ 贺麟：《现代西方哲学讲演集》，上海：上海人民出版社，1986年，第20页。

一刹那间会心旷神怡，胸襟开朗，俨如成了一个透明无渣滓的存在。"①

三、"逻辑心"与人的尊严和自由

通过对"逻辑心"与物、"逻辑心"与理的简单分析，贺麟坚定地给予我们这样一个观念和印象：人与世界的基本关系都与"心"具有莫大的关系。人生在世并非只是一粒尘埃，而是意义与价值的源泉。

首先，"逻辑心"是照亮世界的理性之光。

与"心理心"或"生理心"不同，"逻辑心"是一先验的精神原则而不是一团死物，"逻辑心"与物的关系就是精神对物的照射关系。尽管离开"逻辑心"，我们固然可以说有"物"存在，但却是毫无规定的"漆黑一团"。这种有，也可以说无；存在，也可以说不存在。相反，只有在"逻辑心"的涵摄下，经过理性意识的照耀，将人的主体性投射到物之上，物才能与心一起明亮起来。这也就是为什么王阳明会说，"你未看此花时，此花与心同归于寂；你来看此花时，则此花颜色一时明白起来，便知此花不在你心外"。

"逻辑心"的理性功能，是对人的主体性尊严的尊重与确认。没有"逻辑心"的审查，主体是不知道有没有"物"的。因此，如果硬要说存在着一个"未经审查"的物在"逻辑心"之外，则只能是"独断的玄学"；只能符合生活而不能符合哲学，只能是桑提耶纳所说的"动物信仰"或"本能信仰"。对贺麟而言，这是一种"黑暗的原则"，例如，室外忽然飞来一块石头砸中了我，我只能承认，确实有一块石头砸中了我，但是对于石头如何飞进来等问题我却一无所知，对于物存在的认识也只能如此而已。因为"外

---

① 贺麟：《现代西方哲学讲演集》，上海：上海人民出版社，1984年，第137页。

界的存在是武断的，无理可讲的"。在贺麟看来，永远处在变迁之中，被外在关系决定着，不能自主，和一些不相干的事物杂然并存，这只是"动物信仰"的对象，而不是"逻辑心"玄思的对象。尽管人对外界的认识基于"动物信仰"，但"动物信仰"不仅盲目，而且值得怀疑，"动物信仰""可以说是在盲目世界中的盲目工作，它是无明的、直觉的执着的，而在经验里随时变迁的，每一事物也就都成了幻像"①。

同时，"动物信仰"所表示的是生命的受动性和无可奈何，而人则要超越当下直接的生物本能和"动物信仰"，依靠"逻辑心"去照明这个晦暗的世界，用自己的理性之光使物"明亮起来"。例如，面对突如其来的石头，我们需要研究那石头究竟是什么石头，从何处而来，飞行的轨迹是什么，是否给外界造成了震荡，因果必然性何在，等等。我们要拒绝以"动物信仰"为前提，在认识一物之前就假设该物必然存在，而要用逻辑的要求断然予以否定，确立起生命的尊严。

其次，"逻辑心"是赋予价值的意义之源。

"逻辑心"照耀物的过程，其实就是"物"被"观念化"的过程或价值赋予过程。在此过程之中，具体的万事万物转化为我的思想观念，物在被观念化的过程中，由黑暗走向光明，由混沌走向清晰。而观念则是"逻辑心"照耀黑暗、劈开混沌的产物。它是逻辑心的具体呈现，物的色相、条理、意义和价值都存在于此。观念是物的理想和真理，从逻辑心方面来说，不是从物中抽象出具体的观念，而是心扬弃物而得到的收获；从物的方面来说，是物接受心的封号，接受心赋予自己的意义和价值。

进而，离心而言物，则无所谓物；离心而言观念，则观念是无理想、无方向的死的形式。相反，只有被"逻辑心"所照射、所涵摄、所扬弃，物才能从"无知"呈现为"知"，从无意义成为

---

① 贺麟：《现代西方哲学讲演集》，上海：上海人民出版社，1984年，第134页。

有意义，从漆黑一团到有条有理；而"逻辑心"也在价值和意义的赋予过程中逐渐开阔起来、丰富起来，实现其真正的价值功能。

最后，"逻辑心"是生命自由的逻辑基础。

贺麟对物的认识，采取了两个办法。首先，取消物的独立性，将物观念化，将物转化为主体赋予物的意义和价值。他将"动物信仰"中和主体没有本质联系的客体存在转化为与主体有内在联系的关系，使之成为主体的主宰之物、把握之物。其次，在认识上，他将较低认识水平的动物信仰向较高认识水平的逻辑体系提升，强调只有经过整理、提炼、概括的动物信仰才有较大的认识价值，才能在逻辑形式里站稳脚跟。这样一来，那些外在于我们的世间万物，就成了"逻辑心"的主宰之物了，从而树立起"逻辑心"至高无上的地位。换一个角度，贺麟谈"心外无物"，其实首先是将心物关系变成主客关系，然后在主客相互运动中，让客体转化为观念，进入主体"逻辑心"的势力范围；进而，将主客体统一过程，归结为主体自身水平的提高过程，心所以能主宰物，实际上是因为心作为主体，充分吸收了客体的本质（逻辑理）内容于自身之内，于是，心外无物便成了主体之外无客体。

因此，贺麟强调，为了保障人的尊严，为自由提供理论基础，"我们不能说不知的事物绝不存在，但必须经过思想签字的事物，我们才能够承认它真实存在。相信思想就是相信理性，而理性正是人的尊严的关键。当然，思想的签字或命名在日常生活中并不是十分严格的。我们只要应用桑提耶纳所谓动物信仰就足够了。但在范畴性的思维上，在哲学问题中，我们却不能不要求严格。因此康德提出，假如你声称你获有普遍必然的科学知识，他就要向你索取证书，索取先天综合判断何以可能的证明书。犹如大的建筑必须经工程师的保险手续人们才会验收一般"[①]。

总之，在贺麟看来，"逻辑心已是极点（太极），更无对待（无

[①] 转引自张茂泽：《贺麟学术思想述论》，西安：陕西人民出版社，2001年，第46页。

待），只依自性而动；所以本质上即是自由的，为主而不为客；依自己创造的对象来认识自己，命物而不命于物"①。作为绝对无待的第一性，自然能将天下万物囊括其中；作为绝对无待的第一性，自然是不受于物而绝对自由。通过"心即理""心与理一"的辨析，贺麟有力揭示了现实的实践主体实现自己的自由本质具有的内在必然性，极大地提高了作为现实主体的人的自信和勇往直前、不屈不挠、不淫不移的精神。

---

① 张茂泽：《贺麟学术思想述论》，西安：陕西人民出版社，2001年，第48-49页。

第二章 人生自我的建立

人生价值的奠基从本体上说明了人作为主体的价值、人的尊严以及人作为主体与天地万物的本源关系，使人在天地之间具有必然的优先性地位。然而，对一般人而言，这种尊贵只是内在的、本然的、不自觉的。欲使人生自我自觉到自己的存在，以自我为中心去认识世界、改造世界，担当社会责任，成就理想人格，还必须从自我的建立开始。"贺麟特别注重自我意识在个人自觉和民族自觉的新时代的意义，力图使新的人生观建立在心性的基础或精神的基础上。"[①]他通过对王安石哲学思想中"建立自我"的阐发，不仅使其"有我"的哲学思想获得理论上的表达，而且发掘了人生自我建立的内涵、价值与途径。

一、何谓"建立自我"

禅宗曾有一则故事，可将我们带入对"自我"问题的思考。

过去有一个公差押着一个和尚远行。临行前，上司明确交代每天出发时要清楚地清点完必要的东西没有落下才能走。公差仔细清点了一下，因为出远门，所以必要的包袱是一定要带的，然后是押解和尚的公文，然后是囚徒和尚，最后是自己。以后公差每天都要清点这四件东西，形成了习惯。在以后的日子里，公差

---

① 王志捷：《贺麟文化理论研究》，北京：首都师范大学出版社，2007年，第210页。

和和尚在押解的过程中因为寂寞就慢慢聊了起来,渐渐地两人成了很好的聊伴。有一天和尚对公差说:我们都很劳累了,不如打些酒来解乏。公差欣然同意,打来些酒,吃个尽兴,就昏昏沉沉地睡了去。机敏的和尚偷偷地打开枷锁,拿出剃刀把公差的头发剃了,换上了公差的衣服,把自己的囚衣换给了公差后悄悄地溜走了。

次日,公差醒了,仍然照例清点自己的东西:包袱?在!公文?在!和尚呢?正当他百思不得其解的时候,他用手抚自己的头,头发没有!公差低头看看自己穿着袈裟、带着囚具,恍然大悟:和尚也在!那么自己去哪了呢?公差满地找自己。

现实生活中,我们每个人似乎都是那个公差,故事中的包袱就是我们每天追求的物质,公文就是我们赖以生存的职业,和尚就是我们自己给自己套上的枷锁。而我们在紧张的生活里,追求到了自己需要的东西,最后却失掉了自我,最终又转回头来寻找自我。它提醒我们,生活中乱象和迷障无处不在,在欲望的驱使下,真实的自我常常会隐藏自己,作为人,我们要重视自己,保持自己,不让自己在生活中无端丢失。公差由于被外在的现象所迷障,内在精神自我缺失,分不清楚人我之间的差别,最终自蔽于物,使自己"消失"于生活之中。因此,只有从内在的精神上建立起强大的自我,保持它、扩充它,用理性的力量统摄万物,才能不被外物所左右,自由于天地之间。

对贺麟而言,谈论自我问题首先是这个时代赋予他的强烈感受。20世纪以来,中国处于社会矛盾的突显期,国内矛盾、民族矛盾加剧,个体和民族生存环境急剧恶化。在时代的大潮中,丧失自我、成为他人和外来民族的奴隶的风险随时存在。作为一个哲学家和生存个体,贺麟具有极其强烈的主体感受和时代意识。他认为,哲学探讨首先必须具有强烈的自我意识,"有我的时代、我的问题,我的精神需要",不能做人云亦云的应声虫。他甚至将其哲学著作《文化与人生》一书的特征概括为"有我""有渊源"

"吸收西方文化"。他说:"书中绝少人云亦云地抄袭现成的公式口号的地方。每一篇都是自己的思想见解和体验自述,或自己读书有得有感的报告。也可以说每一篇都有自己性格的烙印。有我的时代,我的问题,我的精神需要。这些文字都是解答在我的时代中困扰着我的问题,并满足我所感到的精神需要。"①

随着贺麟对人生问题的思考和成熟,他遭遇和选择了王安石,并通过对王安石的哲学考察,解决了其人生哲学的"自我"问题。贺麟认为,在历代培养文治的传统下,在杰出人士皆达到道德、学问、文章兼备的政治家的理想风气下,北宋政治家王安石是最杰出、最完美的代表。"安石的诗文皆自成为大家。他的人格,陆象山称其'洁白之操,寒于冰霜'。他的生平志事,陆象山称其'道术必为孔孟,勋绩必为伊周'。"②王安石不仅是道德、文章兼备的儒家理想主义的杰出的政治家,而且在人生哲学上的心性论立场和自我修为更是充分体现了"理想唯心论"所期望的人格典范和人生典范。贺麟将王安石哲学思想的出发点称为"建立自我"。他说:"如果你问安石,救国救民从何处救起,他一定说先从救自己做起。治国平天下,亦先从治自己做起,他是讲为人为己之学的人。"③因此,"我们可以称安石哲学思想的出发点为'建立自我'"④。

从中国哲学来看,"建立自我"就是陆王心学立本务内的心学工夫。众所周知,程朱陆王都讲身心性命格物穷理之学,但不同的是在为学的先后上具有总体的差别:程朱之学主张先格物穷理,然后明心见性,先今日格一物,明日格一物,然后豁然贯通,吾心之全体大用无不明;相反,陆王心学却主张先发明本心,先立其大者,体认良知,然后致吾心之良知于事事物物。所以程朱比较注重物理,陆王比较注重主观的心性。一个由用到体,一个由

---

① 贺麟:《文化与人生》,北京:商务印书馆,2005年,第1-2页。
② 贺麟:《文化与人生》,北京:商务印书馆,2005年,第285-286页。
③ 贺麟:《文化与人生》,北京:商务印书馆,2005年,第287页。
④ 贺麟:《文化与人生》,北京:商务印书馆,2005年,第288页。

体到用。很显然，按照这一标准，王安石明显属于陆王一系，他希望通过发挥人的主体性，确立人生的不朽和价值，由内至外，成就内圣外王之学。

贺麟认为，"建立自我"虽然是中国哲学的老问题，但问题本身却是世界性和普遍性的。作为一种自己发现自己、成全自己、最后成全他人的哲学思想，它是东西方哲学的基本共识。他这样写道："而陆王的心学正代表了西洋欲了解宇宙须了解自我，欲建立宇宙先建立自我的唯心论哲学。"① 可见，对于建立自我的问题，除了在中国文化中得到理解，我们还可以从西方文化中获得理解。

事实上，早在《论自我》一文中，贺麟便已开始涉及建立自我的问题，尽管当时他受怀特海等人的影响较深，但对"自我在历史中的发展"等问题已经有了较为系统的考察。他写道：

> 以革命哲学家著称的康德，真实地标志着自我的积极发展的开始，是他首先极为强调自我的意志方面。在康德看来，自我是实在的，自由的，因为他有理性，它自身就是理智的原因，它能引起本能的状态。自我是一个目的，他的尊贵就在于它能遵从普遍的规律。
>
> 费希特更进一步，他把自我仅看作一个最终的实在。自我能在世界上尽其职责义务地设置自己；自我为了通过对立面来实现自己，其永恒的职责是要设置非我并战胜非我。
>
> ……
>
> 在费希特的哲学里，自我在道德方面获得其最高的发展，在谢林的哲学中，自我的最高发展表现在艺术和美学方面。在这两种情况下，自我都在一个方面具有积极的行动尽责的功能，在另一个方面是创造世界，不仅仅是索取一些外在的自由和权利，或去打破专断的权威。

---

① 贺麟：《文化与人生》，北京：商务印书馆，2005年，第287页。

自我的发展在黑格尔那里达到了它的顶峰。黑格尔不满意费希特的观点，因为既然自我设置非我，那么非我一定限制自我。道德的自我是囚犯而不是绝对，它只是实在的一个方面，而不是最终的实在。他也不同意谢林的观点。他认为，谢林的自我的概念太空洞了，以至于什么都不表示。他嘲讽谢林的绝对是个"黑夜，在这个黑夜里一切牛都是黑的"（《精神现象学》导论第15页）[①]。

很显然，贺麟对王安石哲学中"建立自我"的论述与他对康德、费希特和黑格尔的思考是分不开的。从时间上看，他对王安石建立自我的考察明显晚于他对康德、费希特和黑格尔哲学思想中建立自我的考察。换句话说，他对建立自我的思想表达或许正是得益于对西方哲学传统的学习和考察，并使之与中国哲学融会贯通，通过王安石的哲学思想迫显出来。特别是康德在《纯粹理性批判》中通过"哥白尼式的革命"，明确提出了以"自我意识"为核心的主体能动性学说，在知识与对象的关系上，不是知识依照对象，而是对象依照知识，"人为自然立法"等观点，对贺麟人生哲学中的主体意识产生了极大的影响。只不过在双向的交流与开展中，贺麟对人生自我的建立回归了传统，并以陆王心学的样态展现出来，呈现出更多中国哲学的思想色彩。

二、建立自我的价值

贺麟指出，"建立自我"不是一个封闭的过程，更不是使自我成为一个封闭的主体。"建立自我"是以自我为出发点，它是实现"内圣外王"的先在程序，是一个内充实而外光华的过程，如果缺少了这一过程，人生就会成为附属品，既不能成全自己，也不能成全他人、成全社会。

[①] 贺麟：《哲学与哲学史论文集》，北京：商务印书馆，1990年，第96-97页。

在贺麟看来,"建立自我"首先体现了"本末兼该,体用合一"的儒家正道。①他指出,王安石一生最佩服孟子和扬雄,而最反对荀子。原因在于,孟子主张尽心尽性,发挥人的良知良能,具有先立乎其大者,万物皆备于我,方今天下舍我其谁的胸襟和气魄。而"扬雄亦用心于内,不求于外,不修廉隅,以徼名当世"。他说:"如果你问安石,救国救民从何处救起,他一定说先从救自己做起。治国平天下,亦先从治自己做起。"贺麟认为,王安石是最讲为己之人,对于杨朱与墨子,虽然他各有批评,认为两者各偏于一面,但总体上看,他比较赞成杨朱。王安石指出:"杨子为己,为己,学者之本;墨子为人,为人,学者之末。"所以学者必先为己,只有自己为己有余,则自可不期为人而自能为人。相反,如果"始学之时,道未足以为己,而志在为人",便是"缪用其心",这样,志向虽在于为人,其实根本不能为人。所以,王安石认为,为己是本,为人是末,本立之后自然能够发出为人的效用。换言之,只有以杨朱为己之学为出发点,才达到墨子之兼爱的归宿。显然,贺麟和王安石都对杨子的为己之学进行了重新设定,认为其并非完全所谓的"拔一毛利天下不为也"的自我主义或利己主义,从最终目标来看,其实都是为人的,只不过出发点的远近不同。杨朱主张从自我做起,没有自我也就没有别人,而墨子一开始就要求达到为人的目的。在王安石和贺麟看来,墨子的做法并不妥当,相反,必须回到杨子,才能"本末兼该,体用合一"。

其次,"建立自我"是立本、立大、务内的工夫,②能够促使人生刚健有为、开拓创新。贺麟认为,建立自我不仅是王安石哲学思想的出发点,而且生动表现在他自身的生命形象上。"他个性倔强,卓越不拔,有创造力,有革命精神,都可以说是出自他建立自我的功夫。"③很显然,贺麟在建立自我的问题上依然是以前

---

① 贺麟:《文化与人生》,北京:商务印书馆,2005年,第287页。
② 贺麟:《文化与人生》,北京:商务印书馆,2005年,第288页。
③ 贺麟:《文化与人生》,北京:商务印书馆,2005年,第288页。

面的"心体物用"为出发点的。他认为,自我是心的主体,物是心的表现和外化。所以他说:"我这里用'建立自我'四字以表示他的根本出发点,因为建立二字,比较有哲学意味,建立自我为建立宇宙之本,提出建立自我,知的方面以自我意识为认识外物的根本,行的方面即利人济物、修齐治平的事业,不过是自己性分内事,是自我的实现罢了。"①

最后,建立自我是反对权威、反对泥古,注重随时、权变革新,以作自由解放及变法维新的根本。②在《非礼之礼》一文中,王安石曾有两段话颇有深意,他说:

> 古之人以是为礼,而吾今必由之,是未必合于古之礼也。古之人以是为义,而吾今必由之,是未必合于古之义也。夫天下之事其为变其岂一乎哉?固有迹同而实异者矣。今之人谔谔求合于其迹,而不知权时之变。是则所同者古人之迹,而所异者其实也。事同于古人之迹而异于其实,则其为天下之害莫大矣。此圣人之所以贵乎权时之变者也。

> 圣贤之言行有所不同,而有所必同,不可以一端求也。同者道也,不同者迹也。知所同而不知所不同,非君子也。夫君子岂固欲为此不同哉?盖时不同则言行不得无不同。唯其不同,是乃同也,如时不同而固欲为之同,则是所同者迹也,所不同者道也。迹同于圣人而道不同,则其为小人也孰御哉?

贺麟认为,王安石文章中的古人之实应理解为古人之心或古人之真意。理解古人关键在于把握住圣贤创作礼法的心意和实质,随时权变,不能拘泥于与古人的具体行迹的异同。而这恰恰为改革维新、自由创造打开了方便之门。贺麟指出,"这是他自由建立

---

① 贺麟:《文化与人生》,北京:商务印书馆,2005年,第288页。
② 贺麟:《文化与人生》,北京:商务印书馆,2005年,第292页。(该点是贺麟建立自我方法的最后一条,但其内容上却主要体现了"建立自我"的价值,故为了与后面"建立自我"的途径区分开来,我们将该点条放入"建立自我"的价值一节中。)

自我,求心同不求迹同的心学,而发挥出自由革新的精神的地方,也是中国思想史上少见的卓识,为陆王思想中所特有的色彩"①。

对于个体的人生而言,建立自我不仅是守住本心、立本务内的工夫,其实更是开拓创新的源泉。只有高扬自我的主体精神,不好高骛远、不自蔽于人,才能在生活中体现出开阔、坚毅和自由的色彩。

三、建立自我的方法

通过对王安石的深入分析,贺麟认为,建立自我离不开自我的努力。这种努力是人作为主体认识自我的基础上对自身的挺立。其中,既要克服各种外来物欲对自我的侵蚀,保持自身的刚健,又要遵循一定的价值规范向外突破,反对一切盲目的信仰,质疑自我关注的对象。因此,在方法上表现出积极和消极两种倾向。具体而言,贺麟将王安石的"建立自我"所蕴含的儒家心性之学和理想主义阐释为如下方面。②

第一,建立自我,从消极方面来说,必须使自我不为物欲名利所累、所束缚。所以必须下一番摆脱物欲名利的工夫,使自我可以抬起头来,不至于沉溺于物欲而不能自拔。王安石曾明确指出,相对于佛教思想对世俗生活的冲击,物欲名利才是学士、大夫不能挺立自我的根本原因。他说:"方今乱俗不在于佛,乃在于学士大夫沉没利欲,以言相尚,不知自治而已。"在贺麟看来,"沉没利欲"就是失掉自己,"以言相尚"就是务名而不务实,骛外而不务内。相反,"自治"就是所谓的"自我建立"。他认为,王安石于《进戒疏》中所说的"不淫耳目于声色玩好之物,然后能精于用志。能精于用志,然后能明于见理"高度概括了他生平学问

---

① 贺麟:《文化与人生》,北京:商务印书馆,2005年,第293页。
② 贺麟:《文化与人生》,北京:商务印书馆,2005年,第288-290页。

修养的内涵，是其"洁白之操，寒于冰霜"品质的思想根源。因此，建立自我，就"必定要摒绝嗜欲，然后才能保持自我的纯真的天机，才能用志不纷，集中精力，以格物穷理。我们须得明白，建立自我，乃是振拔自我，保持自我，以求体察真理。并不是刚愎任性，放任主观意见"①。

第二，建立自我就是使自我以道或理为依归，而不随俗浮沉、与世俯仰。不以众人的意见为意见，而为真理守节操。王安石在《送孙正之序》中有一段极其深刻的话："时然而然，众人也。已然而然，君子也。已然而然非私己也，圣人之道在焉耳。夫君子有穷苦颠跌不肯诎己以从时者，不以时胜道也。故其得志于君则变时而之道，若反手然，彼其术素修而志素定也。"贺麟认为这正表现了王安石"举世非之，力行而不惑""不但一时之毁誉不关于虑，即万世之是非亦所弗计"的精神。"已然而然，不时然而然"，表示了他重自我的主观精神。他指出，王安石所谓的自己或自我是"永久普遍性的道""理想"和"主义"的寄托。"不诎己以从时，并不是乖僻傲慢，而乃是不随世俗趋时代而牺牲自己所代表的道、主义或理想。不仅以时胜道，有了机会还将进而以自己平素所服膺的道、主义、理想，去改变时代、转移世俗。"②

第三，有了自我建立，在读书的时候，心中自有主宰，自能致良知以读书，不仅六经皆我脚注，而且诸子百家亦皆我脚注。王安石曾经在与曾子固的书信中写道：

> 某自百家诸子之书，至于《难经》《素问》《百草》诸小说，无所不读。农夫女工，无所不问。然后于经为能知其大体而无疑。……扬雄虽为不好非圣人之书，然于墨晏邹庄申韩，亦何所不读。彼致其知而后读，以有所去取，故异学不能乱也，惟其不能乱，故能有所去取者，所以明吾道而已。

---

① 贺麟：《文化与人生》，北京：商务印书馆，2005年，第288页。
② 贺麟：《文化与人生》，北京：商务印书馆，2005年，第289页。

他不为狭义的正统观念所束缚，而敢无书不读，然而能自己受用随意驱遣，而不陷于支离。贺麟认为，从这个方面看，"其博极群书有似朱子，其去取百家之书以名吾道，致吾知，较象山六经皆我脚注的精神尤为阔大"①。

第四，能建立自我，不单是读书可以主动，不受书本束缚，即使视、听、言、动，亦有自我作主宰，不随外物转移。传统礼法强调非礼勿视、非礼勿听、非礼勿言、非礼勿动等，将人束缚在有限的生活空间，若不善加解释，将之凝固化、权威化，则会束缚人动弹不得。为此，王安石对传统的礼法进行了较为突出的改造，在《礼乐论》中，突出知识（视听）、行为（言动）中具有的自我主宰和先天成分，鼓舞人们征服外物、改变外物，以自己为范型去陶铸外物。他写道：

非礼勿听，非谓掩耳而避之，天下之物，不足以乱吾之聪也。非礼勿视，非谓闭目不见，天下之物，不足以乱吾之明也。非礼勿言，非谓止口而无言也，天下之物不足以易吾之辞也。非礼勿动，非谓止其躬而不动，天下之物不足以干吾之气也。天下之物，岂特形骸自为哉？其所由来盖微矣。不听之时，有先听焉。不视之时，有先明焉。不言之时，有先言焉。不动之时，有先动焉。

这样一来，按照王安石的解释，"非礼勿视"并不是说消极地不看外物，而是看尽天下之物，不能乱吾心之明；"非礼勿听"不是消极地不听外物，而是听尽天下之声，不能乱吾心之聪；"非礼勿言"不是消极地不说话，而是我自己所说的话，非外物所能推翻驳倒；"非礼勿动"也不是消极地没有行动，而是自己的行为坚定，非外物所能转移。换句话说，王安石所说的非礼勿视、非礼勿听、非礼勿言、非礼勿动，并非束缚自己，而是依理而看、依理而听、依理而言、依理而动；也不是消极地逃避外物，而是积

---

① 贺麟：《文化与人生》，北京：商务印书馆，2005年，第289页。

极地借外物以考验我们目之明、耳之聪、言之有理、动之坚定。这是因为，王安石认为外物之所以为外物，并不是外物本身自我使然，"形骸自为"，独立不依，而是有其隐秘的来源，这来源就是先天的自我，或未发的心性。贺麟认为"他所谓不视、不听、不言、不动之时的先明、同聪、先言、先动，即指自动的有主宰的理性之我而言，亦即近似象山所谓本心，阳明所谓良知。他所解释的非礼勿视、听、言、动，实即应积极地依本心见良知而视、听、言、动，或借视、听、言、动以格物（正物），以复本心，以自致良知之意。有了先天自我的立法性和灵明性，则视、听、言、动自有准则（即有礼），而视、听、言、动所接触之外物自有条理，自受规范，因外物并非形骸自为，而乃为自我所建立，受自我之陶铸而成者"①。

贺麟强调，王安石所说的"是故非耳以为聪，而不知所以为聪者，不足以尽天下之听，非目以为明，而不知所以为明者，不足以尽天下之视。聪明者，耳目之所能为，而所以聪明者非耳目之所能为也"这段话甚深，推究起来，实包含有康德知识论的精意。"耳目只是能听、能见的感官，而所以使耳目能听能见者，不是感官，而是自我的理性。没有理性的理解，没有心中的灵明，耳不能有真听，目不能有真视。这显然超出了单凭耳目的感觉主义，进入注重理性的理性主义，而以理性为感觉的根本。"②

显然，在建立自我的问题上，贺麟以王安石为题予以积极阐释，并非完全因为王安石本人的高尚人格，而是因为王安石的思想契合了"唯性论"和"理想主义"的精神实质，展现了理想主义人生哲学的精神内核。正如有学者研究指出，"贺麟先生虽然借王安石的哲学思想来阐发'建立自我'的理论，但实际上，'建立自我'却是新心学人生哲学的基础和核心，他体现了'唯性论'和理想主义的精神实质。就陆王的传统来说，建立自我就是'收

---

① 贺麟：《文化与人生》，北京：商务印书馆，2005年，第290页。
② 贺麟：《文化与人生》，北京：商务印书馆，2005年，第291页。

拾精神，自作主宰'，其价值目标就是陆九渊所说的'明理、立心、做人'。'明理'即是确认世界皆是'理'的产物或表现；'立心'就是'心即理也'，不执着于一事一物，自作主宰，不受外事外物的支配；'做人'就是极力扩充自我，实现自我，做伦理道德上的完人，或'举头天外望，无我这般人'的超越了小我的人，也就是所谓'尽性'。贺麟对'建立自我'的解释中还包含了康德先天哲学的意蕴，就是理性自立法度。按照这种解释，理性不仅是道德的主体，而且是知识的主体，是知与行的根本，通过理性的发展和实现，才能达到全面的自我实现"[1]。不过，在建立自我的问题上，贺麟通过对中西哲学的融通，展现出比王安石更为宽阔的视野和更为系统的表达，为其新心学人生哲学体系的建立奠定了基础。

---

[1] 王志捷：《贺麟文化理论研究》，北京：首都师范大学出版社，2007年，第213-214页。

第三章　人生理想的引领

人自我建立之后，便不再是一个只会服从于外界命令的死物，而是一个敢于思考、敢于表达、敢于创造的主体，通过对未来的美好憧憬和想象，继而改造自己、改造命运、改造世界。因此，理想的建立是自我建立的外在表现。在此过程之中，"逻辑心"以理想的形式内化于人，将人从现实中高高托起，规范并陶铸现实。在贺麟看来，理想对人来说绝非可有可无，即使是沉溺于梦想或幻想也比没有理想好。在现实与理想的关系上，理想为人生埋下了一颗高贵的种子，它是人之所以区别于禽兽的前提，是自由和人格的保障，是认识现实的主观条件，是树立乐观人生态度的重要基础。通过对理想的设定、实行，人才能反抗现实，成就圆满的人生。

一、理想、梦想与幻想

就一般而言，理想和梦想似乎并没有什么太大的区别。当我们问"理想"是什么的时候，也就等于在问"梦想"是什么。同样，当我们问一个人的"梦想"是什么，也等于在问"理想"是什么。理想和梦想大体相同。然而，"幻想"则分具体的情况，它有时中性，有时则带有贬义的色彩。所以，区分它们的关系，关键要有不同的语境。

贺麟在谈论理想、梦想与幻想时，将理想与现实对举，讨论理想与现实的合一。在《理想与现实》一文的中,他曾清楚地写道:"本文的主旨并不在于品评理想主义和现实主义的是非,也不在批判理想家与实行家的难易高下,而在发挥理想与现实的合一,实行家与理想家的不可分。"①

贺麟指出,在一般情形下,理想与现实总是分离的、矛盾的、冲突的,一般人见此,通常会认为理想不是现实,没有能力创造现实。现实虽然丑陋、复杂、生硬而无情,但现实实在。理想虽然美丽、简单而和谐,但却虚无缥缈,如同海市蜃楼。所以很多人羞于谈论理想,或者一谈到理想就会觉得不切实际。但是,贺麟认为这样来定义理想和现实的关系是不对的,这是一种非此即彼的错误思维,"在我们看来,离现实而言理想,理想就会成为幻想和梦想,离理想而言现实,现实就会成为盲目的命运和冷酷无情的力量"②。很显然,贺麟对理想和现实的关系的论证进行了一种辩证的思考。中国传统思维中很早就有"有无相生、难易相成、长短相形、高下相倾"(见《老子》)的说法,西方哲学也强调矛盾对立双方的相辅相成。贺麟对离开理想谈现实或离开现实谈理想都进行了批评。

那么,到底什么才是真正的理想呢?或者说,真正的理想具有怎样的特征和性质呢?贺麟认为,首先,理想乃是事实之反映。"要透彻了解事实,我们不能不需要理想的方式。必先有了了解或征服自然的理想,然后方发生了解或征服自然的事实;先有改良社会的理想,然后吾人方特别注意于社会事实之观察与改造。吾人理想愈真切,则对于事实之认识亦愈精细。理想可以制定了解事实之法则和方式,使吾人所搜集之事实皆符合理想的方式,而构成系统的知识。理想不唯不违背事实,而且可以补助指导吾人把握事实,驾驭事实。"③

---

① 贺麟:《文化与人生》,北京:商务印书馆,2005年,第101页。
② 贺麟:《文化与人生》,北京:商务印书馆,2005年,第101页。
③ 贺麟:《近代唯心论简释》,北京:商务印书馆,2011年,第5页。

其次，理想为现实之反映。"必有理想方可感得现实之不满，而设法改造现实。故每当衰乱之世，对于现状不满之人增多，则遁入理想世界以另求满足之人与根据理想以改革现实之人，亦必同时增多。普通人每斥理想主义者之逃避现实，殊不知逃避现实亦系对于现实之消极的反抗，对于现实的污浊和矛盾无深刻认识者，将永为现实之奴隶而不能自拔，虽欲消极的逃避亦不可能，遑论改造。"①所以，真正的理想，一定是与事实或现实相对而出的，具有体用的关系。理想逻辑在先，但又内在于现实，是现实前进的尺度和内在动力。

而梦想、幻想则是理想的匮乏和不足，贺麟指出，"许多人把理想误解成幻想梦想，其实幻想梦想的好处，理想却是具有的，理想的好处，幻想梦想却是不具有，真正的理想，同现实应当是合而为一，不可分离的"②。为此，他在理想和现实之间进行了一种层级的划分。他认为，"坏意义的理想，就是幻想和梦想，坏意义的现实，就是命运和力量"。也就是说，在理想——幻想、梦想，现实——命运、力量两两对举的情况下，后者都是一种不圆满的状态，很容易使人失去自由。他说："事实上有许多人埋没在现实之中，为现实所束缚，作现实的奴隶，不能自拔。更有许多人，沉溺于幻想中，不认识现实，关着门，闭着眼，作主观的梦想，极力逃避现实。为现实所束缚，固然没有自由，逃避现实，也不是真自由，这是显而易见的。"③

然而贺麟也认为，尽管梦想和幻想具有种种缺点，但是相对现实而言，梦想和幻想仍具有其自身的价值，因为在现实生活中，梦想和幻想毕竟与理想最为接近，因此，"与其束缚于现实不如放任于幻想梦想"④。

---

① 贺麟：《近代唯心论简释》，北京：商务印书馆，2011年，第5页。
② 贺麟：《文化与人生》，北京：商务印书馆，2005年，第103页。
③ 贺麟：《文化与人生》，北京：商务印书馆，2005年，第101页。
④ 贺麟：《文化与人生》，北京：商务印书馆，2005年，第101页。

第一，幻想和梦想虽然不是理想，到底还与理想接近。贺麟指出，幻想和梦想是形成理想的初步工夫，是理想的雏形。从产生来看，幻想和梦想为人的情感所鼓动，建立在情感的基础之上；相反，真正的理想却是建筑在理性和思考之上，是人的理性的合理表达。

第二，幻想和梦想每每是很美的，可以令人忘记现实的污秽和痛苦。例如，诗人大半都是幻想家、梦想家，如果将诗意的幻想和梦想加以理想化，便达到哲学层面的理想了。

第三，有幻想和梦想的人比较少，沉溺于现实的人比较多。因为幻想和梦想只有人类才有，禽兽便沉溺于现实中，连构成幻想和梦想的能力也没有。

第四，幻想和梦想虽是表示消极逃避现实，同时也可以说是积极的改革现实的准备。如果一味地沉迷于现实，永远为盲目的命运所束缚，连消极逃避也不可能。

第五，青年人最容易陷于幻想和梦想，也只有青年人最富于理想。由于缺乏社会经验，青年人容易被幻想和梦想左右，总喜欢用对书本的浅薄理解和自己的主观幻想去应付现实，最后在社会上四处碰壁，逐渐清醒过来，构成自己理想的基础。

对于民族和国家，梦想和幻想也具有同样的作用。在历史上有个说法：英国是海上的帝国，法国是陆上的帝国，德国是空中的帝国。意思是说，德国整个日耳曼民族总是陷于空想和梦想之中，不能形成一个强大国家，应付现实政治。但是，后来德国被拿破仑铁蹄践踏之后，整个民族从幻想和梦想中醒悟过来，却成了世界强国。可见梦想和理想之间仅有一墙之隔。它说明，无论是个人还是民族，都不能永远沉溺于幻想和梦想，也不能永远沉溺于现实，必须从现实或幻想和梦想中振拔起来，并过渡到真正的理想，用理想的力量引领人进入理性的生活。所以，贺麟指出："以上这一番话，并不是要歌颂幻想梦想，为之辩护，乃是要指出，无论幻想有多少缺憾,至少总比沉溺于现实略胜一筹。"[1]

二、反对理想的两种倾向

虽然理想作为人对未来的蓝图和设计,在人生的成长过程中具有引领方向的价值,然而,并不是每个人都会对理想持相同的态度,甚至有些人一提起"理想"两个字,就会心生反感,这些人被贺麟称为"现实主义者"和"实行家",他们都视理想为人生的大敌。

在"现实主义者"看来,理想和现实是根本对立的,注重理想,就无法应对现实,现实生活中的很多事情就会办不通。他们懂得人生的经营之道,明白怎样在生活中获得现实的利益。但是他们认为,理想与现实生活较为遥远,短期内不会给人带来巨大好处,有时候甚至会成为解决实际生活中的问题的障碍,现实的问题还必须用现实的手段来进行解决。在贺麟看来,这类人一般眼光都较为短浅,不会从长远的利益和高尚的价值出发进行思考。他认为这类人"不过所谓政治上的现实主义者,据个人印象,大概是重利轻义,重力轻德,重实际利害的计算,轻理想高远的价值。重一时的权变,轻百年的大计,重申韩的法术,轻孔孟的仁义"[2]。贺麟认为,20世纪的二三十年来,世界政治都为这种现实主义所笼罩,而一些受到现实主义熏陶的人,也认为注重理想是不识时务、不切实际的书生意气。例如,1919年7月,胡适的《多研究些问题,少谈些"主义"》一文名噪一时,便对理想主义人生观提出了挑战。他说:

第一,空谈好听的"主义",是极容易的事,是阿猫阿狗都能

---

[1] 贺麟:《文化与人生》,北京:商务印书馆,2005年,第102页。
[2] 贺麟:《文化与人生》,北京:商务印书馆,2005年,第100页。

做的事，是鹦鹉和留声机都能做的事。

第二，空谈外来进口的"主义"，是没有什么用处的。一切主义都是某时某地有心人，对于那时那地的社会需要的救济方法。我们不去实地研究我们现在的社会需要，单会高谈某某主义。好比医生单记得许多汤头歌诀，不去研究病人的症候，如何能有用呢？

第三，偏向纸上的"主义"，是很危险的。这种口头禅是很容易被无耻政客利用来做种种害人的事。欧洲政客和资本家利用国家主义的流毒，都是人所共知的。现在中国的政客又要利用某种某种主义来欺人了。罗兰夫人说，"自由！自由！天下多少罪恶都是借你的名做出的！"一切好听的主义，都有这种危险。

虽然胡适的思想自有其出发点，但在胡适那里，他对理想与现实的区分却是十分明显的。在他看来，主义具有理想的性质，而问题才是实实在在的，必须用实实在在的问题反对空空荡荡的主义，这就要求人们放弃那些具有高远理想的革命道路。这种以现实之名反对理想之实对贺麟而言显然是不能接受的。在《时代思潮的演变与剖析》一文中，他曾清楚地对这些倾向进行了批评。他说："我们现在要剖析的现代思潮，一是胡适等人所提倡的实用主义。此主义在西洋最初由詹姆士、杜威等为倡导人，在五四运动前后十年支配整个中国思想界。尤其是当时的青年思想，直接间接都受到此思想的影响，而所谓新文化运动，更是这个思想的高潮。跟着实用主义，我们要批评的第二个现代思潮便是辩证唯物论，这个思潮开始传播于1924年孙中山实行三大政策、北伐、大革命之初，盛行于'九一八'事变时政府不采取抵抗态度，国共分裂后很长一段时间。"① 进而，贺麟指出：

我们做事最先考虑的，倒不是工具，而是理想和目的，亦问

---

① 贺麟：《五十年来的中国哲学》，上海：上海人民出版社，2012年，第73页。

应该不应该,其次再问有用无用。做事应以道义为重,实用其次。所谓"正其谊不谋其利,明其道不计其功"就是这个意思。我们做事,往往不一定满足个人实用的需要,最重要的还在于满足精神生活的要求。假如人生一切行为皆以实用为准,那么人生还有什么意义?人品的尊严何在?

由于实验主义者重行轻知,重近功忽远效,重功利轻道义,故其在理论上乏坚实的系统,在主义上无确定的信仰。在他们的目光中,一切都是假设,随时可以改变。所以其理论是消极的破坏意义居多,积极的建设意义很少。理论和行为,都缺乏建设精神。所以实验主义者,没有坚定的信仰,没有革命的方案,头痛医头,脚痛医脚。"不谈主义,多谈问题"正是实验主义者最率直的自白。这种零碎片段的作风,其结局在哲学上不能成立伟大的系统,在行为上无团体的组织,无坚定不移的理想和信仰。故不论在政治方面、理论方面,都不能满足青年精神生活的要求。于是有一派思潮代之而起,使青年有了一个坚定的信仰,形成了具体的组织;还提出了解决中国问题的政治方案。当着这个新思潮,实用主义是无法抗拒,只有退让,这个新思潮便是辩证唯物论。①

对贺麟而言,尽管此时他对辩证唯物论尚持批评的态度,但是从理想性上看,它却明显高于实用主义的视野。贺麟的这一倾向与他的知识结构和学术倾向具有密切的关系。长期以来,他对实用主义者和现实主义者都持一种极为明确的反对态度。早在他在美国留学时,他就因为实用主义盛行而决定转校。对贺麟而言,人不仅要关注现实,更要关注理想,有理想的人生才是正确的人生,有理想的哲学才是真正的哲学。他将自己的哲学称为"理想唯心论"便是这个道理。

而在"实行家"看来,理想也是一种让人不以为然的东西。贺麟认为,实行家之所以反对理想,是因为理想多半不能实行,

---

① 贺麟:《五十年来的中国哲学》,上海:上海人民出版社,2012年,第76-77页。

就是实行起来也扞格不通。这种对立冲突在辛亥革命初年表现得尤为突出,贺麟以孙中山和黄兴的形象冲突为例进行了深入剖析。

众所周知,辛亥革命中,孙中山和黄兴都是当仁不让的革命领袖。然而,两人的人格形象却迥然不同。孙中山目光远大、理想高远,黄兴脚踏实地、真诚笃实,他们均以民族国家利益为重,开辟了万世基业。然而,人们却对他们的人格形象提出了不同的认识,这种认识被人们概括为"孙文理想、黄兴实行",颇有抬高黄兴的"嫌疑"。贺麟认为,"这种传说,显然有轻视理想家,尊重实行家的趋向,成为反对先知先觉,不真实信仰主义者的护身符"①。事实上,在当时人们确有抬高黄兴的倾向,对黄兴的认同甚至也一度超过孙文。《血书》有《黄兴小史》曾言:"黄非思想家,亦非言论家。实为革命党中惟一之实行家也。故党中最重黄之声望,直可与孙逸仙齐驱并驾矣。"章太炎手书的挽联对黄兴更是褒扬备至:"无公则无民国;有史必有斯人。"可见人们对实行家的尊敬。

针对人们轻视理想的这一倾向,孙中山本人也曾在理论上进行过说明。他认为,中国古代"知之非艰,行之惟艰"的说法,不但不能激励人们的进取精神,反而助长了一种畏难苟安的心理。"不知固不欲行,而知之又不敢行,则天下事无可为者矣。"他认为这正是中国近代之所以积弱衰败,革命事业不能取得成功的一个重要原因。为了破除这种旧的传统观念,鼓舞人们"无所畏而乐于行"的勇气,我们应当明白"行之非艰,而知之惟艰"的说法。为此,他以饮食、用钱、作文、建屋、造船、筑城、开河、电学、化学、进化等十事作为论证,说明人们在求得某一种科学知识以前,早就在那里实际地行动了。他还以美国革命和日本维新为例,进一步指出:若果有了"真知"的指导,"则行之决无所难"。据此,他认为,只要我们能毅然打破"知之非艰,行之惟艰"的迷信,努力以赴,夺取革命胜利"诚有如反掌之易也"。

---

① 贺麟:《文化与人生》,北京:商务印书馆,2005年,第100页。

对于孙中山的人格和思想，贺麟给予了高度的认可，他不仅视孙中山为理想人格的典范，对其"知难行易"学说做出论证，而且认为孙中山切切实实代表理想主义的革命精神。他说："当时孙中山先生特别作'知难行易说'来校正这个错误。他提出知难行易说的用意之一，就是要指出作理想家难、作实行家易，具有理想难，见诸实行易，也就包含有理想重于现实，理想为现实之母，任何实行家均须接受理想家的指导的意思。实行家的任务，进一步来说，就是要使一般人认为不可能的成为可能，换言之，就是他能够实行远大的理想。所以实行家是离不开理想的，没有理想的实行家根本不配称为实行家。"①

贺麟对"现实主义者"和"实行家"的梳理与批评无疑是深刻的，只不过这种批评还过于薄弱，需要从更为积极和正面的方向为理想寻求更为充足的理由。

三、重视理想的四个理由

前面已经提到，幻想和梦想都达不到理想的标准，现实主义者和实行家又有被现实束缚的危险。那么，我们如何才能超出这两种局限呢？贺麟给出的答案是我们必须重视理想。他指出："假如我们不愿意和现实妥协，为现实所束缚，又不愿意陷于幻想梦想，逃避现实，那么我们必须要应付现实、改造现实、征服现实。但是要达到这一个目的不能没有理想。"②"假如人生一切行为皆以实用为准，那末人生还有什么意义？人格的尊严何在？"③在贺麟看来，理想的价值和意义无比珍贵，确有值得我们关注和重视

---

① 贺麟：《文化与人生》，北京：商务印书馆，2005年，第100-101页。
② 贺麟：《文化与人生》，北京：商务印书馆，2005年，第103页。
③ 贺麟：《当代中国哲学》，南京：胜利出版公司，1945年；上海书店，1991年影印，第72页。

的理由。

第一，理想基于人类的本性，是人区别于其他物种的特异之处。在贺麟看来，"理想出于理性，人类是理性的动物，理想是构成人格的要素，人类所以异于禽兽，伟人所以异于常人，全看理想的有无和高下。人类能够凭借他的理智，构成一理想的世界，以提高其生活，改造现实，征服世界。在一个人用理想来指导他的行为的时候，也就是他发挥他最高的灵性以实现其自身的时候"[①]。其实，儒家对人的论证早已有之，荀子在《王制》中便曾有言："水火有气而无生，草木有生而无知，禽兽有知而无义；人有气、有生、有知，亦且有义，故最为天下贵也。"刘向《说苑·杂言》也说："天生万物唯人为贵，吾既已得为人，是一乐也。"他们对都人进行了肯定，只不过他们对人的肯定大多是从人的道德性出发，贺麟则认为，人之为贵在于其理性本质，在于其出于理性的理想，正是理想的高远将人带到了一个未知的世界，使人远高于其他动物，也使人本身具有了高低优劣之分。要想成为一个顶天立地的人，必要的理想是不可或缺的。

第二，自由是人格的本质。"无理想就无自由的标准"[②]，进而也就无人格。贺麟指出，"要有自由的人，我们才能承认他有人格"[③]。他认为，争取自由，争取政治、社会、宗教、经济上的一些自由，是西洋近代人的基本精神。但是，我们不能为自由而自由，因为"理想是争取自由最不可缺少的条件"[④]，换言之，"行为合于理想，就是自由，不合于理想，就是不自由。一切外界的违反我们理想的事物，都是侵犯我们自由的事物，假如没有理想作为我们争取自由的标准，那么我们就可以随遇而安，当然也就无所谓自由。所以理想和自由是不可分的，和近代精神也是不可

[①] 贺麟：《文化与人生》，北京：商务印书馆，2005年，第103页。
[②] 贺麟：《文化与人生》，北京：商务印书馆，2005年，第103页。
[③] 贺麟：《文化与人生》，北京：商务印书馆，2005年，第103页。
[④] 贺麟：《文化与人生》，北京：商务印书馆，2005年，第103页。

分的"①。显然,贺麟这里所谓的自由已经不仅仅是政治自由了,而是一种关乎生命的大自由。贺麟再一次发挥了他的辩证法,将理想与自由进行辩证的阐释:自由离不开理想,理想也离不开自由。

第三,理想是认识现实的主观条件。没有理想,就无法认识现实。贺麟认为,这一点我们可以从人自身和科学研究两个方面进行理解。就人来说,很多人由于没有理想,生活浑浑噩噩,来来往往走了很多地方,见识了很多事情,但并没有得到真正的知识,因此不能认识现实。科学知识也是如此。科学知识本身就是对现实的认识,但是如果没有作为科学理想的假设,也就没法子求得科学事实。我们常说"大胆假设,小心求证",这里的大胆假设就是一种理想的引领,就是根据理性的分析所得的理想。用哲学的话来说,如果想求得科学的事实,必定厘定实践空间关系和因果关系。在康德看来,时空乃是获得经验的理想形式,因果乃是获得经验的理智范畴,时空和因果仍然是一种理想的结构,正是它们使我们对现实有了认识的可能,进而去统摄我们的经验世界。

第四,理想是征服现实的指南针。理想是陶铸现实的模型,是创造现实的图案,是建立现实的设计。贺麟吸收和消化了康德和黑格尔的主体性哲学,将其运用到理想和现实的关系之上。他认为,就理想和现实的关系而言,"现实是理想的材料,是理想实现其自己的工具。现实是被动的、受支配的,理想是主动的、支配的。由此足见离开理想,要想认识现实,应付现实,不仅事实上不可能,理论上也说不通。任何人类有价值有意义的政治社会的建树,文化的创造,都是理想与现实合一的产物"②。进一步说,在贺麟看来,理想与现实并不是平等的,"不过在理想与现实的合一体中,理想为主,现实为从,理想为体,现实为用"③。也就是说,从逻辑价值上看,理想具有必然的优越性,对现实具有绝对

---

① 贺麟:《文化与人生》,北京:商务印书馆,2005年,第103页。
② 贺麟:《文化与人生》,北京:商务印书馆,2005年,第104页。
③ 贺麟:《文化与人生》,北京:商务印书馆,2005年,第104页。

的引导性。但是,贺麟同时也指出,人类社会的竞争,绝不是理想或现实的单项竞争,而是一种合一的竞争,是理想与现实综合实力的竞争。他说,"任何国与国之间的战争,人与人之间的冲突,不仅是现实的斗争,乃是理想与理想的斗争,现实与现实的斗争。就理想而论,要看谁的理想更合理、更高尚、更远大、更能支配现实。就现实而论,要看谁的实际方面、物质方面以及军事经济方面的设施,更有组织、更有力量、更遵循理想的指导"①。

在贺麟的眼里,理想绝不只是寻求生计的一种谋略,一种工具理性的打算,一种逃避现实的避风港。对人生而言,拥有理想是一种高尚的行为,是人作为人区别于其他存在的价值所在,是理想人格的内在要求,是认识现实的主观条件,是征服现实的现实指针,更是人与人之间、民族与民族之间生存竞争的必然要求。明确自己的理想,用理想指引现实、规范现实、陶铸现实,是人生的必备条件。

四、理想与现实合一的途径

对贺麟而言,无论是讨论理想与幻想和梦想的差别,还是剖析理想的重要价值,其最终目标都是希望人们能够通过自身的努力,一步步地实现理想与现实的合一。也就是说,通过现实的生活达到理想的目标,成就自身的生活。但是,贺麟也指出,实现理想与现实的合一并非轻而易举、垂手可得,甚至可以不劳而获。相反,我们不仅需要精神上进行努力,而且在行为上也必须进行努力,才有可能达到这一境界。

就精神方面而言,我们需要用理想去解释现实,以善意对待他人,积极面对一切发生在主体身上的挫折。我们可以把这种用

---

① 贺麟:《文化与人生》,北京:商务印书馆,2005年,第104页。

理想解释现实的做法称作"理想解释法"。他写道：

> 我们须要以理想去解释现实。对于现实的事物尽量加以最好的解释，对于他人行为的动机，表示最大的同情。浅近一点说，这种看法，是以"君子之心度小人之腹"，小人之腹所有的，也许是利害卑鄙诡诈的东西，君子好像不知道他的动机之坏，反而加以理想的善意的解释，始终以君子的态度对待他，久而久之，小人也许不知不觉地受君子的感化，这就是以理想转化现实、改造现实的一种收获。当然抱这种态度，有时难免不受小人的愚弄欺骗，君子不免略有损失，然而君子坚卓的人格，理想的事业，绝不会根本动摇；而小人损人损己，也不会占多大的便宜。①

在贺麟看来，这种用理想解释现实的例子极其普遍。孟子"天将降大任于斯人也，必先苦其心志，劳其筋骨，饿其体肤，空乏其身，行拂乱其所为，所以动心忍性，增益其所不能"便是一例。人在人生困顿的时候，如果一味地埋怨、自责、不知所措，不仅会影响他人，而且会影响自己，阻碍人生的成功。相反，将自己面对的困境看作上天对我们的考验，欣然接受身边的人、周围的事，用坦诚、宽容笑对一切，将其作为理想实现过程中的必经之路，反而会取得意想不到的成绩。孙中山从前也曾被军阀欺骗多次，然而，这不但没有降低他的人格魅力和能力，反而证明其为大智大仁之人。贺麟援引曾国藩的心得说："与其见得天下人都是坏人，不如见得天下人都是好人，存一番熏陶玉成之心。"对于自己的灾难祸殃，始终抱有一种"玉汝于成"的态度，坚信物极必反、否极泰来。当然，贺麟也指出，"在某种意义之下，要想把现实理想化，必须要有气魄、胆量、决心与毅力。缺乏这种条件的人，不能够采取这个观点"②。

其次，对于理想与现实的合一，我们还必须从行为上进行努

---

① 贺麟：《文化与人生》，北京：商务印书馆，2005年，第104页。
② 贺麟：《文化与人生》，北京：商务印书馆，2005年，第105页。

力。"我们须要有反抗现实的力量。"因为现实是盲目的、不合理的,我们应当有力量来反抗:

第一、以历史的教训、将来的目标,来反抗目前现实的压迫。历史上圣贤所昭示我们的是理想的,而我们所企求的将来的目标,也是理想的。这就是以理想反抗现实。就时间上言,是以过去和将来,反抗现在。第二、以关于全体的理想,来反抗当前部分的压迫。引诱人的富贵、威迫人的武力,都是当前部分的事实,而社会的福利、人民的公益、世界的公理、理性的律令,乃是关于全体的理想。只有对于全体的理想,有了真切的认识,才能够收反抗部分的效果。第三、以人格的尊严、良心的命令,来反抗外界现实的压迫。凡是不合理想、违反良心、妨害人格的现实事物,都要拒绝承认和签字,这是以内反抗外,理想属内,现实属外。必须先反抗不合理想的现实,不为它所束缚压制,以争取理想的抬头,进一步才可以积极地本理想以改造现实、征服现实,达到理想与现实的合一的境界,举凡百折不回,失败后不灰心,不丧气,仍然鼓起勇气,奋斗不懈的革命精神,都基于理想反抗现实。①

显然,就理想在人生哲学的地位而言,这种讨论并不新奇。然而重要的是,贺麟探讨了理想与梦想、幻想的关系,重视理想的理由和价值,并提出了实现理想与现实合一的途径和方法,确实发人深省、颇具识度。这些见解与识度想人之未想、发人之未发,为理想人生的自我现实提供了难得的启迪。

---

① 贺麟:《文化与人生》,北京:商务印书馆,2005年,第105-106页。

第四章　人生使命的担承

理想给人以自由，给人以希望。然而人生在世，并不是随时随地都能按照理想的方式生活。在生命的开展过程中，天道、自然、社会、家庭都会与人发生各种各样的关系，并带来不同的规范与约束，这些关系、规范与约束会对人生提出要求，在贺麟看来这就是人的本质，这就是人的使命，它的价值就在于为人提供真实可靠的指引。贺麟指出："做人有了做人的使命，人生就有了目的、意义和价值。没有具体的、切实的、非执行不可的使命，而高谈人生的目的，就嫌空洞不着边际了。"[①]寻求一个光明正大的人生使命，是人作为人的特殊功能，是人区别于禽兽、好人区别于坏人、伟人区别于常人的重要标准。人应该自觉到自己的使命，并以承担使命为生命的荣光，这样的人生才具有崇高的价值。

一、理想与使命的关系

日常生活中，我们常常听见某某某有什么样的理想，某某某又有什么样的理想，说出理想往往是轻而易举、毫不费力的。有时候，一个人甚至有两个不同的理想。相反，我们却很少听见有人谈论使命，更少有人说自己的使命是什么，会用什么样的方式、途径去践行自己的使命。使命似乎与我们毫无关系，更别说在理

[①] 贺麟：《文化与人生》，北京：商务印书馆，2005年，第81页。

想和使命之间到底具有什么样的关系,以及我们应该如何去区分它们,从而在人生的行动中树立正确的理想和使命。

在贺麟看来,理想和使命是不能分割的。"人的使命或天职,也可以叫做人生的理想。但是使命固是理想的,同时也是现实的,它是我们此时此地即在执行,即须执行的使命。"①也就是说,理想与使命本身便具有同构性。只不过,与使命相比,理想更为遥远,在时间上更为宽松,它是我们对未来生活的一种建构和期望,不能一蹴而就。而与理想相比,使命则具有更多的当下性、现实性,是我们已经在担承的社会责任。

从这个角度上看,贺麟对理想与使命的看法与常识是一致的。从常识意义上讲,理想是对未来事物的一种美好想象和希望,是人们在实践过程中形成的、有实现可能性的、对未来社会和自身发展的向往与追求,是人们的世界观、人生观和价值观在奋斗目标上的集中体现。而使命则是个人把自己的人生理想融入社会共同理想中而形成的神圣的责任感,是个人对社会共同理想的自觉认同和担当。不同的时代有不同的使命。因此,理想与使命既有共同点,也有不同点。

但在贺麟看来,理想与使命的关系又远不止于此,我们可以从更为哲学的层面深入两者的内部进行观察,从而获得更为全面的了解。在理想与使命之间,存在着主观与客观、自由与必然的内在关系。

首先,理想是主观建立的,使命是客观赋予的。②在贺麟看来,理想出于人的理性。人能够凭借自己的理智,构成一个理想的世界,以改善其生活,改造现实,征服现实。也就是说,理想是为我的,是源自主体自身的期望和要求,非外界所强求。相反,使命则是客观的,是国家赋予的,时代给予的,或是上司赋予的,它含有命令式的意味。"一个人所奉行的人的使命,就好像军人所

---
① 贺麟:《文化与人生》,北京:商务印书馆,2005年,第31页。
② 贺麟:《文化与人生》,北京:商务印书馆,2005年,第31页。

奉的军令一样。一个军人违背了军令，就要受到军法处分，一个人违背了人的使命，也就要精神上受一种特殊惩罚，有时叫天讨、天罚。无论如何也免不了要受良心的重大责备或惩罚。"①

其次，理想是自由的，使命是必然的。②贺麟写道："理想是自由的，我可以自由地提出此理想或彼理想，使命是决定的，或几乎可以说是人不能自主、不能不遵从的天命。"③换句话说，人可以按照现实的要求，随意地调整自己的理想，我们既可以设置一个较大的理想，也可以设置一个较小的理想；可以设置一个高尚的理想，也可设置一个平淡的理想。只要出于理性，远离梦想、幻想，具有实际的可能性，理想对我们而言就是自由的。而使命则不然，它是一个时期、一种状态下的必然要求，是人不得不承担的生活责任，一旦使命赋予我们，我们便很难做出选择。特别是一些国家的责任、家庭责任，往往使人不能回避，也很难做出选择和调整。

在贺麟看来，理想和使命构成了人生的两极。透过理想，人的主体性得到发扬，人的自由得到彰显，人成为天地间自由存在者，可以按照自己的理解、想象来提高自己、完善自己和成全自己。同时，人也可以自觉地将自己的理想融入社会、融入与我们息息相关的各种关系，从外界获得生活的价值，承担起人应有的责任。于是，这种由内向外、由主观到客观的拓展便为人生提供了一种强大的张力，使生活本身呈现出明显的层次性，丰富着人的存在和价值。

二、使命在人生中的意义

在谈到使命的意义或价值时，贺麟提出了一个饶有趣味的问

---

① 贺麟：《文化与人生》，北京：商务印书馆，2005年，第81页。
② 贺麟：《文化与人生》，北京：商务印书馆，2005年，第81页。
③ 贺麟：《文化与人生》，北京：商务印书馆，2005年，第81页。

题：当人生已经开展之后，我们才来开始确立自己的使命，是否还有意义？

我们到现在来研究人的使命是否无意义，是否太迟呢？因为人已经活在世上二三十年了，才来讨论人的使命、人的目的，犹如一只船已经开出海口，航行很远了，而坐船的人才来讨论航行的目的与使命，岂非笑话？又如欧洲战争已经打起来了，英德国会才来辩论作战目的和使命，是不是太迟可笑呢？

对于这个问题，贺麟并未直接给出答案，但是，在他看来，我们可以通过对人生与使命关系的推演和层层剥离，清楚地看到使命在人生中的价值。

第一，人既已在生活着，则人就已经不自觉地在执行某种人的使命。哲学思想的目的，就在使这种不自觉的使命经过研讨以后，正式成为自觉的使命。贺麟这里有两层意义。第一，使命不是一个可有可无、主体意愿的事情，在一定程度上，使命是人的宿命，只要人活着，使命便与他不期而遇，想要和使命完全脱离关系是不可能的。第二，在人生的使命问题上，我们需要用哲学的思考使自己自觉起来，使潜在的使命明确起来。周易有言，"仁者见之谓之仁，智者见之谓之智，百姓日用而不知"，换句话说，并非每一个人都能够认真地去反思、检讨、体察自己的使命。但对人而言，明白自己在做什么，知道自己的责任，则是极为重要的事情，它能使人更加清晰地看到这个时代、社会、家庭对自我的要求，知道有些事情是自己不得不去完成的。这样一来，在今后的人生中，无论自己遇到什么样的困难，都会以更为平常的心态、更加积极的态度、更加坚定的信念去对待它、完成它，而不会将这些使命作为可有可无的外在责任悬置起来，任意而为。

第二，假使一个人永久不去追问人的使命，就好像无舵之舟漂在海上，只能随波逐流、与世浮沉，那么岂不是生活无意义、无价值？进一步说，人没有人的使命，人就没有人格，不能算是真正在做人。显然，对人而言，使命作为理想的特殊形态具有指引方向的性质，也是人生目的的特殊形态。正如贺麟所言："人的使命，在某种意义下，即是人生的目的。使命是目的的内容，目的即包含在使命之内，也可以说人生的目的即在完成人的使命。使命比目的要具体些，切实些。做人有了做人的使命，人生就有目的、意义与价值。没有具体、切实的、非执行不可的使命，而高谈人生目的，就嫌空洞不着边际了。"[1]对使命的追问其实就是对理想的追问、对方向的追问、对目的的追问和对意义的追问，从而使人在这种理性的追问中获得高于其他存在的价值和人格。

第三，一个人自己没有真正的使命，或有一个不光明正大的使命，而怕人追问，怕人揭穿，不敢反省检讨，就是自欺欺人。这种自欺欺人的办法，以之作战则战必败，以之做人则人格必定破产。贺麟的意思在于，人的使命作为一种责任和担当，会给人勇气和力量。一个真正的使命、光明正大的使命会使人形成浩然正气，会凝聚人的精神和动力；相反，空洞的使命、虚假的使命则使人卑劣和虚伪起来，不敢拿出来示人。这样一来，在面对困难的时候，既不能战胜对手、战胜环境，也不能战胜自己，成就高尚的精神和人格。

所以，在贺麟看来，"人与禽兽的不同，也许就是因为人有自觉的使命而禽兽没有自觉的使命。好人与坏人不同，就是因为好人有正大的使命，而坏人没有正大的使命。伟人与常人不同，就是因为伟人有伟大的使命，而常人没有伟大的使命。因此，我们可以知道，去寻求一个自觉的正大的人的使命，乃是人特有的功能，理性动物特有功能"[2]。从这个角度上看，贺麟之所以在重视理想的情况下，将使命也作为人生问题加以讨论，绝不是因为要沿着费希特《人的使命》之路去重走一遍，而是他真正看到了使命的价值和意义。

---

[1] 贺麟:《文化与人生》，北京：商务印书馆，2005年，第81页。
[2] 贺麟:《文化与人生》，北京：商务印书馆，2005年，第82页。

三、人的一般使命

贺麟认为,人的使命不是单一的,而是具有一般性与特殊性的差别。也就是说,在使命的概念上,我们可以有"人的一般使命"和"个人的特殊使命"。那么,我们如何来考察"人的一般使命"呢?人们穿行于日常生活之中,这种使命是明确的,还是晦暗的?是内在于我们自身的,还是需要需我们通过其他的途径和关系来获得?贺麟认为,"要知道什么是人的使命,先要知道什么是人。先知道了人的本质,就知什么是人的使命了"①。换句话说,人的本质决定着人的使命。

对于"人"的本质,贺麟认为我们可以有两种认识途径。其中,最"直接的方法,就是从人的本身去了解人"②,即从人自己身上去发现人。但是他认为这是注重狭义的人本主义的法子。而且这种方法本身具有很大的缺陷,反而使人看不清自己。用德国著名诗人席勒的诗句来说,就是'人类反而把人类掩蔽着了!"许多天天交接应酬、与人接触的人,看似在实践人的价值,但是却掩盖了人生的真相。因此,我们必须选择第二条道路,就是跳出人类的圈子。"那就是说,要了解人生,就要超出人生。"③不识庐山真面目,只缘身在此山中。按照贺麟的说法,就是要深入无人之境,才能知道什么是人。他指出:"宇宙间天与物都是超人生,非人生的。如果我们用天人物三界的分法,也许可以看出人的真义,那就是说,欲知人不可以不知物,欲知人不可以不知天。"④对于贺麟的这两种区分,我们也可以用下图来进行表达:

---

① 贺麟:《文化与人生》,北京:商务印书馆,2005年,第82页。
② 贺麟:《文化与人生》,北京:商务印书馆,2005年,第82页。
③ 贺麟:《文化与人生》,北京:商务印书馆,2005年,第82页。
④ 贺麟:《文化与人生》,北京:商务印书馆,2005年,第82页。

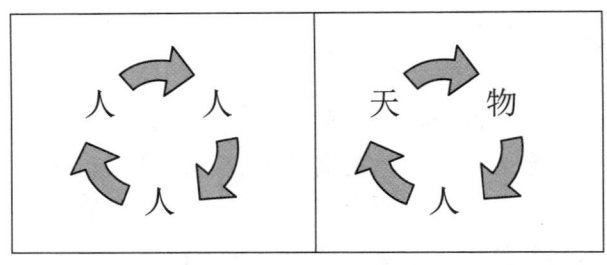

第一种方法　　　　第二种方法

对于前一种方法，我们可以称为"以人观人"；对于后一种方法，我们可以称为"以物观人"。但是运用这两种方法所得到的效果却是不一样的。一种是就人而论人，一种则是超出人生来认识人，贺麟认为只有后一种方法才能真正触及人的本质。

首先，欲知人不可以不知物。这里的"物"具有三层含义。[①]第一种意义，物是自然。它是自然科学研究的对象。贺麟认为，自然是与人相反的东西。用自然与人生进行对比，更足以了解人生。从性质上看，自然是全体，人是自然的一部分，因此，自然律令支配着人。了解了作为全体的自然，也就了解了作为部分的人或人生。第二种意义，物是实用之物。它是社会工程科学研究的对象。如实业经济上之物，它是人类理智为自己创造用来使用的工具。通过这些工具性的知识，我们可以了解使用这些工具的人。第三种意义，物是文化之物。它是精神科学研究的对象。如典章制度、文化产物等，它是人类精神的表现和创造。通过对个人精神创造品的了解，可以了解该人的个性；通过对一个民族精神创造品的了解，则可以了解该民族的民族性或国民性。

其次，欲知人不可以不知天。贺麟援引柏拉图的话说，"Things human cannot be understood without knowledge of the diver（在理解了圣神的事物之前，是不能理解人间的事物的）"[②]，在他看来，

[①] 贺麟：《文化与人生》，北京：商务印书馆，2005年，第83页。
[②] 贺麟：《文化与人生》，北京：商务印书馆，2005年，第83页。

天是神圣的，要了解人生，对"天"的了解同样是重要的。第一，天指美化的自然，亦即由精神意义的非科学研究的自然。这种自然是生生不息的自然，是《周易》中"天行健，君子以自强不息"意味中的自然，也是孔子《论语》中"天言何哉，四时行焉，百物兴焉"意味中的自然。通过艺术家的直觉，对花木山水的观照便可以领悟天道人生。第二，天指天道，亦即总天地万物之理，宇宙之所以为宇宙、人生之所以为人生的基本法则，主宰宇宙人生的大经大法。通过哲学理智的知天，人也可以感悟人生。第三，天指有人格的神，亦即最圆满的理想的人格，也是人人所欲企求的最高模范的人格，最高的价值。这是人类情意所寄托的无上圆满的神，这是道德生活与宗教信仰的天。通过对人格化的天的理解，我们同样可以了解人生。

贺麟特别强调，"说宇宙有所谓的天或神，犹如说宇宙间也有一总司令。知天就好像直接向宇宙的总司令交涉、请示。到后来已经知悉总司令的意旨，为天地立心，代天立言，终则与天为一，与神为侣，也就是庄子所谓与造物者游，与天地精神往来的工夫。由知天而希天，由希天而与天为一。不仅是圣人能希天，人人皆能希天，人人皆在希天"①。

由是，人的"尽性"或"自我实现"表现为两个历程：由知物、用物进而征服自然、创造文物；由知天、希天进而与天为一、与神为侣。

知物——用物——征服自然——创造文物
知天——希天——与天为一——与神为侣 } 尽性或实现自我

贺麟认为，从知物和知天出发便可对人的本质做出界定，即"人是以天为本，以物为用的存在"②，人的使命就是"知天知物、希天用物"。同时，知天知物可得到一世界观，知人则可得一人生

---

① 贺麟：《文化与人生》，北京：商务印书馆，2005年，第84页。
② 贺麟：《文化与人生》，北京：商务印书馆，2005年，第84页。

观。在贺麟看来。"由知天知物以知人,这就是蔡元培先生所谓由正确的世界观中去获得正确的人生观。因为人生观必须建立在世界观上,对于人的知识是对于天和物的知识而来的"[①]。其实贺麟这里有一个逻辑,就是"大观"与"小观"的问题,或者说"观大"与"观小"的问题。在他看来,世界观是"大观",是"观大";人生观是"小观",是"观小"。而"小观"必须以"大观"为基础,也正是认识人必须超出人生的基本原因。

贺麟的这一思想可以在同为现代新儒家的冯友兰那里获得另一种说明和印证。在冯友兰看来,人在本质上是一种"有觉解的东西"。"觉"是一种心理状态,"解"是一种依概念的活动。因为人能依靠"觉解"去了解宇宙人生,故异于木石禽兽。根据对宇宙人生觉解的程度的差异,人生可分为四种境界:"自然境界""功利境界""道德境界""天地境界"。在"自然境界"中,人处于混沌状态中,缺乏思想的引力;"功利境界"中的人只知为我,只能认识到"动物之理";"道德境界"中的人已能觉解到人的本性,故能尽职尽心;当达到最高境界——"天地境界"时,人能觉解到天地大全,与天地合而为一。贺麟所谓"人生使命"其实也是一种"觉解",并且达到了冯友兰笔下人生觉解的较高层面,从而为人的自我认识提供了方便的途径。

四、个人的特殊使命

"人的一般使命"是人作为人处理其与宇宙万物的关系,担当起"大我"责任的过程。但是,在人生中,每一个单独的个体除了面临大我的问题之外,时时刻刻还有更为具体的小我,这个小我则是更为真实的自我、更为直接的自我。如何认识和承担起小

[①] 贺麟:《文化与人生》,北京:商务印书馆,2005年,第84页。

我的责任和使命同样值得我们重视。

贺麟认为,"个人的使命就是人在全体人类社会中的使命、位分、生平工作和最大可能的贡献,即为此人所作、所应作、所不能不作、所鞠躬尽瘁、用全副精力以从事的工作"①。它是我们对自我的性情、才能、环境、家庭、朋友、社会国家的需要、时代的趋势,加以通盘的考量和反省后的结果。"具体点说,个人的使命,就是个人的终身事业或终身工作。"②这种工作由于是自己考察、自己选择、自己承担起来的工作,是时代赋予、师友或知己提醒的使命,因此,它一方面能实现自我的本性,另一方面也是贡献于社会、国家、人类的使命。

从性质上看,这种作为终身工作的个人使命具有几大特性。一是决定性。它决定个人的命运,是个人无所逃避的、不能任意规避的命令、责任或任务。二是公共性。它不是个人的私事,而是公共的事业,是国家、时代赋予的;对于他人,对于社会、国家,都是有益无损的。三是永恒性。它不是可以见异思迁、一曝十寒,随便可以变更放弃的。贺麟强调,"有永久性的工作必是可以成功的好工作。终身的朋友必是好的朋友,终身的工作必是好的有价值的工作。以终身精力去从事一种工作,必不会失败。即使工作太伟大,非一人一生之力所能完成,纵然失败,也必然是促进最后大成功的失败。有了这种终身工作,必有所成就,也有所专长,必不愁没有自立的能够谋衣食的专门技术或学问"③。

特别是,作为终身工作的个人使命虽然具体,但是有了它,人就会感到自己生平事业的庄严感和意义,相信这个事业能够长久发展下去,不会随自己个体的死亡而消亡,更不会因为艰难而中途变节。有了这种终身工作,人才可以坚持不懈,血气虽老而志气不衰,尽管自己的生命会结束,但始终相信自己终身从事的

---

① 贺麟:《文化与人生》,北京:商务印书馆,2005年,第85页。
② 贺麟:《文化与人生》,北京:商务印书馆,2005年,第85页。
③ 贺麟:《文化与人生》,北京:商务印书馆,2005年,第85页。

工作必定后继有人，会不朽地得以传承。"总结起来，一个人要认真生活，认真做人，就需要有自觉的正大的使命。"①

贺麟把个人的使命同对大众和社会的贡献紧密联系在一起，把民族和国家的长远利益作为确定的使命的基础，从而赋予人的使命以庄严感和神圣感。这种使命观不仅有传统人生哲学的深厚基础，而且符合近代人生哲学的发展趋势。从传统观点来看，儒家思想向来注重生命的存在和不朽，希望通过个体生命在社会生活中的价值获得生命价值的超越。"贺麟先生对个人使命的认识，体现了儒家人生哲学的不朽观。无论是立功、立德还是立言，都是建立在人的庄严的使命感之上的，都需要人具有对于使命的自觉意识和完成使命的坚定意志。所以，工作虽可以选择，但人的不朽和人生价值还是需要通过确定的使命来实现。"②梁启超曾指出，"这个社会尊重那些为它尽到责任的人"。使命既是一种责任，更是一种付出，是通过个人自我的付出来成全社会的高尚行为，社会人心也必然会尊重和认可那些为其尽职尽责的个人。

而西洋人生哲学的重要趋势同样如此，即从17、18世纪的个人主义向19世纪的广泛的社会主义过渡。"初时很重个人尊重，反家庭、反教会、反专制君主、反传统意见和信仰。而个人自觉其为一新世界中的新人，所追求者为快乐、为权力、为知识。一切都可以放弃，而个人的自由、权利、信仰、意见则都不能牺牲……但到了十九世纪以后，广义的社会主义却大大发达起来。如边沁、穆勒所提倡的功利主义，又名普遍快乐主义，其口号就是要求大多数人的最大快乐。……在哲学上，黑格尔尤力求个人与社会融合一致。他曾经说，社会是个人的根本，离群索居的个人无法完成个人的目的，个人是和社会不可分的，没有了社会，个人亦就

---

① 贺麟:《文化与人生》，北京：商务印书馆，2005年，第86页。
② 王志捷:《贺麟文化理论研究》，北京：首都师范大学出版社，2008年，第219页。

无所寄托。个人一定只有在社会中才能实现其道德、人性，即人之所以为人之道。社会、国家、民族的地位提高了，便使人忘怀了小己的个人。"①显然，贺麟在使命问题上受到了这一转变的影响，并使之在自己的人生哲学思想中得到了发扬。

---

① 贺麟：《文化与人生》，北京：商务印书馆，2005年，第318-319页。

第五章 人生信仰的确立

　　通过贺麟的阐释我们可以看到，理想与使命足以让人看清生活的方向和社会责任，从而在人生中知道为什么而生活，并为之努力奋斗。但从实际来看，理想和使命在一定程度上还欠缺内在的精神动力，因为践行理想和使命过于理性，在情感调动上还略显不足，还需要信仰作为补充。而且，有理想者未必有信仰，有信仰者则必然有理想。信仰是生存竞争的利器，是人生特有的权利。用贺麟援引实用主义哲学家詹姆士和社会心理学家黎朋的话说："人生是一种冒险，全要有勇气有信心，才可以得到胜利，达到成功的。"[1]"没有信仰的人，终久是要被有信仰的人驱逐到墙角里去的。"[2]"决定人生和历史的真正因子，就是信仰。信仰是不可避免的。它永远构成人类精神的主要部分。一种信仰也许被人推翻，但继之而起的又是一种新信仰。假如一个民族的信仰发生变迁，必有整个社会生活的巨大变迁随之而起。"[3]他认为，我们已经进入注重思想文化以及国家建设的后启蒙时期，青年人不仅要认清信仰的性质和功能，而且应该给予信仰应有的地位，从而为生活提供源源不断的精神动力。

---

[1] 贺麟：《文化与人生》，北京：商务印书馆，2005年，第91页。
[2] 贺麟：《文化与人生》，北京：商务印书馆，2005年，第91页。
[3] 贺麟：《文化与人生》，北京：商务印书馆，2005年，第90页。

一、信仰的起源、性质及其与知识的关系

毋庸置疑，在信仰的问题上，我们长期都存在着一个误区，即既忽视了信仰的重要功能，又习惯性地将信仰与迷信相混淆，认为它们都是非知识的现象。然而，在贺麟看来，信仰与迷信在起源、性质上都完全不同，甚至截然相反。他说：

> 首先须得认清，即信仰与迷信根本有别，迷信起源于愚昧，代表未开化的民族，未受科学教育的人民的原始心理。而信仰乃是基于知识。唯有受过科学教育的洗礼和启蒙运动的开导的文明人，方足以言信仰。迷信可为科学知识所祛除净尽，而信仰不仅非科学知识所能推翻，而且有时科学知识反而可以加强我们的信仰。此外还有一层值得注意的事实：就是只有人才有迷信，我们不能说禽兽有迷信，足见迷信乃是这理智的动物——人类，所特有的后天缺陷。别的动物尚没有进化到可以有迷信的程度。换言之，唯有人才有迷信，更唯有能思想又理智的人才有信仰。但信仰却不能说是知识的缺陷，只能说是伴随着知识而起的一种心理现象。①

因此，从这个意义上说，"信仰是知识的一个形态"②，"不过信仰中所包含的知识，其来源与从严格的科学方法得来的知识，稍有不同罢了"③。具体而言，信仰在起源上具有以下几条途径和特点。④

第一，信仰大都是无意间不自觉得来的，每每是无形间受熏陶感化暗示而来。理性的分析归纳虽然也能引起信仰，但从实际

---

① 贺麟：《文化与人生》，北京：商务印书馆，2005年，第87页。
② 贺麟：《文化与人生》，北京：商务印书馆，2005年，第88页。
③ 贺麟：《文化与人生》，北京：商务印书馆，2005年，第88页。
④ 贺麟：《文化与人生》，北京：商务印书馆，2005年，第88页。

效果来看，信仰起源于理智分析归纳的极少，而受感情激动者居多。它每每根植于儿童心灵，有时甚至被误作为天赋的观念。

第二，信仰的养成，主要是基于具体的生活、行为、经验和阅历，而很少出于抽象的理智的推论。在贺麟看来，那些能在生活中获得教训，行为中获得见识，人事方面经验丰富、阅历较多的人，往往具有坚定不移的信仰。因此，与具体的知识相比，抽象的知识对于加强或改变信仰的作用则十分有限。

第三，构成信仰的知识还有一个比较高深的来源，就是天才的直观和对于宇宙人生的识度。大宗教家，大政治家，举凡所谓先知先觉者的信仰，大都以此为主要来源。他们坚定的信仰都是建立在卓越的知识上的，然而他们信仰所依据的见微知著、由小及大、由过去的教训而观察将来的知识，是那样的简洁明快、不假思索，这只能归结于天才的直观或识度了。

第四，我们虽不能说信仰起源于理想及其活泼的想象力，更不能说信仰与理想和想象力没有区别，但我们的确可以看出信仰必然包含有理想和想象的成分。因为信仰的对象必然不是现实的事物而乃是理想的事物。"故有理想者未必有信仰（因为事实上有许多理想家未必有坚定的信仰、实行的勇气），而有信仰者必有理想。""简言之，单是理想或想象，均无甚大的实行力量，唯有构成信仰的有机成分的理想与想象，方可称为主宰行为、推动行为的决定力量。"①

进而，我们又可以通过这几条途径引申或抽绎出几条结论，突出显示它的性质及其与知识的内在关系。②

第一，信仰既然多是不知不觉间养成的，而且根植于儿童心灵中异常之早，近乎天赋观念，由此便可推知无论任何人似乎都必然有某种信仰，但许多人每每是自己虽已有信仰，而不自知觉

---

① 贺麟：《文化与人生》，北京：商务印书馆，2005年，第89页。
② 贺麟：《文化与人生》，北京：商务印书馆，2005年，第89页。

其有信仰。这样一来，贺麟认为，我们的问题就发生了转变，我们就不需要再去讨论青年人是否应该具有自己的信仰，而转变为如何使自己固有的信仰更加自觉、更加理性，"人不能绝对没有信仰"，"主要的问题乃在如何使已有的某种信仰建筑在自觉的理性的基础上，如何使已有的信仰经得起理智的批评，可以随学问思想的进步而增进、而加强"。

第二，信仰是知识的形态，同时也是行为的动力，也可以说信仰是足以推动行为的知识形态。"并且可以说信仰是使个性坚强、行为持久、态度真诚、意志集中的一种知识形态。"显然，这样一种知识形态与我们一般的系统的知识形态有明显的区别。

第三，就信仰与狭义的科学知识的关系言，二者是不同种类的知识形态。它们既可以并行不悖，又时常矛盾发展。信仰有时阻碍科学发展，有时亦可以促进或利用科学知识；而科学知识有时可以打破信仰的凝固性，有时也可以增进并加强信仰。

第四，就信仰与一般知识的关系言，因为信仰中包含有知识成分，而且信仰仅是知识的一种形态，故信仰与知识不仅不冲突，而且是平行相依的。也就是说，有什么样的知识就有什么样的信仰，一个人毫无所知，也就毫无所信，盲目的信仰源于愚昧的知识；知识空洞，则信仰必然渺茫；知识混淆矛盾，则信仰杂乱；知识系统，则信仰集中；知识高尚，则信仰也为之高尚。

贺麟反复强调，认为知识与信仰冲突矛盾的人不仅对信仰的性质无知，而且对知识也一知半解。知识与信仰不仅不冲突，而且相辅相成，"因为假如否认信仰与知识相依相随的关系，则一方面信仰将永不会自觉化、理性化，而另一方面，知识亦将陷于空疏枯燥，永不会支配信仰，影响行为了"①。

---

① 贺麟：《文化与人生》，北京：商务印书馆，2005年，第90页。

二、信仰的类别及其联系

根据贺麟的阐释,信仰既然作为知识的一种形态,那么在呈现上就绝不是单一的,而是具有多层面、多向度的。不同人在不同的人生阶段可以具有不同的信仰,同一人在同一时间内亦可以具备几种不同层次的信仰。完整、系统地理解信仰的类别与养成方式,对于理解自己的当下生活、提升生命的品质具有极其重要的价值。因此,他用最"简约"的方法进行处理,将信仰分列为几种不同的情况。①

一是宗教的或道德的信仰。在贺麟看来,宗教的信仰或道德的信仰是一种人生较高层面或较高水平的信仰。道德信仰是人类对道德现象、道德价值、道德规律的认可与遵从。他说:"道德的信仰为对于人生和人性的信仰,相信人生之有意义,相信人性之善;对于良心或道德律的信仰,相信道德律的效准、权威和尊严。又如相信德福终可合一,相信善人终可战胜恶人,相信公理必然战胜强权等,均属道德信仰,有道德信仰的人行为自然遵循道德的法则,为善去恶自有道德的勇气,尽管我在此之后有时仍归失败,或不得他人谅解,但亦可得道德的或良心的安慰。"②宗教信仰则是指"对于天、天理、天道、天命的信仰而言"③。贺麟之所以把这两种信仰放在一起,是因为在他看来,二者之间具有内在的联系。"在某种意义下,道德的信仰即是宗教的信仰。因为道德是宗教的核心。离开道德而言宗教,则宗教会变成邪魔外道。"④而宗教信仰和道德信仰的养成,则出于大智慧和大悲悯,出于真知灼见或理性直观。特别是经过极大的痛苦、忧患、苦闷、困顿、怀疑的人,以超越的眼光看破一切,超出世俗后,往往才能领悟天

---

① 贺麟:《文化与人生》,北京:商务印书馆,2005年,第84页。
② 贺麟:《文化与人生》,北京:商务印书馆,2005年,第92-93页。
③ 贺麟:《文化与人生》,北京:商务印书馆,2005年,第93页。
④ 贺麟:《文化与人生》,北京:商务印书馆,2005年,第93页。

道或道德,从而获得宗教的信仰和道德的信仰,并建立科学和无神论均无可动摇的精神基础。

二是传统的信仰,即人对自己生活传统的信赖与仰望。在贺麟看来,人总是生活在社会之中,各种思想传统、风俗习惯、文化制度作为生活基础必然会对人自身发生这样或那样的影响,成为我们信仰的一部分。因此,他认为,"传统的信仰也就是一种社会的信仰,对于社会的权威和礼教、民族文化的信仰均属之"①。日常生活中我们对伟大人格的信仰,对仁、义、礼、智、信等行为规范的信仰,就是极其显著的例证。由于受社会风俗习惯的影响,传统信仰较之其他信仰较为模糊,无法进行有效的追溯。特别是贺麟认为,传统信仰维系于风俗习惯、制度文物中,构成礼教的核心,不知不觉地烙印于儿童的心理,成为一种原始经验或天赋观念,长此以往,根深蒂固,多半是无法根除的。从心理上看,彻底铲除传统信仰是不可能的,"使传统信仰理性化,深刻化,扩充其意蕴,减少其束缚性,不庸讳言地,是哲学的任务之一"②。英国等国家表面上看具有守旧的形象,但其实并非故步自封、不思进取,相反,他们给予了传统信仰极大的尊重,使其理性化,以求民族文化的统一与持续。

三是实用的信仰。它是基于对日常生活的基本可能而建立起来的生活信仰。贺麟认为:"实用信仰是为生活的方便,行为的必须,事业的成功而权且建立的信仰。这种信仰无宗教或道德的信仰之深邃远大,无传统信仰之历史背景和社会力量。但若无此种实用的,亦即实际的,实用的信仰,则会陷于畏首畏尾一无所可的窘状,生活不能进行,行为不能产生,事业不会成功。日常生活、实业、政治、军事上种种信仰,大都属于此类"③。它的特点在于既出于理智的计算,亦出于经验的积累。例如,相信天是蓝

---

① 贺麟:《文化与人生》,北京:商务印书馆,2005年,第93页。
② 贺麟:《文化与人生》,北京:商务印书馆,2005年,第94页。
③ 贺麟:《文化与人生》,北京:商务印书馆,2005年,第95页。

的，水是绿的，钱存进银行安全可靠，吃饭喝水不致中毒，如此等等，当我准备做一件事的时候，都相信有一个良好的结局。特别是抗日战争时期，国人从实际出发，坚信"抗战必胜，建国必成"，将全部精力一起投入其中，鞠躬尽瘁，死而后已，进而有效促进了抗战建国的历史进程，同时也证实了"抗战必胜，建国必胜"不是空话。

贺麟认为："三种信仰，就其来源说，则宗教信仰多出于天才的直观和理性的识度，传统信仰多基于不自觉的熏陶、感化或暗示，实用信仰多本于经验阅历和理智的计算。"①同时他也强调，三者之间并不排斥，而且很难进行明确的区分，"就理论言，表面上为了解方便计信仰虽可分为三种，究极言之，却殊难强加区分。事实上有一种信仰，都常包含有其他二种信仰的成分在内"②。特别是政治军事信仰虽属于实用信仰，但仍可以有传统的信仰和宗教道德的信仰作为基础。"所以大政治家不仅是具有实用的信仰，使事业达到成功，而且每每有很深的宗教信仰，亦每每能代表并发扬其民族的传统精神。"③

三、信仰在人生中的功用及其价值取向

与将信仰划分为宗教或道德的信仰、传统的信仰、实用的信仰相一致，在对信仰作用和功能的阐释上，贺麟也主要从三个方面进行了梳理。

就宗教和道德信仰而言，他认为"宗教有精诚信仰、坚贞不二的精神；宗教有博爱慈悲、服务人类的精神；宗教有襟怀广大、

---

① 贺麟：《文化与人生》，北京：商务印书馆，2005年，第96页。
② 贺麟：《文化与人生》，北京：商务印书馆，2005年，第96页。
③ 贺麟：《文化与人生》，北京：商务印书馆，2005年，第8页。

超脱尘世的精神"①。特别是,宗教本身也是一种真理,为人的生存提供其不可替代的精神动力。他借用法国社会学家涂尔干的学说指出:"有宗教信仰者不独能看见不信仰者所看不见的新真理,还可作一个较强悍的人。他觉得自己内部有较大的力量,能经得起生存的试验,可以战胜种种困难。"人一旦具备了宗教信仰,则在生活的过程中会变得坚强、坚韧而具有勇气。"他的精神有安顿、有寄托、有安慰,做事自觉有神圣的灵持,有牺牲的勇气。彼虔诚信天的人,其身心之有安顿,犹如赤子之有母亲。因彼实以天或上帝为所爱慕的宇宙的慈母,所敬畏的宇宙的严父也。"②同时,有宗教信仰的人在面对艰难困苦的时候,总是相信是天将降大任于斯人,这些苦难都是对人生的一种磨炼,能够做到不怨天、不尤人,勇往直前。当自己实现理想或获得幸福的时候,也不居功自傲、盛气凌人,而是成功不居、困苦不怨,将成功与幸福的原因归结为上天的安排和恩赐,谦卑为怀。因此,"有宗教信仰的人,自有安心立命之所,不会在人生道上,徘徊歧途、莫知所可"③。

就传统信仰而言,他认同社会心理学家黎朋的见解,认为"决定人生和历史的真正因子,就是信仰。信仰是不可避免的。它永远构成人类精神的主要部分。一种信仰也许被人推翻,但继之而起的又是一种新信仰。假如一个民族的信仰发生变迁,必有整个社会生活的巨大变迁随之而起"。一方面,传统信仰具有明显的强制性,具有束缚个性的作用。"这种信仰是社会上大多数人的公共信仰,对于个人是有强制性的。这种信仰每易为统治阶级利用,发生束缚个性、妨碍自由、阻碍进步的弊病。"④正因为如此,传统信仰每每受到社会的开明分子或革命分子的激烈反对。另一方

---

① 贺麟:《文化与人生》,北京:商务印书馆,2005年,第93页。
② 贺麟:《文化与人生》,北京:商务印书馆,2005年,第93页。
③ 贺麟:《文化与人生》,北京:商务印书馆,2005年,第93页。
④ 贺麟:《文化与人生》,北京:商务印书馆,2005年,第93页。

面，传统信仰又充当着社会的稳定器的重要角色，"其功用在于使社会稳定，民族团结，使社会各分子有一种精神的联系。传统信仰是维系一社会或一民族的统一性与持续性的要素，也是构成校风、国风、社会的风俗、民族的性格的要素。所以每每一个民族或国家的传统信仰破产之日，即是那个民族或国家衰乱之日"①。因此，从人生来看，传统信仰必然成为生活信仰的必要部分。

就实用信仰而言，贺麟充分引证了美国实用主义者詹姆士的研究成果，从信仰对生存的价值和信仰与真理两个方面进行了阐释。詹姆士认为："人生是一种冒险，全要有勇气有信心，才可能得到胜利，达到成功。""没有信仰的人，终究是要被有信仰的人驱逐到墙角里去的。"这就是说，在生存竞争优胜劣汰的社会中，没有信仰的人终归要失败、被淘汰。在《信仰的意志》一书中，詹姆士力言信仰的重要性及其在人类心灵生活中所处的位置，特别将信仰的权利放在了极高的地位。贺麟解释指出，其所阐明的是"信仰是生存竞争的利器，是人生特有的权利。我们不可沉溺于抽象的理智分析和咬文嚼字的逻辑，而放弃此种信仰的权利"②。从知识论的角度上看，詹姆士认为，信仰同时又决定着真理。"一个真理之所以成为真理，乃是信仰造成功的。有许多真理之能否真，全靠你对它有无信仰：相信它则真，不相信它则不真。"贺麟指出，詹姆士的学说应在冒险斗争的生活中，极有效准。"比如'抗战必胜，建国必胜'这类的话，在詹姆士看来，均是可以真亦可以不真的话。而这话之究竟能成为真话与否，其关键全在我们有无坚定的信仰去造成之、去证实之。假如全国国民均有坚定的信仰，则'抗战必胜，建国必成'成为真话的可能性必然多些。所以这些话之能否真，有待实际生活中努力去实验之、证实之。真理的形成，大都是经过如此艰苦历程的，天地间根本就没有不经

---

① 贺麟：《文化与人生》，北京：商务印书馆，2005年，第94页。
② 贺麟：《文化与人生》，北京：商务印书馆，2005年，第91页。

过意志、信仰和实际的努力，不劳而获的现成真理。"①

然而，贺麟认为，自新文化运动以来，我们在对待信仰的问题上出现了严重的问题。由于受启蒙形态的影响，大多数人都成了个人主义者，注重理智的怀疑，反对任何信仰。特别是对宗教信仰和传统信仰进行了无情的批判，"他们不仅不承认信仰的功用，反而认为信仰有阻于科学的进步和个人的自由。他们的目的当然在反对迷信，而结果适所以动摇个人和民族的根本信仰"②。相反，启蒙时期本身的局限却并未引起人们的重视。即"一方面注重狭义的理智，如外在的怀疑和批评，支离的分析，琐屑的考证等。而与此狭义的理智主义紧相伴随着，乃是注重放任感情的感伤主义或浪漫主义。因一方面，离开信仰情感而言理智，故陷于支离干枯的理智主义，一方面离开理性的规范而言情感意欲的放任，故流于感伤的浪漫主义"③。因此，贺麟认为，现在我们应该对信仰有一个清楚的认识了。"现在的青年人应该认清时代，这已不是鼎盛的个人主义、怀疑主义、注重破坏的启蒙时期了。我们已到了注重思想文化以及国家建设的后启蒙时期了。这个时期的青年，不仅要认清信仰的性质与功能，给予信仰以应有的地位，而且当力求信仰的坚定和精诚集中。"④

特别是，在当代信仰生活的建立过程中，要及时注重信仰的价值取向，为启蒙时期狭义的理智主义和此种理智主义的自然反动——反理性主义间的矛盾谋求正当的出路。贺麟指出，从积极的方面来说，"我们所倡导的浸透了理智的活动和理性的指导的信仰，与知识进展相依相随的信仰"⑤，是一种知识形态的信仰。从消极方面说，对信仰的注重，"绝不是反民主、反自由、反理性主义的抬头，更不是提倡盲目地崇拜暴力、崇拜霸王。因为只有理智与信仰脱离

---

① 贺麟：《文化与人生》，北京：商务印书馆，2005年，第91页。
② 贺麟：《文化与人生》，北京：商务印书馆，2005年，第91页。
③ 贺麟：《文化与人生》，北京：商务印书馆，2005年，第92页。
④ 贺麟：《文化与人生》，北京：商务印书馆，2005年，第92页。
⑤ 贺麟：《文化与人生》，北京：商务印书馆，2005年，第92页。

了节,方产生感情冲动和盲目信仰的反理性主义"[①]。所以,在后启蒙时期,人生的信仰应是一种更为健全的信仰,是一种与理性调和一致的信仰,是一种促进生命成熟的信仰。

四、人生是否应该及如何建立自己的政治信仰

对贺麟而言,人生不仅应该有自己的信仰,而且其实很多信仰是人生无法选择的,如传统的信仰和一些实用的信仰,人生也许尽可能去排斥它,但却无法完全抛弃它。因为这些信仰构成了我们生活的基础,想成为一个毫无信仰的人事实上是不可能的。

而在各种信仰中,贺麟对"政治信仰"给予了高度的重视,并在对信仰进行分类的过程中进行了积极的强调。他说,我们"最要紧的就是要知道政治上、军事上的信仰乃是属于实用信仰的范围。譬如就中国现在军事上的抗战,政治上的建国而论,谨慎点说,真可说是'成败利钝,非所逆赌'。但凡属中国的军政当局以及全国人民,为实际实用实行计,不能不相信'抗战必胜,建国必成'。并将我们的想象力与理想力,均导向抗战必胜、建国必成方面着想,以坚定并集中我们的信仰,如是庶我们可以有'鞠躬尽瘁,死而后已'的忠贞精神与牺牲的决心。故此种信仰之本身即有足以促进抗战的胜利与建国的成功之效力,并足以证实'抗战必胜,建国必成'这句话不是空话而是真话"[②]。贺麟的这一论断固然与抗战历史具有千丝万缕的联系,但却根植于他对政治信仰的深入思考。

贺麟认为,所谓的政治信仰,大体包含三个方面:对政治主义的信仰,对政府或政党的政纲政策的信仰,对政治领袖人格的信仰。他认为,"一个公民对于三者中的任何一方面有了信仰,就

[①] 贺麟:《文化与人生》,北京:商务印书馆,2005年,第92页。
[②] 贺麟:《文化与人生》,北京:商务印书馆,2005年,第95页。

算是有政治信仰"①,"人既是政治组织中的一分子,既是国家的一个公民,理论上他应有信仰政治或政治信仰的义务。就人之为一政治的动物言,他似乎天然就有政治意识,他事实上不知不觉必然具有某种政治信仰"②。进而推至,"就任何人(不论学者、专家、工人、农人、青年、老年)皆为国家的公民而言,应有政治信仰的义务。就人为政治的动物言,应有政治信仰以发挥其本性。就人为道德的存在言,应有政治信仰以求道德的实现。假如一个国家内,大多数人民,特别大多数有识的青年人,皆毫无政治信仰,或皆对政治漠不关心,则该国必灭亡无疑,因为这实是社会生活的严重病态"③。可见,是否有政治信仰,不仅关涉个人的本性、德性,而且关涉一个国家的长治久安和社会发展。

针对日常生活中人们常常将政治信仰和做官混淆,将二者等量齐观,从而对政治信仰持有偏见的现象,贺麟提出了严肃的批评,他说:

> 有政治信仰与做官乃截然二事,应须严格划分。有政治信仰与做贪官污吏,更是风马牛不相及的两码事。甚至可以说,凡贪官污吏都是唯利是视,根本没有政治信仰的人。一个专家学者或关心国家前途的青年学生,尽可以有鲜明的政治信仰,而不做政治活动,不加入政党,不作官吏,而站在自己学者专家的岗位,作自己本分内的事以效献于国事。无政治信仰而作官吏是可耻的事。违悖良心,出卖自己的政治信仰而迎合现政权,以希图权位,更是可耻可鄙的事。有政治信仰,不作官吏,站在学者专家的立场,赞助政府,监督政府,表示民意,正是现在中国最值得提倡的事,是每个有智识的青年国民应尽的义务。一个国家内这类的人愈多,则政治愈可上轨道。民主政治愈有力的保证。假如因为

---

① 贺麟:《文化与人生》,北京:商务印书馆,2005年,第97页。
② 贺麟:《文化与人生》,北京:商务印书馆,2005年,第97页。
③ 贺麟:《文化与人生》,北京:商务印书馆,2005年,第97页。

自己由于性情、才能、环境地位的关系，不愿意做官吏，于是就绝对不抱任何政治信仰，认为政治为污浊，讳言政治，以自鸣清高，这可以说是极不健康的名士态度。①

然而，虽然人作为政治动物似乎应该具有合理的政治信仰，但是却并不能保证自己的政治信仰与外界的环境必然协调一致。那么，在这样的情况下，人又应该如何自处呢？贺麟认为，这就是指个人政治信仰与政权相和与不相和时所采取的态度问题。为此，他从正反两个方面做出了回应②，见下表。

个人与政权关系相处时的态度

	个人应该采取的态度
个人与现政权相合	第一，凡政府官吏，特别政务官，必须使自己的政治信仰与政权相合，至少于主义、政策、领袖人物三者中要能信仰其一。 第二，自己的政治信仰虽与现政权相合，而不愿参加政治，但愿做纯学术、纯技术或社会服务工作，则应于业余之眼以私人资格发挥自己的信仰，赞助政府，阐扬主义，造成舆论，作非正式的义务宣传工作
个人与现政权不合	第一，埋头做非政治的工作，从事于学术、文艺、实业、社会服务等，以培植国家元气，对现政府取超然隐逸态度。 第二，对现政府取合理的、同情的、自由的批评态度，以促进政府的改善。 第三，在法律范围以内取公开和平行动，组织政党，唤醒民众，以民意力量，监督改进，并督责现政权，争取参政权。 第四，秘密结党反叛，以武力阴谋暴动，推翻政府。在开明的政制下，这种办法理论上、事实上都绝不容许。在极端专治腐化的政府下，人民合法的自由已被剥夺，无又喘息余地时，此之谓"革命"

---

① 贺麟：《文化与人生》，北京：商务印书馆，2005年，第97-98页。
② 贺麟：《文化与人生》，北京：商务印书馆，2005年，第98-99页。

贺麟指出："我的意思，凡是学者专家以及有知识的青年，均应有政治信仰。或均应设法培养成健全的政治信仰和正常的政治兴趣。无论个人的政治信仰与现政权契合与否，各人均应有其裨益于国家前途、人民福利的合理的态度。"①

　　贺麟对政治信仰的论述明显受到了东西方政治哲学的影响。亚里士多德曾明确断言"人是天生的政治动物"，人天生离不开政治生活。使所有的人在社会生活中都能够各得其所、相得益彰，是人类美好政治生活的根本要义。在他看来，国家是由人所组成的，通过个人之善，可以推及国家之善。而孔孟根据"作之君、作之师"的政治逻辑，主张"仁政"，对统治者提出了道德建设方面的要求，并主张建立一种官民协调的社会关系，使每一个社会成员都能够各安本分，"克己复礼""安分守己"。从而建立一种和谐稳定的理想社会。然而，不同的是，贺麟对政治信仰的论述不是从国家和统治阶级出发，而是以个人的人生信仰为出发点。这种态度既有对传统儒家政治主张的吸收，又更加适合现代民主社会的时代发展，特别是对于培育健全的现代公民和幸福人生是具有极大价值的。

---

① 贺麟：《文化与人生》，北京：商务印书馆，2005年，第99页。

第六章　人生态度的培育

在贺麟看来，人生在世，理想、使命和信仰是重要的，但是仅有理想、使命和信仰却仍然不够。作为人，我们还需要有具体的人生态度。我们对待人生问题时所持有的态度，是构成人生观的重要条件。"要知道一个人的人生观，主要的就是要知道他对人生是抱乐观或是抱悲观的态度"①，因为"观与行或知与行是永远合一而不能分的。盲目者必冥行，无知者必妄为"②。他指出，"悲与乐是人类共有的情绪"③。盲目的乐观与盲目的悲观都体现了人生的无知和肤浅。乐观者能从悲观中看到深刻，悲观者能够从乐观中看到光明，人生才具有足够的智慧。但是，他同时也强调，除非到了颓唐衰乱、人心已死、毫无生机的情况，大多数人都是乐观者。他希望人们能将乐观建立在批评、理想和学养基础之上，成为真正指引人生前行的路标。

一、"乐观""悲观"与"情绪观"

曾经有一名记者问大文豪萧伯纳："萧伯纳先生，请问乐观主义者和悲观主义者的区别何在？"萧伯纳抚摸着他引以为豪的胡须想了想，回答道："这很简单，假定桌上有一瓶只剩下一半的酒，

---

① 贺麟：《文化与人生》，北京：商务印书馆，2005年，第107页。
② 贺麟：《文化与人生》，北京：商务印书馆，2005年，第107页。
③ 贺麟：《文化与人生》，北京：商务印书馆，2005年，第107页。

看见这瓶酒的人如果高喊起来：'太好了！还有一半。'这就是乐观主义者；如果对着这瓶酒叹息：'糟糕！只剩下一半了。'那就是悲观主义者。"

萧伯纳的回答颇具代表性。面对同一事物，心境不同，就会有不同的看法，世界也因此呈现出不同的状态。乐观者能在一粒沙中看到世界，悲观者则能在一粒沙中看到毁灭。人世间的许多事，或近或远，或深或浅，往往都因自己的心态而改变。要完全改变一个世界是极为困难的，但是从自己出发，调整自己的人生态度，却简单而直接。对于人生的喜乐悲苦，我们不仅不能逃避，更应该以真诚的态度直面和思考。而贺麟对乐观与悲观的思考，就是一种极具代表的哲学考察，并为我们提供了一种生存的智慧。

在他看来，乐观与悲观的"观"字，代表一种对世界和人生的总看法，也代表对决定行为的方向和做人的态度的根本看法。这种看法普遍多叫作"直观"或"洞见"，其中当然包含有知识和见解的成分。一个人的任何行为，都是以知识为主宰，以见解为指导的。假如看法错误，行为自然也随之错误。假如见解正确，则受其指导的行为必然也趋于正确。观与行或知与行是永远合一而不能分的。盲目者必冥行，无知者必妄为，真切笃实之知与明觉精察之行，永远是合一而不可分的。悲观与乐观的问题之所以重要，就是因为两种不同的看法，直接产生不同的行为，影响不同的生活。

从性质上来说，"乐观与悲观就是以乐同悲的情绪相伴随相辅助去观察人生和世界，所以又包含有情绪的成分。无论乐观或悲观皆可以叫做'情绪观'"①。但是，这种情绪对人来说，并不是可有可无的。与纯理智的、抽象的、科学的看法不同，这种情绪观对人生将发生更为强烈的影响。贺麟说："抽象的理智的看法对

---

① 贺麟：《文化与人生》，北京：商务印书馆，2005年，第107页。

于实际行为比较不容易发生直接迅速的影响。而包含有情感作用的看法或见解，为情绪所渲染，生动、活泼、具体，容易产生直接行为，支配实际生活。"①

由于"乐观"与"悲观"的这种情绪性，所以，其具有极大的主观性，是"随个人的感触、性情、态度、环境而变易的"②。在此处为乐，在彼处则可能为悲，喜乐往往会随情景转变。但另一方面，乐观与悲观又并非完全主观，"因为悲与乐的情绪也可以有普遍性必然性，因此具有客观性"③。这样一来，由于每个人都具有这种情感，因此必然会产生或悲或乐的态度，想完全超越乐观与悲观其实是不可能的。并且，真正出于人内心的真情实感不仅不可避免，还对生命本身具有极大的正面作用，换句话说，"情感之出于本心发抒得其正者曰正情、真情。基于正情真情而出发的乐观或悲观，于观认外物、调节生活，亦有很大的价值"④。

贺麟根据对乐观与悲观性质的把握，对其进行了更为全面的阐释。他认为，要进一步判断什么是乐观、什么是悲观，我们还需要从思维上获得一种翻转，也就是对这两种态度的语词和意义进行一种彻底的颠倒。与"乐观"相对的就是"观乐"，与"悲观"相对的就是"观悲"。

比如，当我们参加某个人的宴会，或进入戏院看热闹，我们可以说是"观乐"，但却并不断定是"乐观"，因为人们在观看热闹的时候，心中或许无尽悲凉，或许兴"良辰美景"之叹，或许有"众醉独醒"之惑。所以，贺麟指出，"足见乐观的人并不一定参加快乐场合，自己享受快乐，而每每是对于众人认为痛苦悲哀没有办法的状况抱乐观态度。所以乐观多少包含有主观上

---

① 贺麟：《文化与人生》，北京：商务印书馆，2005年，第107页。
② 贺麟：《文化与人生》，北京：商务印书馆，2005年，第107页。
③ 贺麟：《文化与人生》，北京：商务印书馆，2005年，第108页。
④ 贺麟：《文化与人生》，北京：商务印书馆，2005年，第108页。

轻视痛苦、超越悲哀的态度，而并不是事实上否认痛苦和悲哀的客观现象"①。

同样，"悲观"也并不是"观悲"。"悲观乃是对于众人目前认为快乐的事情，一其将来的前途怀隐忧、感痛苦。"②而"观悲"则与此不同，它乃是对人的悲哀情绪的客观考察。例如，心理学家对悲哀情绪状态、悲哀心理的来源、悲哀事实在神经上所发生的作用的分析和考察便是如此。"在做这种研究工作的时候，心理学家本人并不'悲观'，他乃是在'观悲'"③。

可见，说到底，乐观和悲观首先仍是一种情绪观。尽管在这种情绪中同样伴随着人的知识、见解，甚至不乏客观的成分，但是这种依赖于人的情绪的状态却极大地规范、限制着人的日常生活。我们既不能以"观悲"来取代"悲观"，也不能用"观乐"来取代"乐观"。作为人的正常情绪，乐观与悲观在生活中具有不能回避的价值，并在人的日常生活中反复纠缠。

二、乐观与悲观的相互纠缠与超越

按照通常的观点，乐观就是乐观，悲观就是悲观；乐观就是积极，悲观就是消极。二者非此即彼，毫无关系。但在贺麟看来，这种态度是不对的，并且不符合辩证思维。"乐观和悲观既然是主观的态度，所以一个人之抱乐观或抱悲观并不一定为客观事实所决定，而是随个人痛苦或快乐的经验为转移。"④而且，在乐观与悲观之间，一定存在着相互依赖、相互限制、相互养成、相互转化的可能。我们常说的笑中带哭、哭中带笑便是如此。

---

① 贺麟：《文化与人生》，北京：商务印书馆，2005年，第108页。
② 贺麟：《文化与人生》，北京：商务印书馆，2005年，第108页。
③ 贺麟：《文化与人生》，北京：商务印书馆，2005年，第108页。
④ 贺麟：《文化与人生》，北京：商务印书馆，2005年，第108-109页。

首先,"乐中见悲"与"悲中见乐"是人生的常态。在贺麟看来,良好的环境并不一定就是乐观的温床,苦难的人生也并不一定就造就必然的悲观。他认为,有时恰恰相反,"许多聪明的年青人,家境甚好,涉世甚浅,然而每每稍受挫折,便容易陷于悲观。而饱经忧患、备尝艰苦的人,对于人生倒反而取乐观的态度。又如自抗战以来,许多安处在后方、从来没有经历过战争痛苦的人,或是住在租界上当寓公的人,往往对于抗战前途,深抱悲观。而在前线作战的将士,在医院治疗的伤兵,从作战的痛苦经验中,对抗战的前途,反而养成乐观的展望。由此足见真正乐观的人也不一定志得意满,快乐舒服,生活上毫无痛苦。同样,悲观的人也不一定垂头丧气,自苦自杀"①。贺麟指出,曹操一世之雄,破荆州下江陵,横槊赋诗时,发出的诗歌却是"忧思难忘""杜康解忧"的悲观情调。作为悲观主义哲学家,叔本华却反对自杀。对人而言,人生的悲与乐确是一种丰富的人生体验,有诗云:"未曾清贫难成人,不经打击老天真。自古英雄出炼狱,从来富贵入凡尘。醉生梦死谁成器,拓马长枪定乾坤。"对于人生中的悲与乐,只有去经历它、体会它,我们才能感受到其中的真味。苦辣酸甜,也只有在尝过之后才愈加浓烈。身处逆境未必就是坏事,春风得意未必值得狂喜。而喜极而泣、泪中带笑的释怀与达观往往才是人生的真谛。

其次,悲观论是对天真朴素乐观论的否定。贺麟指出,悲观与乐观不仅在各自的领域埋下了对方的种子,而且还存在着相互否定和克服的可能,这是乐观与悲观两种人生态度的重要特点。悲观论虽然有不足,但是相对于多数人天真朴素不知人世艰险的乐观论而言,却是盛世危言。他说:"不过多数人的乐观,只是天真朴素不知人世艰险的乐观,而不是真正的批评的理想的基于学养的乐观。悲观论可以说是恰好对于天真朴素的乐观论加以否

---

① 贺麟:《文化与人生》,北京:商务印书馆,2005年,第109页。

定。悲观论者提出问题，指出困难，揭出艰险，显出人世狰狞面目的真象，使肤浅轻易的乐观论者，遭受严重的打击，因而趋于深刻化。"①在贺麟看来，这种多数人的乐观，本身具有极大的缺陷。"因为肤浅轻易的乐观论者，往往忽视现实，把人世看得太单纯，把事情看得太容易，每致陷于懒惰懈怠，喜苟安，不紧张，不知盘根错节，艰难困苦，甚至处于覆巢积薪之下，做了釜底游鱼，犹怡然自嬉，不知危惧。"②当然，在这种情况下，贺麟认为，这种以淑世主义苦心面貌出现的悲观并不是真正的悲观论，如果是，也一定是一种有苦心、有深意的悲观论，而且没有什么危害，应该被我们所接受；而肤浅苟安的乐观是一种愚昧无知的乐观，不是真正的乐观，更谈不上"观"。

最后，乐观论是对杞人忧天式悲观论的超越。按照贺麟的逻辑，既然悲观论能够使乐观论趋于理性、深刻和成熟，从而具有警醒、忠告的价值，那么，在对等的情况下，乐观论也必然能够对悲观论产生相同的作用。这种意义上的悲观论，我们可以称之为杞人忧天式的盲目悲观。这种悲观其实在现实生活中极其普遍，例如，半途而废、自顾自怜、不战而退等均可谓杞人忧天式的盲目悲观。这种悲观的特点在于，以狭隘的自我生命实现为出发点，看不清事物发展的方向，对自己极度缺乏信心，缺少理性判断与分析，无端放大事情的难度等，从而产生一种与实际不相符合的悲观论调。抗战时期，一些人面对日本帝国主义的咄咄逼人，看到国内战局的各种不利，于是便对抗战前途心灰意冷，甚至倒向日本帝国主义，沦为汉奸。这种悲观是不经思考的悲观、毫无远见的悲观。而此时的乐观，由于它的深刻、理性和洞明，完全战胜了悲观，成了真正健康的乐观。

---

① 贺麟：《文化与人生》，北京：商务印书馆，2005年，第109页。
② 贺麟：《文化与人生》，北京：商务印书馆，2005年，第110页。

三、从悲观论向乐观论的发展趋势

根据贺麟的理解,乐观与悲观从本质上看是一种情绪观,是个体人生在生存过程中的情绪反应。但是同时他也认为,乐观与悲观又不仅仅局限于个体人生,而常常是以群体的外观呈现在历史发展过程之中。特别是在一些特殊的历史环境下,经过一些时代人物的思想引领,一个时代往往会出现一种乐观或悲观的历史倾向,而哲学家往往就是这些时代情绪的引领者。他认为,近代以来西洋社会对此问题的趋势就是从悲观趋向乐观,并呈现出辩证的发展趋势。

在贺麟看来,近代以来最先引领乐观主义的代表当属莱布尼兹。作为一位哲学家、数学家、自然科学家,莱布尼兹与笛卡尔、斯宾诺莎被认为是17世纪3位最伟大的理性主义哲学家。莱布尼兹曾有一句名言:"我们的宇宙,在某种意义上是上帝所创造的最好的一个。"可见,他对这个世界抱有一种极其乐观的态度。因此,贺麟指出:"他认为宇宙间一切都是好的,这世界是一切可能世界中之最好者。连坏的亦是好的,因为坏的事情亦有'玉汝于成'的功用。"[1]莱布尼兹为近代乐观主义奠定了基础。

然而,在莱布尼兹之后,西方社会对此种过分乐观主义出现了一种反动。从康德开始,以叔本华、尼采为代表的哲学家,将悲观主义推向了高潮。在他们的哲学思想中,人生的局限和缺点得到了全面的挖掘,他们对人类的前景展现出一种悲观的态度。贺麟认为:"康德的思想就比较偏于悲观。他对人很冷淡,对人生的看法亦可以说很冷酷。他读斯威富特(Swipt)的讽刺小说,常使他看到人生很坏的可厌恶的一面。他曾经为文论人性之彻底的恶,认为人简直是怙恶不悛,毫无希望,唯有上帝的力量或者还可以拯救人类。如叔本华,更是有名的悲观论者,认为

---

[1] 贺麟:《文化与人生》,北京:商务印书馆,2005年,第316页。

整个宇宙人生均受盲目意志的支配，这支配一切的力量，本身就是盲目的！人生就是一个苦海，快乐都可以说非真实的。痛苦多，快乐少；痛苦是持久的，快乐则只是暂时的；痛苦是深沉的，快乐都很浮浅。人生简直永远是痛苦！连自杀亦无法解脱盲目意志的束缚。"①

可是，康德、叔本华、尼采之后，悲观主义同样被再次超越，以黑格尔为代表的哲学家走向了更高层级的乐观主义。对黑格尔而言，"他有一种悲喜剧的看法，认为苦中之乐，苦后之乐才是真乐，征服恶魔后的道德才是真道德"②。"歌德在浮士德著名剧本中曾说，'天天居心作恶，但却在无意中创造了善'，这就是恶魔的命运，亦就是恶魔的定义。又如威廉·詹姆士亦说，我们须得承认世间有恶魔，但我们总是把它踏在脚下。不否认世界上有恶，但恶可以转化为善，可以帮助创造善，这就是近代普遍的乐观看法。"③

而在宗教方面，也有一个由悲观到乐观的转变过程。贺麟指出："十七世纪后半叶至十八世纪前半叶，欧美人宗教观念，是趋向悲观的。即如当时的美国，一般人都认为人没有什么办法，人生是罪恶重重的，个人是渺小而无意义的，一切只有求助于上帝。有人认为初期美国人的思想，就专是虔诚信天，"敬仰上帝"（Glorification of God）。但到后来，思想慢慢改变，到最后乃是'凡事必胜'的观念。他们勤勉敬畏的努力，他们的革命建国，他们的开垦拓荒，都得到成功。渐次感觉到现世即为乐土，一切事业皆可借人的努力达到成功。因此美国人大都视人生为一大冒险事业，而以'胜利'或'成功'作为人生奋斗的基本信念。因此从对人生的悲观转变为乐观。"④

---

① 贺麟：《文化与人生》，北京：商务印书馆，2005年，第316页。
② 贺麟：《文化与人生》，北京：商务印书馆，2005年，第316页。
③ 贺麟：《文化与人生》，北京：商务印书馆，2005年，第316-317页。
④ 贺麟：《文化与人生》，北京：商务印书馆，2005年，第315页。

显然，贺麟对近代人生观的看法不仅抓住了时代环境的客观因素，而且结合了哲学家、思想家对人生态度的发展与创新，特别是前者对后者的超越与深化。这种超越与深化本身又来源于时代进步对人类局限的征服，体现了人生积极向上的精神面貌，也为正常的人生态度指明了方向。

四、真正乐观人生态度的思想基础

在贺麟看来，"真正的快乐，……应是基于真纯的快乐的情绪的看法"①。但是，真正的乐观在思想和心理上并非毫无依据。相反，理解人的快乐情绪，建立健康向上的思想基础，是养成乐观人生态度的基本前提。为此，他从"仁爱观""信心观"和"进化观"三个方面对乐观进行了系统阐释。

首先，真正的乐观应是一种"仁爱观"或"同情观"。贺麟指出："人类最高尚、最纯洁、最普遍，且与快乐最不可分的情绪，就是'爱'或'仁爱'，也可以说是同情心或恻隐之心。人生最真纯的快乐，既出于仁爱，则在此意义下，人生真正的乐观应是'仁爱观'或'同情观'。一个人用同情的了解、仁爱的态度，来观察人生、欣赏事物，就是真正的乐观者。"②他深入诠释儒家仁爱思想的深刻内涵，认为仁爱具有使人乐观的两大功能。一是"仁爱"具有使人不忧的功能，"因为仁者能够本仁爱的态度来观察宇宙人生，他自然可以发现'堂前春草，生意一般'，并体验到'万物静观皆自得，四时佳兴与人同'的境界"③。《论语》中"仁者不忧，知者不惑，勇者不惧"的"不忧"就是指仁者为快乐之本。二是

---

① 贺麟：《文化与人生》，北京：商务印书馆，2005年，第110页。
② 贺麟：《文化与人生》，北京：商务印书馆，2005年，第110页。
③ 贺麟：《文化与人生》，北京：商务印书馆，2005年，第111页。

"仁爱"具有使人化丑为美、化恶为善、化险为夷的功能。在贺麟看来，仁爱的人心里自然美好，能包容和转化他所面对的一切，使一切对象都呈现出美好的形象。他说："仁爱就好像光明，光明一到，黑暗消散，仁爱所至，悲苦绝迹。俗话常有'情人眼里出西施'的说法，这也许道出了普遍的爱情心理。一个人有了爱情，有时可以化丑为美，把他爱的对象认作美对象。同样，一个人有了仁爱，他就可以化恶为善，化险为夷；看得见人性中最光明的一面，因而养成乐观的心境。所以乐观实与仁爱不可分。"[1]因此，在贺麟看来，"至圣至仁就是至乐观的人，未有不仁的人会成为真正的乐观论者"[2]。

其次，乐观又可以叫作"信心观"。"就是对自己有信心，对别人有信心，对天道或宇宙法则有信心。"[3]贺麟认为，凡是对自己有信心的人，一定是乐观的人，因为他能够做到俯仰无愧、内省不疚。中国有句老话叫"白天不做亏心事，半夜敲门心不惊"。因为自觉到自己行端影直，所以即便在艰难困苦的环境中，也不会丢失自信心。而且通过不懈努力，相信自己能够转败为胜、转恶为善。所谓对他人有信心，就是相信人性本善，相信人同此心、心同此理，人心是自然公道的。而且，不善的人终究可以感化和转变。也无须与他人之间相互猜忌，怀疑别人的动机，从而达到内心的安宁与祥和。对天道或宇宙法则有信心，就是相信天道是公正的，有一种自然的评判标准，善良的人必定战胜邪恶的人，理性必定战胜无理性，公理必定战胜强权，"有了这种由体验、由学养而达到的信心，就是乐观态度的出发点"[4]。与此同时，贺麟认为，"信心观"还是一种"希望观"。当"一个人对于自己和别人的前途乃至世界的将来有信心，也就是说他具有希望。对于将来的无穷的

---

[1] 贺麟：《文化与人生》，北京：商务印书馆，2005年，第11页。
[2] 贺麟：《文化与人生》，北京：商务印书馆，2005年，第11页。
[3] 贺麟：《文化与人生》，北京：商务印书馆，2005年，第11页。
[4] 贺麟：《文化与人生》，北京：商务印书馆，2005年，第11页。

信心与希望,自然会形成对于世界与人生的乐观的看法"①。

最后,乐观也可以叫作"进化观"。贺麟认为,中国几千年的封建传统中有一种退化的观点,认为历史总是前面的好,历史的演变则是一代不如一代。所谓魏碑不如汉碑,唐碑不如魏碑,宋碑不如唐碑,"这种退化的看法,使得我们无论在政治上、道德上、文学艺术上都觉得今人不如古人,后人不如前人。甚至在个人生活上,也感觉好像是一天不如一天地在退化,有如黄山谷诗所谓'老色日上面,欢惊日去心。今既不如昔,后当不如今'。类似这种彻底普遍的退化观,无形中养成一种极端消极的悲观论"②。而近代以来,西洋社会中却普遍盛行着进化论的思想,不论是达尔文的进化论,还是黑格尔的辩证法和逻辑上矛盾进展的进化论,都带有强烈的乐观色彩。"足见进化观与退化观不仅是近代精神与中国精神的分水岭,而且是划分乐观论与悲观论的最大关键。"③"假如一个人能够在变动生长的过程中,看出发展的阶段,进步的程序,他就会养成一种逐渐向上、日新不已的乐观态度。"④

总之,在贺麟看来,乐观与悲观正相反对,它们既互相制约,又互相转化。乐观是精神发皇、蓬蓬勃勃的"朝气观""同情观""仁爱观""进化观",悲观是志气锁沉、衰老颓丧的"暮气观""冷眼观""怀疑观""绝望观"。乐观是人生路程中再接再厉所达到的光明境界,悲观是希望幻灭后的绝望和痛楚。在成长过程中,我们既要克服幼稚肤浅、不学无术的假乐观,又要避免吹毛求疵、不切实际的盲目悲观。要从乐观中看到肤浅,从悲观中看到希望,要将生命的态度建基于学问修养和经验阅历,用眼光和毅力克服一切艰难险阻,实现生命真正的自我绽放。

---

① 贺麟:《文化与人生》,北京:商务印书馆,2005年,第111页。
② 贺麟:《文化与人生》,北京:商务印书馆,2005年,第113页。
③ 贺麟:《文化与人生》,北京:商务印书馆,2005年,第113页。
④ 贺麟:《文化与人生》,北京:商务印书馆,2005年,第112页。

第七章　人生自由的获取

从古至今，自由都是生命中的大课题。裴多菲说："生命诚可贵，爱情价更高。若为自由故，二者皆可抛。"亨利高呼："不自由，毋宁死！"贺麟对自由的强调源自哈特曼的一句话——"人就是自己强迫自己自由的动物"，争取自由自古以来就是人类的不懈追求。文艺复兴以来，人类对自由的渴求达到了一个全新的高度，产生了大批自由思想的"拓荒者"。然而，与卢梭、康德等众多自由追求者有所不同，贺麟对自由的探索既不同于前者对自由强烈的政治倾向，也不同于后者对意志自由的必然性论证，而是依据近代自由精神和儒家传统，对人生自由的逻辑层次、意志自由的不同类别、获取自由的心灵途径做出了详细的分析和探讨，具有鲜明的时代气质和中国化色彩，既为传统自由思想的现代性转换提供了可能，更为现代人的自由人生提供了切实可行的方便法门。

一、人生自由的三个层次

在贺麟看来，自由不是铁板一块，供人随意取用，而是一个不断争取、不断深化的过程。他指出："因为西洋近代争政治自由的热烈，而引起哲学家去为政治自由寻求道德自由的基础，并进而追求道德自由何以可能，以为道德的自由建筑一形而上学的基础。其简单的答案可以说是这样：因为人的意志是自由的，所以道德自由可能，所以道德可能。……政治家思想家、人权论者所鼓吹的是政治的自由,而哲学家、伦理学家所发挥的便是道德的自由。"①显然,在贺麟的认识中,自由是有层次性的。作为主体的人的认识水平高低不同,与之相对待的客体、他人、世界层次不同,因而主客体关系也必然不同,相应地,主体获得的自由也就不尽相同。从总体上看,贺麟认为自由在人生中的表现体现了三个层级的递进关系。②

首先,形上自由,即人作为主体的绝对自由。在这种自由里,内外必然性都被主体全面认识和掌握,成为主体自身的本质。"逻辑心即理也"及孔子所谓"从心所欲,不逾矩"就是这样一种自由。在这一层次,必然性渗入主体的理性和感性之中,并发挥成为主体自身的本能习惯、言行方式,从而实现主客完全合二为一,它是主体追求的最高境界,也是主体本质的真正实现。

其次,意志自由,包括认识自由、道德自由、审美自由。它们分别属于认识论、伦理学和美学主体所探讨的范畴。在意志自由里,必然作为客体,还处于和主体相对的地位,但主体已自觉到自己有理想、有动力和能力去建立和认识必然,去主导、超越和包容必然。意志自由是主体在知行活动中,在和必然性相对待的过程中,努力吸收必然的长处来充实自己,从而提高自身素质的修养过程、发展过程。在这一过程中,既有主体精神的修养、内在觉悟的提高,又有自身活动、行为习惯的养成;既是形上自由的表现和实现,又是主体达到形上自由必须经历的阶段。

最后,社会自由,即政治自由、经济自由、劳动自由、教育自由、学术自由、新闻自由、出版自由等形下自由。它是形上自由、意志自由在社会领域的全面落实。在此阶段,社会制度、规范、权利等成为主体的强制性因素,而主体不甘于被强制,进而

---

① 贺麟:《近代唯心论简释》,北京:商务印书馆,2011年,第183页。
② 张茂泽:《贺麟学术思想述论》,西安:陕西人民出版社,2001年,第284-275页。

反抗、遵循、改进、建立，使其理想化，解除其对自身的强制，成为社会主体自身对自身的强制，从而实现自由。

对贺麟而言，"形上自由—意志自由—社会自由"是一个有机的整体，它穷尽了人生自由的基本面向。不过在意志自由层面，他特别关注了道德自由；而在社会自由层面，他特别关注了政治自由。因此，上面的三个层次进一步表现在贺麟的自由思想中，则构成了一个更为具体的逻辑关系，即形上自由—道德自由—政治自由。

在三者的关系上，贺麟指出，政治自由必须以道德自由作为基础，而道德自由又必须以形而上学作为基础。"道德自由，是政治自由的根本，而政治自由可以说是道德自由的组织和实现。政治自由是向外去奋斗争夺而得，道德自由便出于内心的学养与自主。"[①]特别是，在一个社会中，有政治自由的人多，则有道德自由的人亦必然增多；反过来，有道德自由的人多，则有政治自由的人亦随之增多。当然，如果从绝对事实上看，政治自由和道德自由具有不完全一致的地方。但就价值上看，"道德自由比政治自由较根本较重要"[②]。外在的自由权利必须建筑在内在的自由素养和境界的基础上，而内在的自由素养和境界又必须建立在逻辑严密的形而上学的基础之上。因此，道德自由又有其"形而上学"的基础。换言之，没有道德自由作为基础，政治自由容易"流入蔑视法律纲纪的无政府主义和浅薄的理智主义与个人主义"，不是真正的自由。如果没有形上自由作为基础，道德自由则容易"成为反科学反理性的神秘主义"，也不能成为真正的道德自由。所以，为了自由人生不仅要从君权、教权中解放出来，更要从物欲、情欲中解放出来，才能达到与天合一、与真理合一的最高境界。

[①] 贺麟：《近代唯心论简释》，北京：商务印书馆，2011年，第183页。
[②] 贺麟：《近代唯心论简释》，北京：商务印书馆，2011年，第184页。

二、意志自由的两个类别

尽管自由在层级上如此丰富，但对人生而言，其价值是不一样的。对贺麟而言，谈论自由，其实最根本的还是在于意志自由。因为就人生自由的逻辑而言，形上自由作为意志自由的逻辑支点，是一种最高层级的自由设定。而社会自由作为意志自由在社会层面的实现，则是一种形而下的自由。在三位一体过程中，意志自由作为连接形上自由和社会政治自由的主导环节，发挥着承上启下的功能。没有意志自由，形上自由和社会政治自由不仅无法过渡，而且缺少主体精神。从某种意义上看，意志自由真正体现了自由的精神和本质，甚至意志自由就是自由本身。所以贺麟指出，意志自由代表了西洋近代精神，"说到哲学方面，若果有一哲学家能够组织一系统，建立一学说，证明人的意志是自由的，是不受命运、环境或自然条件支配的，那么，他就可算是有功世道人心的哲人"①。

对于意志自由的性质，贺麟认为，它是一种与具体之物毫无关系的概念，因为它是关于"全人格的问题"。对具体之物而言，我们可以通过科学的、数学的、几何学的方法进行测量和计算，乃至阐明它的因果关系。但是，对于"全人格的问题"，我们则不能当作物件一样进行摆设和拆分。"意志自由乃是关于全人格的问题，用几何学的方法、实验方法得来的关于人的行为的定律，即使确切不移，但总是抽象的部分的，部分的抽象的科学定律不能支配全人格的道德活动。"②"人之意志自由与否乃内心的道德问题，必自己直觉内省方能知道，或自己的知己朋友用同情态度来了解他、体贴他，方可知其大概，用理智从外面去分析研究，如医生之验体温，那是不能知道的。假如一个人自己觉得潇洒超脱、

---

① 贺麟：《近代唯心论简释》，北京：商务印书馆，2011年，第182页。
② 贺麟：《近代唯心论简释》，北京：商务印书馆，2011年，第186页。

雍容自在，作起事来心安理得、无愧无怍，那么，他的意志就算自由，即或用科学去研究他的一言一动都是有原因的，都是可以用机械定律解释的。"①对人而言，因果定律、机械事实并不与自由相反，而是人类达到自由所必经的阶段，是人类"道德努力的收获"和自由的环节。所以，就此而言，"不论你用演绎的几何方法来研究意志自由问题也好，不论你用实验的动物学方法来研究意志问题也好，只要你彻底用理智用科学方法，你就可以发现人的意志之绝对不自由，不惟人的意志不自由，即神的意志也不自由，简言之，万物皆不自由"②。

相反，如果我们换一个角度，跳出自然规律和因果限制，从诗人和形而上学家的视角出发，用同情的、审美的、超功利的、忘物我的眼光来观察宇宙人生，我们又会发现，其实天地万物又莫不各遂其性、各乐其生，享受一种令人不胜羡慕的自由。例如，庄子的"濠上观鱼知其乐"，周敦颐的"庭前春草，生意一般"，以及程明道的"万物静观皆自得，四时佳兴与人同"，呈现的是一种自由，毛泽东的"鹰击长空，鱼翔浅底，万类霜天竞自由"呈现的也是一种自由。甚至在英国的S.亚历山大教授看来，"若从神的立脚点看来，一根草一块石也是自由的"。所以，在贺麟眼中，我们能否自由，并不只存在一个科学的维度；恰恰相反，我们只需换一副眼镜，将理智的、科学的观点改变为同情的、艺术的与形而上学的观点，便不难从令人局促不安的决定论转向万物自由的目的论。

不过，这种诗人、形而上学家维度所谈的自由，并非自由的全部。换句话说，他们所说的自由，其实只是自由的一个面向，即共生的自由、天然的自由、人物俱具的自由。这种自由的特点在于它是与生俱来的，是自然赋予的。体会这种自由，不仅能够使我们的胸怀开阔洒脱，而且会抵达民胞物与的精神视野。不足

---

① 贺麟：《近代唯心论简释》，北京：商务印书馆，2011年，第186页。
② 贺麟：《近代唯心论简释》，北京：商务印书馆，2011年，第185页。

之处在于，这种共生的自由缺乏人世的磨砺与开合，太过直接，少了生命的张力。"因为那种诗人的超世俗游物外的自由，究竟不是我们在人世中奋斗努力所欲取得的自由；而且那种不是由困心衡虑而得，乃是人与物生而共有的自由。也不是为人所特有的经自觉的奋斗而得到的道德的自由。"①换言之，真正的自由"乃是出发于内心的深处及性格的发展，是自觉的、理性的、自主的努力争得的成绩，不是盲目的、偶然的、外界赐予的恩惠"②。正如孔子所说："吾十有五而志于学，三十而立，四十而不惑，五十而知天命，六十而耳顺，七十而从心所欲，不逾矩。"只有经过确定理想和艰难跋涉，挣脱自然和社会的各种限制，人生才能从必然获得真正的解放和自由。从这个意义上说，论证科学的必然性，生理的偶然、反常、失性、发疯、绝对不可知，不唯不能反证意志的自由，恰恰相反，离开了对必然性的克服，一捅到底反而不能获得自由的真谛。

所以，在贺麟看来，意志自由其实有两个面向或者说两种类型。"自由一方面是人人皆有，与人格俱来的本性，但同时又是一生所追求不到，望之弥高，钻之弥坚的理想。"③就前者而言，它是一种初级的或先天的自由，朴素、自在、自然而然，缺乏辩证性。这种自由常常将人"矮化"于物，未曾将理性和愚昧严格区分，绝圣弃智，颇有道家的精神风貌。而后者则是"一个超经验的理想"，生命不息，奋斗不止，是人生的努力和不懈的生命追求。更重要的在于，这种自由真正体现了人生的生命意志和战斗精神，它将人生和自然作为磨炼人的场所，就像黑格尔所说的精神战将，具有战胜一切的精神气概，超越规律，克服必然，自作主宰，使人远远高于自然。或许，这才是人一生所应追求的终极目标，才是儒家精神的归宿。

---

① 贺麟：《近代唯心论简释》，北京：商务印书馆，2011年，第186页。
② 贺麟：《近代唯心论简释》，北京：商务印书馆，2011年，第187页。
③ 贺麟：《近代唯心论简释》，北京：商务印书馆，2011年，第190页。

三、获得自由的三条途径

那么,既然如此,中国古人在自由方面具有哪些高明的见识呢?贺麟认为,中国人对于自由的认识具有自身文化的特性。如传统儒学虽然没有就意志自由问题进行明确的探讨,甚至连"自由"二字也很少提及,但是对于作为"理想"的自由,他们却早已心领神会。在他们看来,真正的自由,不是科学思维方式所能解决的问题,既不能依靠科学实验,也不能依赖于逻辑分析,对自由的通达通过以内心修养为前提的生命活动来实现。"因此中国哲学家所谈的大都是如何注意修养以发展自由的本性与实现自由的理想的先决条件与根本关键。"① 这种先决条件与根本关键既展示了中国人在追求自由上的方式方法,又体现了与人类共通的心灵品格。贺麟指出,"据我个人看来,昔贤所耳提面命,为求道德上的意志自由之基本原则,而又与西洋明哲之论自由意志可以相互贯通发明者,约有三端"②。

第一,"求放心"。在贺麟看来,意志自由必然是心灵的自由,如果心灵本身放逐在外,被外物所奴役,自由也就无从谈起。因为心放在外会产生两个自然后果:一方面,人心飞越在外,自身必然会神不守舍、不知所措;另一方面,外面的东西、他人的思想会趁机钻进我们的心里,霸占我们的脑袋,使我们丧失自主的机会。这样一来,原本作为主体的自身便不能代表自己的真实意图,而成为传达别人意见和意志的工具。更为严重的是,尽管我们的精神受到外物和他人思想的支配,具有一副假人格,但我们毕竟是人,本身具有人的外形和人格,因此还必须承担各种本不应该由我们承担的道义和责任。所以,人生最大的不幸,精神最大的痛苦,就在于意志的不自由。

---

① 贺麟:《近代唯心论简释》,北京:商务印书馆,2011年,第191页。
② 贺麟:《近代唯心论简释》,北京:商务印书馆,2011年,第191页。

为了改变这一不由自主的状况，我们需做的工作就是将已经放失在外的心收回来，自作主宰，实现意志自由。"知的方面，必须随时提醒自己超经验的真我，行使自己的先天知识范畴，以组织感官的材料而形成真知识，行的方面，必须本着自己与人格俱来的意志自由的本性，于复杂的意念与欲望中抉择其能发展自性，实现真我者而行。换言之，自己每得一知识，不是被动的接收外界的刺激，而乃是自己精心组织而成；自己每一个动作，不是受外物之引诱，殉情欲的倾向而被动，乃是经过自己决定签字而出发，认为足以代表真我的。自己为自己的知识之组织者，自己为自己的行为的主动者，就是求放心。"①

然而，这样一来，我们又很可能走向另一个反面，即老是死守着枯寂的心，既不让其放出于外，又不让外面的东西钻进来，从而空洞静坐，误入禅境。因此，正确的方法是，"必须有时故意使此心放出，故意忘掉自己，或故意将此心放开，让外物自己闯进来，然后再将此心收回，将外物赶走，使此心的内容更见丰富，使自己的人格更为扩大"②。换言之，真正的求放心是一个正、反、合的辩证过程，即"由心之自在自守，经心之自外自放，而回复到心之自在自为，就是我所谓求放心的历程"③。在此过程之中，我们关照自然，欣赏艺术，钻研学术，过庄严的宗教生活，参加各种社会活动，都可以使此心暂时放出，从而忘掉自己的小我，使心更为高洁丰富，使自己觉得自己更超脱、更伟大、更自由。

第二，"知几"，即察微知著、见显知隐。"自由即是主动，被动就不自由，知几就可以先物而主动，不致随物而被动。"④贺麟认为，他的这一思想有两个来源：从文字表达上，主要得于《易传》"知几其神乎"；从观念生成上看，则更多来源于柏格森。他

---

① 贺麟：《近代唯心论简释》，北京：商务印书馆，2011年，第191-192页。
② 贺麟：《近代唯心论简释》，北京：商务印书馆，2011年，第192页。
③ 贺麟：《近代唯心论简释》，北京：商务印书馆，2011年，第192页。
④ 贺麟：《近代唯心论简释》，北京：商务印书馆，2011年，第192页。

说：“我所谓知几的观念，可以说是得自易经者少，而得自以倡导意志自由说著称的柏格森者多。柏格森曾由欣赏艺术的经验来说明意志的自由，我觉得实含有知几即自由的意思。”①在柏格森看来，当我们欣赏音乐、观看舞蹈的时候，我们往往能预知其节奏。例如，当音阶高时，可预知其将低；当节奏急时，可预知其将缓。就舞蹈而言，见其向左，可知其将向右；见其向前，可知其将向后。可见，在音乐的高低急徐、舞蹈之前后左右中，皆有一定的节度，它们好像受了我们的指挥，可事先预料，可与之合拍。从这种经验中，我们感觉到了一种"精神上的自由"，"得到了一种自由的感觉"。

推而广之，宇宙间一切事物、人事变迁，其实都有自身的规律、规则和节奏。简单也罢，复杂也罢，只要我们心灵没有被物欲利害所蒙蔽，且能用同情的态度加以体会，则不难看出此种宇宙和人世的关系变换，从而游刃有余、先谋后动，获得自由的主动权。对人而言，"大概天地间有许多职分上不可规避的职责、义理上不得不办的事务，能够事先自己自动地欣然担当负重，而不临事希图推诿苟免，就是知几，就是自由"②。大政治家知民意之所在，预先筹谋，就是知几，就是自由。大军事家知道战争不可避免，从而预先备战，开战时对于敌人的布置皆能洞其先机、预知概略，做到百战不殆，就是知几，就是自由。

其实，从本质上看，"知几"就是一种透过现象对规律的认识和把握，就是人作为主体对外在一切现象的理性认知。或许在这一认知过程中，还有很多附带直觉的判断，但从根本上说，没有从日常生活中对复杂现象的认识、反思、总结和概括是不可能的。而这恰恰与自由是对必然的认识和克服的哲学认识是相一致的。贺麟虽未指明这一观点与黑格尔的辩证法的关系，却又深刻地暗含着自由与必然的辩证统一，是人作为主体对生活中各种矛盾的

---

① 贺麟：《近代唯心论简释》，北京：商务印书馆，2011年，第192页。
② 贺麟：《近代唯心论简释》，北京：商务印书馆，2011年，第192-193页。

克服与超越。

第三,"尽性"。《中庸》认为:"唯天下至诚,为能尽其性,能尽其性,则能尽人之性;能尽人之性,则能尽物之性;能尽物之性,则可以赞天地之化育。"简单地讲,"尽性"就是完全发挥天赋的个性,从而实现自我。贺麟认为,"认识自我、发展自我、实现自我的本性,就是自由"①。这种自由,如蚕之吐丝、鸟之歌唱、蜜蜂酿蜜,毫无雕琢。它们依着本能的必然性而活动,不违反、不造作,自然而然符合着大自然的要求,在此过程之中,无形地获得了自由。"同样,人能顺其天性,发展他创造真善美的本性,就是尽性,就是自由。"②

另一方面,《中庸》又指出"天命之谓性",从逻辑上看,"性"的前提是"命";因此,想要"尽性"就必然要求"知命",即知道自己的神圣使命,知道自己在宇宙、在社会和国家中的地位和天职,做任何情况下我们不得不做的事。"换句话说,行乎其不得不行,止乎其不得不止,纯出于本性之必然,依天理之当然,就是自由。"③所谓天理,就是宇宙意志。其表现于自然就是万物欣欣向荣、健行不息的生意;表现于人事就是民意、民族性、社会理想或时代精神;表现于内心生活就是良心、天性、天理或康德所谓的道德律。因此,贺麟认为,"只要我们个人的意志,外而能顺天地生生不息之机,中而能代表时代精神、社会理想,内而能纯发诸本性合于道德律,那么,我们的意志就能与宇宙意志合一,我们的意志就是绝对自由。"④

贺麟对自由的这些理解具有深刻的思想基础,除了儒学本身之外,柏格森、歌德和格林都给他带来了深刻的影响。特别是英国新黑格尔主义者格林对自由的认识,可成为我们理解贺麟的自

---

① 贺麟:《近代唯心论简释》,北京:商务印书馆,2011年,第193页。
② 贺麟:《近代唯心论简释》,北京:商务印书馆,2011年,第193页。
③ 贺麟:《近代唯心论简释》,北京:商务印书馆,2011年,第194页。
④ 贺麟:《近代唯心论简释》,北京:商务印书馆,2011年,第194页。

由观的重要参考。贺麟指出，在格林郅里，获得自由的途径表现为两个方面[①]：

一种是通过外在的世界，我们理解物理的自然或事变的联系之纲。这种方式是发现规律，规律虽然不是人的精神所造成，但一当发现了，规律对于人的精神就好像是它的固有的家常之物，使人的精神从自然的束缚中解脱出来。虽然我们不能完全达到自由，然而，在理解世界方面每进展新的一步就是自我解放的一步。

获得自由的另一途径是通过神圣的精神，我们把自己与永恒的规律等同起来。我们自身与显示在自身周围的规律的同一性使我们从邪恶中带来善。他之所以变得自由，既不是由于脱离必然的东西，也不是由于盲目屈从必然的东西，而是由于认识到自身的软弱和依赖性。要求有一个神圣的存在，人对这样一个存在的尊崇和服务，就是他的一种完满的自由。所以，人的自由是与他固有的创造性、他的最高创造力、他对道德理想的忠诚，象殉道者那样的献身精神成正比例的。对这自由的人，所有周围的环境同样皆是可塑性的材料。

在这两种自由中，"知几"与前一种获取自由的途径相类似，不过"知几"在自由的深刻性上有更大的发展，既表现在对外在自然的认识，又表现为对内在自然的认识，合内外的自由，是主体性更为突出的自由。而"尽性"则与后一种获取自由的途径相类似。只不过贺麟将"性"与格林的永恒的规律相对应，而人就是要通过自己的不断努力，达到或实现与神圣的"性"或"理"相一致，克服自己的软弱性，成为一个具有神性的存在。

可贵的是，贺麟对自由的认识既没有停留在政治自由的经验层面，也没有停留在对自由的形上思辨上，而是通过对西方自由思想的理解、领会和吸收，在中国传统自由意识的基础之上，发

---

① 贺麟：《现代西方哲学讲演集》，上海：上海人民出版社，1984年，第152-153页。

现、归纳、总结、提炼出了更加符合生命的成长的自由观。这种自由既有伟大的必然性,是与万物共生的自由,又有现实的超越性,是需要人通过艰难曲折努力奋斗的自由。人生获取自由的过程,犹如穿越荆棘、跨越险滩,虽然流了很多汗水,走了很多弯路,但在登临山顶的那一刻,才发现,天下美景已尽收眼底,顿觉生命如此丰富、如此难得。

第八章 人生学识的涵养

在人生问题上，知识文化对人的教化功能历来都为人们所重视。在西方，苏格拉底很早便提出了"美德即知识"的重要命题；在中国，苏东坡曾用"腹有诗书气自华"来形容知识对人的改变。张载认为："为学大益，在自求变化气质。"曾国藩曾言："人之气质，由于天生，很难改变，唯读书则可以变其气质。"贺麟在人生哲学上也持相似态度。他认为"理论是行动的先导"，人生应该知行合一，在生命的成长过程中，应十分重视对学识的涵养，须知"知识就是力量"。儒家的诗教、礼教、理学作为真善美的学养，既能格物穷理、寻求智慧，又能磨炼意志、规范行为，还能陶养性灵、美化生活。同时，要善于吸收西方哲学、宗教和艺术，不断充实自我，使自己成为一个有风度、有诗意的，脱离低级趣味的人。他指出，为学与为人为同一工夫，在为学的过程中，要充分尊重学术知识在学养中的地位。概宗教而无学术，则陷于迷信与狂热；艺术而无学术，则流于奢侈逸乐、低级趣味。故学术实为推动宗教、艺术、道德之主力，为人生涵养之不竭源泉。

一、"学养"（Bildung）及其内涵

在学识涵养问题上，贺麟一直持有一个核心概念——"学养"。在一般意义上，它泛指体现在一个人身上的整体气质，一种自然传递生命信息的书卷气。表现在人格上，即宽阔的心胸、丰厚的

学识、温文尔雅的气质，是学识、修养的概说和总称。在生命过程中，学养具有启迪智慧、增强悟性、提高品位、戒除浮躁等重要功能。不过，贺麟谈论学养时，是建立在更为深厚的文化哲学基础之上的。

在贺麟看来，"道"是宇宙人生的真理和准则，是真、善、美的永恒价值。"道"凭借人类的精神活动而显现谓之"文化"，其隐晦的、昧觉的显现者谓之"自然"。所以，从其表现方式来看，"真善美之表现于外，如学术（包括科学与哲学，约相当于中国所谓理学）、艺术（包括诗歌小说雕刻建筑绘画音乐等，约相当于中国所谓诗教乐教）、宗教（包括道德在内，在西洋道德乃宗教的附庸，约相当于中国所谓礼教）即是文化，而真善美之活动于内，如真理的探讨，艺术的创造与欣赏，宗教道德的体验等，亦是文化，或称学养（Bildung）"[①]。只有经过学术、宗教、艺术等熏陶濡染而有真善美学养的人，才可以称之为"文化人"。

贺麟对学养的肯定源于他对文化功能的社会认知。他认为"文化是名词，同时也是动词，化字含有改变的意义。文要化，要影响其他的一种东西，要感化或支配另一种东西。譬如教育，譬如诗歌，可以使人向善，可以使人有优美的情操，这就是文化之一"[②]。他指出，真理与经验结合的过程，就是文化形成的过程。从主体方面看，文化能提高人们的学养。尽管文化有许多社会功能，但其中最主要的是教人做人，培养人品，促使人把持良心良知，贺麟称之为文化的道德性。

周易《易经》贲卦象辞上讲："刚柔交错，天文也；文明以止，人文也。观乎天文以察时变，观乎人文以化成天下。"意思是说，天生有男有女，男刚女柔，刚柔交错，这是天文，即自然；人类据此而结成一对对夫妇，又从夫妇而化成家庭，而国家，而天下，

[①] 贺麟：《哲学与哲学史论文集》，北京：商务印书馆，1990年，第122页。
[②] 贺麟：《文化与人生》，北京：商务印书馆，2005年，第278页。

这是人文,是文化。人文与天文相对,天文是指天道自然,人文是指社会人伦。治国家者必须观察天道自然的运行规律,以明耕作渔猎之时序;又必须把握现实社会中的人伦秩序,以明君臣、父子、夫妇、兄弟、朋友等等级关系,使人们的行为合乎文明礼仪,并由此而推及天下,以成"大化"。这说明,文化确实具有社会教化的功能。

培根谈学养时也曾有一段精彩的论述,他说:"阅读使人充实,讨论使人灵敏,笔记使人精确。……历史使人明智;诗歌使人韶秀;数学使人缜密;科学使人深沉;伦理学使人庄重;逻辑修辞学使人善辩:'学养终成性格'。"在培根看来,读书不仅可以充实我们的思想,丰富我们的情感,而且可以培养我们的气质,提升我们的品格,这与贺麟对"学养"的重视大体是一致的。

不过,在界定学养的过程中,贺麟用德语"Bildung"来注解"学养"却具有深刻的用意。在现代学术界中,"Bildung"通常被译为"教化",是德语中黑格尔、伽达默尔等常用的一个词语。贺麟在翻译黑格尔《精神现象学》时也将其译为"教化",显然是确有所指。从词源上看,"Bildung"起源于中世纪的神秘主义,后来被巴洛克神秘教派所继承,通过克洛普施克那部史诗《弥赛亚》得到其宗教性的神秘意蕴。按照这种神秘主义传统,人是上帝按照自己的形象创造的,人的灵魂里带有上帝的形象,而且必须在自身中造就这种形象。德国哲学家赫尔德把"Bildung"从宗教神学中解放出来,并指出要"达到人性的崇高教化"。在此基础上,黑格尔提出"Bildung"就是脱离人的直接性和本能性的东西,从而舍弃特殊性向普遍性的提升。相反,中文里的"教化"则是以礼乐制度和伦理规范为内容的道德教育,其主要目的和作用在于培养人的礼义廉耻,提高人的道德水平和个人修养,最终达到维护社会长治久安的目的。在一定意义上讲,教化和刑法一样,都是达到统治的政治手段。①

有研究者认为，中国传统的"教化"观念和黑格尔、伽达默尔等人的"Bildung"在意义上具有很大的差别。"从实施者的角度讲，前者是上行下效的政府行为，后者是主体自身积极主动地与他者平等对话的行为；实施目的上，前者着眼于政治统治和社会群体，后者则立足于个体的自我提高；实施方式上，前者是外在环境的潜移默化的过程，个体是被动的受众，后者是个体内在精神活动，个体处于主动地位。"②所以，贺麟在人生哲学部分，用"Bildung"诠释学养，一方面有感于西学中的"教化"之义，而另一方面又似乎在刻意避免国人诠释教化的家国情怀，在功能上使"学养"更为突出个体性、主体性、主动性和内在性。

二、哲学、宗教、艺术与真、善、美学养的合一

明白了"学养"的内涵，那么我们到底需要什么样的学养呢？它具有什么样的性质？

在贺麟看来，在中国，凡一个能负荷民族文化的人，必须具有三个方面的学养：一是诗教，二是礼教，三是理学。如果缺少其中之一，则学养便欠充分。在西洋，也有与此三者相当的学养，即艺术、宗教和哲学，在技能、政事、学术各方面的表现虽各有专长，但在文化陶养方面，必须三方面都有基础。

具体而言，儒学就是涵盖这三方面的学养。贺麟说："儒学是合诗教、礼教、理学为一体的学养，也即艺术、宗教、哲学三者

---

① 张颖慧：《"Bildung"和"教化"概念辨析》，载《中山大学学报》(社会科学版)，2012年2期。

② 张颖慧：《"Bildung"和"教化"概念辨析》，载《中山大学学报》(社会科学版)，2012年2期，第44页。

的谐和体。"① "因儒家思想本来包含有义三方面：有理学以格物穷理，寻求智慧；有礼教以磨练意志，规范行为；有诗教以陶养性灵，美化生活。"②换句话说，儒学本身就是真、善、美的合一。

如果放大了看，这三者代表的又是文化本身，即"道"凭借人类精神的具体表现。贺麟指出："所谓文化，乃是人文化，即是人类精神的活动所影响、所支配、所产生的。又可以说文化即是理性化，就是以理性来处理任何事，从理性中产生的，即谓之文化。文化包括三大概念：第一是'真'，第二是'美'，第三是'善'，文化要以真理来感化、来影响，就名词上的意义来说，文化是真理所产生，所以文化是真理化，但真理是从学术上研究而得的，例如哲学科学等等都是构成文化的因素，也可以说是学术化；所谓'美'，就是艺术化，使欣赏的人有美感、受陶冶；所谓'善'，即是道德化。总起来说，真善美即是真理化、艺术化、道德化，而由于系高尚的情感、坚强的意志和正确的理智所产生，可以说即是精神化——精神文明。而文化的特征乃是征服人类的精神，使人精神心悦诚服。"③所以，从性质上看，无论是儒学、西方文化还是文化本身，在性质上无非都体现了真、善、美三大特征，并作为人自我修养、自我提升的内在工具。

当然，文化和历史发展到今天，仅仅局限于儒家文化，领略理学之真、礼教之善、诗教之美，对多元的人生学养而言显然是不够的，我们还要能够从文化的多样性，特别是西方文化中吸收养分。按照贺麟哲学化、宗教化、艺术化儒家思想的三条原则，在学养上我们同样可以以此为途径，丰富我们学养的来源和渠道。首先，须以西洋的哲学发挥儒家的理学。儒家的理学作为真的学养，是中国的正宗哲学。因此，亦应以西洋的正宗哲学发挥中国的正宗哲学。所谓"东圣西圣，心同理同"。苏格拉底、柏拉图、亚里士多德、

---

① 贺麟：《文化与人生》，北京：商务印书馆，2005年，第9页。
② 贺麟：《文化与人生》，北京：商务印书馆，2005年，第8页。
③ 贺麟：《文化与人生》，北京：商务印书馆，2005年，第280页。

康德、黑格尔的哲学与中国的孔孟、老庄、程朱、陆王的哲学都是人类哲学思想的公产，它们不仅能在融会贯通中创新儒学精神，而且可以为人的哲学素养提供丰富的养料。其次，须吸收基督教的精华以充实儒家的礼教。贺麟认为，儒家的礼教本身虽富于宗教精神，但究竟以人伦为中心。而宗教则可以为道德注入热情、鼓舞勇气。宗教有精诚信仰、坚贞不二的精神，有仁慈博爱、服务人类的精神，有襟怀广大、超脱尘世的精神。这对于提高个体人格具有十分重要的意义。最后，须领略西洋的艺术以发扬儒家的诗教。贺麟指出，建筑、雕刻、绘画、小说、戏剧，皆所以发扬无尽藏的美的价值，与诗歌、音乐一道都是民族精神及时代精神的表现。人生如能在诗歌、音乐等艺术形式上有所领悟、有所成就，对自身学养的提升无疑具有极其深刻的价值。

　　不过，在三方面的学养中，贺麟认为知识和学术才是最为根本的学养。他说：＂就中三者，尤以学术化为最主要。盖宗教而无学术，则陷于迷信与狂热，艺术而无学术，则流于奢侈逸乐、低级兴趣，故学术实为推动宗教艺术道德之主力。＂①换言之，＂离开知外无行，离开学问外无涵养，离开真理的指导外无道德＂②。因为文化是精神和理性的外化，为人类精神活动所影响、所支配、所产生。因此文化就可以说是理性化和真理化，或者说是学术化、知识化。学术和知识的根本任务是追求真理，而真理也同时蕴含着真善美，也可以成为爱的对象。＂真理和智慧之所以可爱，之所以能成为爱的对象，就因为真理不仅是真，而且又是善的美的，灵明的，神圣的。真理不仅是帮助我们理解世界，认识事物，而且又能知道我们的行为，美化我们的情绪，为构成善的行为之所以善，美的事物之所以美的根本原则。＂③所以，在贺麟的各种相

---

① 张学智编：《贺麟选集》，长春：吉林人民出版社，2005年，第128页。
② 贺麟：《五十年来的中国哲学》，沈阳：辽宁教育出版社，1989年，第156页。
③ 钟离蒙、杨凤麟主编：《新心学批判》（《中国现代哲学史资料汇编》第3集第5册），沈阳：辽宁大学哲学系，1982年印，第146页。

关思想中，我们可以看到，他始终强调，一个人的道德和宗教的修养、艺术的陶养只有建基在知识和学术上，其情感的发抒才不致产生流弊，其人格才是健康的；一个民族和国家的事业建基在学术上，人才有稳固的精神基础。

三、"为学"与"为人"的关系

贺麟之所以如此重视学养，其哲学基础就在于"知行合一"，即"为学"与"为人"具有逻辑上的一致性。

贺麟曾借用斯宾诺莎和格林的相关思想来阐发知行平行的关系和意义。在斯宾诺莎看来，如果人在知识方面陷于愚昧和混淆，那么在行为方面就会沦为情欲的奴隶。如果在知识方面对自然事物、人的本性和情感有了正确的知识，则在行的方面就会有征服自然、自立自由、利己利人的行为。知的方面达到了知神，则行的方面就表现为爱神的神圣行为。对神有爱的知，就会有知的爱。格林从知识论上研究伦理学，则认为知与行是平行并进的。知的方面有活泼有力的印象，则行的方面表现为当下的直接的行动；知的方面有自主的思想，则行的方面就有自由的意志；思想进展成为理性的系统，则意志就进展为坚定的自由的人格。

基于此，贺麟指出："要走上真学问纯学问的大道路，我们首先要能认识知先行后，知主行从的道理，和孙中山先生所发挥的知难行易的学说。必定须有了这种信念，我们才不会因为注重力行，而反对知识，因注重实用，而反对纯粹学识，更不会因为要提倡道德而反对知识，反对科学。反之，我们愈要力行，愈要实用，愈要提高道德，我们愈要追求学问，增加知识，发展科学。"[①]他探讨知行问题的根本目的即在于指出行为的理智基础，特别是使道德生活获得知识的基础。进而也使人能够根据合理的质性关系

---

① 贺麟：《文化与人生》，北京：商务印书馆，2005年，第174页。

而将知识发为事功，鼓舞人们求知的决心和力行的勇气，成就学术建国的事业。

在贺麟看来，建立在知识与学问之上的人生才是真正的人生："为学与为人是一步工夫，一而不可分。敦品与励学乃系一件事。增进学术即所以培养品格，追求真理即所以抵励德行。"①专研学术，追求真理，"一方面是求知识作学问，而他方面就是力求有以异于禽兽，作堂堂的一个人"②。

所以，在人生问题上，他指出，我们要从理论的贯通透彻里去求行为的动力，要从学术的探讨、科学的研究里，去求得征服自然、指导人生的丰功伟绩。因为"伟大的事功出于伟大的学术，善良的行为出于正确的知识"③。正是在这个意义上，他在论述情感与理智的关系时，认为情感与理智是合一的，但以理智为主导；在信仰上，他竭力倡导宗教精神的理性化，力求知识与信仰的结合。

在为学的态度上，贺麟特别强调"真实的学问"，他认为读书与思想的目的均系于此。所谓"真实的学问"，就是活的真理、真的知识，而非空疏的学术；就是能够指导行为、发为事功的学问。根据他本人的知行合一学说，知行永远平行、同时发动，因此"无知"与"妄为"、"盲目"与"冥行"永远是合而为一的，而明觉精察的知与真切笃实的行也是永远合而为一的，这种"明觉精察的知"也就是真知识、真学问。同时，在知、行二者的关系中，知为主、行为从。所以他指出："要明白见得，知识必然足以指导我们的行为，学术必然足以培养我们的品格。有了真知灼见，认识透彻了，必然不期行而自行。"④求真知的意义就在于以其指导行为、陶养品格，产生笃实的和高尚的行为。

发扬真实学问，首先须要有一个基本的确切认识。要确切认

---

① 贺麟：《哲学与哲学史论文集》，北京：商务印书馆，1990年，第122页。
② 贺麟：《哲学与哲学史论文集》，北京：商务印书馆，1990年，第123页。
③ 贺麟：《文化与人生》，北京：商务印书馆，2005年，第174页。
④ 贺麟：《文化与人生》，北京：商务印书馆，2005年，第174页。

识到：真知必可见诸实行，哲理必可发为应用。要明白见得：知识必然足以指导我们的行为，学术必然足以培养我们的品格。有真知灼见，认识透彻了，必然不期行而自行。对于一件事，知道了，见到了，真是会欲罢不能。希腊思想史家尝说"理论是行为的秘诀"，最足以代表希腊人爱智的科学精神。所谓"理论是行为的秘诀"，意思就是要从理论的贯通透彻里去求行为的动力，要从学术的探讨、科学的研究里去求征服自然、指导人生的丰功伟绩。我们要见得，伟大的事功出于伟大的学术，善良的行为出于正确的知识。简言之，要走上真学问、纯学问的大道，我们首先要能认识知先行后、知主行从的道理，以及孙中山先生所发挥的"知难行易"的学说。必定须有了这种信念，我们才不会因为注重力行而反对知识、反对科学。反之，我们愈要力行，愈要实用，愈要提高道德，我们愈要追求学问，增加知识，发展科学。

至于为学的方法，贺麟则认为应抱为学问而学问、为真理而真理的态度，亦即真正学者的态度。一个人不可因为将来目的在做实际的政治工作，因而把学问当作工具。一个人处在求学的阶段，便应抱学者的态度。犹如上操场时，就应该有运动家的精神；受军事训练时，就应该有军人的气概。因为每一样事都有其标准、有其模范。要将一事做好，就应以模范作为鹄的。所以我们求学就应该有学者的态度，办事就应该有政治家的态度。

总之，知行合一，为学与做人是一步工夫，个体人生必须建基于理性、理想和学养之上。作为现实个体，也应不断增进自身学养，以知识养人，以知识成全人，以知识提升自身的道德品质，塑造高尚人格。

四、哲学在人生学识涵养中的地位

与在学养中对学术知识的重视相一致，在人生学识的涵养上，贺麟对哲学给予了很高的评价。他认为，哲学正是真学术、真知识的代表，无论对个人还是对民族都具有很高的价值。

李大钊曾言："哲学者，笼统地说，就是论理想的东西。"①"人们每被许多琐屑细小的事压住了，不能达观，这对于人生给了许多痛苦。哲学可以帮助我们得到一个注意于远大的观念，从琐屑的事件解放出来，这对于人生修养上有益。"②冯友兰则认为，哲学是对人生的系统反思，"是使人作为人能够成为人，而不是成为某种人"③的精神动力。人生离不开精神的力量，人的品格的形成、人的教养的获得、人的行为的养成，往往都需要系统的世界观来进行指导，而哲学正发挥着这一功能。

在贺麟看来，"人既已在生活着，则人就已经不自觉地在执行某种人的使命，哲学思想的目的，就在使这种不自觉的使命经过研讨以后，正式成为自觉的使命"④。他认为："哲学是一种学养。哲学的探究是一种以学术培养品格，以真理指导行为的努力。哲学之真与艺术之美、道德之善同是一种文化，一种价值，一种精神活动，一种使人生高洁而有意义所不可缺的要素。"⑤

在思维方式上，他认为哲学尤其能使人发生改变。"尤其我们须知，哲学重在思想的训练和理智的活动，重研究、怀疑、讨论、辩难、探求思索的过程，而不一定重在问题的根本解决和所得的结果。犹如我们学习体操，或爬山旅行，我们重在体育活动的过程和身体的锻炼，而不重实际的收获和问题的解决。在这意义下，哲学也是只问耕耘（思想研究）不问收获（得到结论、结果）的。哲学家只是'爱智者'追求真理的人，而不是'智者'自命已经有智慧、得到真理的人。"⑥换言之，哲学作为一种思维和理智的

---

① 李大钊：《李大钊文集》，北京：人民出版社，1984年，第345页。
② 李大钊：《李大钊文集》，北京：人民出版社，1984年，第635页。
③ 冯友兰：《中国哲学简史》，北京：北京大学出版社，1985年，第16页。
④ 贺麟：《文化与人生》，北京：商务印书馆，2005年，第82页。
⑤ 贺麟：《哲学与哲学史论文集》，北京：商务印书馆，1990年，第120页。
⑥ 贺麟：《文化与人生》，北京：商务印书馆，2005年，第275页。

训练活动，其实是一种批判的智慧、反思的智慧、穷根究底的智慧。进入哲学思考，必须真正地体会、领悟、品味、咀嚼，而不是崇拜教条和套用公式。哲学不能突击和速成，它只能以否定性的思维去开展探索工作，提示现实所蕴含的各种可能，并推进认识逐步发展。同时，哲学训练不以既定的知识为目的。哲学是对智慧的爱，而不是智慧本身；哲学家只是智慧的"追随者"，而不是"智者"。诚如张岱年先生所说："哲学家因爱智，故绝不以有知自炫，而常以无知以自警。哲学家不必是世界上知识最丰富之人，而是深切地追求真知之人。哲学家常自疑其知，虚怀而不自满，总不以所得为必是。凡自命为智者，多为诡辩师。"①

正是因为哲学作为学养具有如此的功能，1933年，贺麟先生被当时的《华北日报》邀请担任"哲学副刊"的编者，并亲自撰写了后来广为流传的发刊词，深刻阐述了哲学对个人和社会的重大意义。他说："哲学的知识或思想，不是空疏虚幻的玄想，不是太平盛世的点缀，不是博取科第的工具，不是个人智巧的卖弄，而是应付并调整个人及民族生活上、精神上的危机和矛盾的利器。哲学的知识和思想因此便被认为是一种实际力量——一种改革生活，思想和文化上的实际力量。"②他指出："真正伟大的哲学并不是智巧的卖弄，而乃是精神上的清茶淡饭。真正伟大的哲学家，其伟大处即在于能道出人心之所同然，能启发人的灵性，提醒人的潜伏意识。所以哲学若果要有生命的话，是应该与大众见面的；大众若果要过有意义的生活的话，也应该与哲学亲近。"③

---

① 张岱年：《求真集》，长沙：湖南人民出版社，1983年，第102页。
② 贺麟：《五十年来的中国哲学》，上海：上海人民出版社，2012年，第15页。
③ 贺麟：《哲学与哲学史论文集》，北京：商务印书馆，1990年，第120页。

第九章 人与自然的映衬

在贺麟看来，人生问题其实就是人生观的问题，而树立人生观就必须学会观人生。然而，人生在世，实现自我反观并不容易，因为"人生反而把人生掩蔽住了"（席勒），"不识庐山真面目，只缘身在此山中"（苏东坡），"世俗一般人成天在人群中忙来忙去，反而不能认识人生的真面目"[①]。因此，要了解一物，便须超出那物，深入无人之境，深入自然。"自然在表面上似乎与人生相反，在本质上却正与人生相成。人若不接近自然，就难于真正了解人生。通常一般人总以为只要在社会上酬酢，接触各式各样的人，就可以了解人生。但他们不知道超出人生，回到自然，也足以帮助了解人生的真义。"[②]他依据自然的含义、功能，对人生与自然进行辩证的考察，系统总结出人与自然关系的四种模式，为人生的自我认识、自我净化、自我超越提供了切实的途径和方法。

一、自然、"Enquickung"与"Stärkung"

贺麟认为，谈论人与自然的关系，首先就要对自然的概念有一个清醒的认识。如果我们对自然都尚不清楚，那么对人生与自然的关系自然也就模糊。在他看来，"自然与物质不同，物质普遍

[①] 贺麟：《文化与人生》，北京：商务印书馆，2005年，第115页。
[②] 贺麟：《文化与人生》，北京：商务印书馆，2005年，第115页。

系指科学上的概念，如象原子电子而言，譬如当我们说物质的运动时，系指原子电子的运动。人类回到自然，当然不是回到原子电子。物质有时是指物质文明，如象战争的武器，交通工具，工商业的货品，皆可称为物质条件，这也不是自然。他们是自然的征服，不是自然的本身。还有讲唯物史观的人，虽然注重物质，其实主要的是注重社会经济，这个意义的物质，和自然意义有所不同"[①]。也就是说，无论是自然科学意义上的物质、物质文明意义上的物质还是唯物史观意义上的物质，都是人类征服、改造、使用自然的结果，而不是自然本身——自然而然。

那么，我们如何来看待与人生相对的自然呢？贺麟认为，"所谓人类回到自然的自然，是指具体的、有机的、美化的、神圣的外界而言，这个意义的自然，可以发人兴会、欣人耳目、启人心智、慰人灵魂，是与人类精神相通的。这是有生命有灵魂的自然"[②]。而对于这种意义上的自然，贺麟自身曾有一次极其深刻的生命体验。1920年暑假，他随消夏团来到泉溪山林，写下了一首《荷花池诗人们》，其中对人与自然的关系进行了生动的描述。他写道：

> 我在池边坐着，
> 将圆未圆的月儿在树梢照着，
> 将开未开的荷花在月下映着，
> 柳条微微地摆动，
> 雀儿也唱歌着，不是池塘里的鱼儿乒蹦翻动，
> 惊我一跳，
> 我还忘记了我在池边坐着。

在贺麟笔下，池塘、月儿、荷花、柳条、雀儿、鱼儿都是他

[①] 贺麟：《文化与人生》，北京：商务印书馆，2005年，第115页。
[②] 贺麟：《文化与人生》，北京：商务印书馆，2005年，第115-116页。

所谓自然中的具体对象，也正是这些未经工业化、商业化、市场化"污染"的具体的、有机的、美化的、神圣的自然，使他与之融为一体，给予他一夏的清凉，并使他在精神和灵魂上获得了慰藉与净化。

在贺麟看来，这一现象与自然的价值和功能密不可分。"接近自然，对于人类的身心，有许多的好处。这些好处可以包括在两个德文字（Enquickung 和 Stärkung）里边。前一个字包含有使人新鲜、活泼、加强活动、恢复健康等意思。因此接近自然可以治疗文明社会里好些的病态。如象自杀、疯狂、虚伪、狡诈，在常常接近自然的农夫、农妇、渔人、樵子，就不会多有。后一个字包含有使人强健、壮旺，增强生命力量等意思。这是一种效果，也只有在接近自然中才能找寻得到。"①

贺麟对自然功能的描述明显受到了近代的自然文学和自然哲学的影响。他曾明确指出：人类对于自然感觉有这样伟大的意义，乃是近代精神的特征。崇拜自然，回到自然，认自然为神圣，皆是代表近代精神的看法。这对传统的精神，多少有些革命的意味。因为中古时代的人受神学观念的支配，仰望天国、悬想来世，反对世界、蔑视自然，同时受礼教、法律的束缚，颇有矫揉造作、违反人性、不近人情的趋势。所以回到自然的运动，也就是一种摆脱传统的宗教和礼法的拘束，促进人性自然发展的运动，在人的精神上颇有解放革新的力量。

因此，贺麟对自然的重视既来源于自我的生命体验，又来源于深厚的文化学术基础，特别是近代自然主义运动对传统思想观念的变革图新。其目的在于使人能够跳出生命自我的单一维度，实现以自然反观人生，促进生命自觉的人生目标，从而使生命获得更为健全的价值。诚如贺麟所言："人生需要自然来作育。人生

---

① 贺麟：《文化与人生》，北京：商务印书馆，2005年，第116页。

需要自然供给力量。自然是人生的'净化教育'。自然是人生力量的源泉。"①

二、工具性的自然与自为的人生

贺麟认为,自然与人的关系"是一个哲学问题,各人也许有各人的看法。一个人对于这个问题的看法在某种意义之下,可以代表他本人的宇宙观或人生观"②。明白清楚地知道自然在自己的生活中具有一种什么样的地位,是极其重要的问题。透过自然,人生可以更加成熟、更加自觉、更加具有生命的味道。

在贺麟看来,人们对自然的第一种看法,就是"认为自然是人生的工具或材料"③,"这一种看法,可以说是代表工程师的看法"④。在这种看法的指导下,"人生必须要利用自然、征服自然。自然对人生是有益的,是可以供人生享用的"⑤。人们之所以会有这样一种自然观和人生观,是由中世纪以来神学思想对自然的歧视所造成的。因为在神学看来,人生的光荣、梦想和归宿都在天堂。如果人要解脱自己的苦难,远离罪恶,在灵魂上得到救赎,就必须渴求上帝,放弃尘世的诱惑。因此贺麟指出:"中古时代的神学家,认为自然是污浊的,和人生是敌对的,自然是人生向上发展的障碍。一个人一与自然接触,就会受自然的污染,陷于物质或肉欲的束缚。据说中世纪有一个意大利的神学家,他宁愿走遥远的路程,去访友问道,但不愿打开窗户,凭对海岸和远山自然的风景。所以中古的观点,是要逃避自然,不要利用自然,享用自

---

① 贺麟:《文化与人生》,北京:商务印书馆,2005年,第116页。
② 贺麟:《文化与人生》,北京:商务印书馆,2005年,第117页。
③ 贺麟:《文化与人生》,北京:商务印书馆,2005年,第117页。
④ 贺麟:《文化与人生》,北京:商务印书馆,2005年,第117页。
⑤ 贺麟:《文化与人生》,北京:商务印书馆,2005年,第117页。

然。自然是羁绊人生的恶魔，不是发展人生的工具或材料。"①

然而，中世纪的封建神学和禁欲主义毕竟违反人性，从14世纪开始，随着启蒙思想家的崛起，人们开始将视野转向自然。哲学上，在实验科学的基础上建立起新的唯物主义哲学。培根强调自然界不仅可以被认识，而且有其固有规律；斯宾诺莎指出宗教是无知和恐惧的反映。在文学艺术领域，乔托放弃中古传统绘画的虚伪性和千篇一律，首先用现实主义的绘画深刻塑造人的生活之美，数百年来被神学放逐了的自然界绘画，在这时又复活了。艺术家们强烈地反映了大自然的美，表现世界的无限生命力，花草、树木、山岩、溪流和华丽的建筑，都成为供人享受的乐园。塞万提斯写道："……任何作家如果离开了真实的准则，或是离开了一切创造臻于完美所必经和模仿自然的道路，那么所有的一切就不可能达到。"在自然科学领域，天文、地理、物理、力学、数学也取得伟大成就，哥白尼、布鲁诺、伽利略的辉煌成就推动了生产力的发展，加速了西欧各国封建制度的崩溃和资本主义的发展进程。经过几代哲学家、艺术家、科学家的艰苦努力，"人们对于自然才渐渐取积极接近和尽量利用享受的态度。从而抬起头，挺起胸，凭对自然，把自然认作人生的一部分"②。

与此同时，人的生命自我也得到极大开发，人们的情感得到极大释放，要求在接受外界自然的同时，关注人自身的内在欲望。不但外界的自然是人生的工具和材料，而且人类内心的情感、欲望、本能也是自然，也一样是人生的工具，也一样是可以用几何学的方法去研究的材料。中古时代的人因为信仰超自然、超人世的上帝，畏避自然，同时亦疏远了人生。他们将人类的情感、欲望、本能等看成洪水猛兽，总是采取极端压迫的态度。而近代人则对人类的情欲抱以积极的理解、调解和利用的态度。人类内心

---

① 贺麟：《文化与人生》，北京：商务印书馆，2005年，第117页。
② 贺麟：《文化与人生》，北京：商务印书馆，2005年，第117页。

的自然、本能情欲,也是可以炮制的、可以艺术化的、可以陶铸的材料,是使人的生命充实而有力量的运动力。

显然,贺麟在对这一内外自然与人生的关系进行考察时,主要是以西方中世纪到近代的历史为思想依据的。然而,从其内容上看,却真实反映了人类与自然的原初状态。它反映了人类从畏惧自然、逃避自然到以自然为人生的组成部分,利用自然、享用自然、陶铸人生的整个过程。从以上帝的子民的身份匍匐在天国的门前,到挺起胸膛,将禁欲主义打翻在地,成为一个真实的个人。将自然作为实现人生的工具,体现了强烈的功利色彩,就像工程师一样,对人生有所作为。因此,我们姑且可以将这一自然与人生的关系作为工具性的自然与功利的人生,或工具性的自然与自为的人生。

三、镜像性的自然与自识的人生

与作为工具或材料的自然相比,人生与自然的第二种关系则显得颇具诗意。这就是"认为自然是人生的反映"。为此,贺麟以月亮能在夜间反映日光为例,说明自然与人生也能形成这样的反映关系。他说:"人生的内容,反映在外界的自然,就好象人在夜间,不能看见日光,但是他可以借月光来看见反映的日光。人类不能直接了解人生,人生的种种皆反映在自然上面。人类因此可以借了解自然以求间接了解人生。自然是人生一切的表现,是人类精神的象征。自然是人类内心宝藏之外在的记号。"①

自然就像镜子一样,将人生的真假善恶、虚实美丑一一呈现在人生的面前。贺麟指出,"依此种看法,自然与人生是平行相关

---

① 贺麟:《文化与人生》,北京:商务印书馆,2005年,第118页。

的。人生一切的境界,在自然中间都可以找出与之相当或与之相符的象征。譬如说人性有刚有柔,自然事物也有刚有柔。人生有优美壮美的性格,自然也有优美壮美的景象。人类各种不同的性格,都可以用山水花木来象征。清洁的人爱莲,孤高的人爱菊,智者爱水,仁者爱山,爱的对象,往往就是本人人格或性格的反映"①。

贺麟认为,这种反映从事实上看,可以表现为两个层面。首先,对个人而言,就是自己的个性。他引用杜甫诗句"一重一掩吾肺腑,山鸟山花吾友于",认为杜甫的意思在于他的性格超脱潇洒,可以和山花山鸟做朋友;他的心胸深邃,就像层峦叠嶂的远山。而英国诗人雪莱在《致月亮》一诗中,同样给我们展现了人月共舞的景象。雪莱写道:

你面容苍白是否已厌倦
总在攀登天堂,朝地球凝望,
你穿梭于生辰不同的群星
孤独地流浪——
宛若无欢乐的眼睛,不断变幻,
找不到目标值得停留久长?

诗中,诗人与月亮心心相通、惺惺相惜,月亮被人格化,被赋予了人类的品格。诗人想象月亮因不停地攀登天堂、不断地凝望地球而感到疲倦困乏。月亮在生辰不同的星辰之间孤独地穿梭漫游,没有同伴相陪。它像一只无欢乐的眼睛,因找不到值得长久停留的目标物体而变化不断。正如诗人自己,在攀登文学顶峰时,也许感到了厌倦;或因才华出众,高处不胜寒,而无太多的朋友,饱尝孤独寂寞;生活中虽尽力寻找情感的憩息港湾,却终生无法找到可以长久忠诚相守的伴侣。所以雪莱虽以月亮为题,

---

① 贺麟:《文化与人生》,北京:商务印书馆,2005年,第118页。

但他书写的月亮其实是他自己。贺麟写道:"英国诗人雪莱喜欢奇幻变化的思想,在他咏月的一首诗歌里,他便感觉到月儿不停顿的运行变化。是因为月儿也在不息地向着无限高洁的境界上升,世界万事万物,不值得他的永久留恋。换言之,他本人浪漫奇幻的性格,便反映在他眼睛里的明月上面。"①

自然对个人而言如此,对一个民族整体也是如此。"一个民族的性格,也常常在自然界的事物中间得着反映和象征。在中国北方,山水雄伟,而民性也刚直,南方风物秀丽,而民性也温和。在西洋,康德曾经说:'德国人是根,意大利人是顶,法国人是花,英国人是果。'在欧洲,北欧的重雾阴霾,南欧的风光明媚,都表现在文艺作品里面,吾人可以借以反观欧洲不同的性格。"②贺麟认为,这种对自然的看法,可以说是一种诗人"拟人"的看法,或"人格化自然事物"的看法。在这种态度中,自然并不是其本来面目,而只是诗人自己人格化的化身。"这种拟人的看法,使人感到自己与人生打成一片,休戚相关,哀乐与共,自己的人格,浸透在自然里,自然的美德,也呼吸在自己的人格里。如果前一种对自然的看法,足以给我们科学的'真理'与物质的'实用',那么这一种看法就足以给我们以生活的'美德'和精神的寄托。"③

显然,贺麟所谓认自然为人生反映,并不仅仅是人作为自我希望能从自然中找到自我的影子,以自然为依傍,求其友声,或以自然存在的客观性使人生的种种性格获得思想的支持。人生一世,固然需要为自己的各种性状找到各式各样的解释,但从根本上说,"认为自然是人生的反映",其重要性在于提醒人生自我能够通过自然的沉稳与变化、温柔与刚强、简单与复杂等丰富的表现形态看到人自我本身,简单地说就是"认识你自己"。古人言:

---

① 贺麟:《文化与人生》,北京:商务印书馆,2005年,第118页。
② 贺麟:《文化与人生》,北京:商务印书馆,2005年,第118页。
③ 贺麟:《文化与人生》,北京:商务印书馆,2005年,第119页。

"夫以铜为镜，可以正衣冠；以古为镜，可以知兴替；以人为镜，可以明得失。"而以自然为镜，则可以照见人自身的性格。正如贺麟所言："认识自然，便足以使人类回忆自己的内心，自己反省自己潜伏着的宝藏。这一种由外而至内的过程，表明自然与人生中间，有一种神秘的平行的或合一的联系，知彼就可以知此，知此就可以知彼。"①

四、本源性的自然与自觉的人生

贺麟推导出的第三种关系，即"认为自然是人生的本源"。在这种关系之下，自然对人而言呈现为三个方面的意义和教训。

首先，自然是人生的本源，意味着"自然是全体，人生只是部分。部分必须遵循全体，皈依全体，仰慕全体，归返全体"②。也就是说，人要自觉到大自然的规律，人要受到大自然规律的支配。与自然相比，人生不过沧海一粟，如同海里的波浪，须受到全体海水动荡的影响一样。"人生既然是部分，全体的自然，就好像人生的老家，人生最高的精神境界，就是忘怀物我，与大自然默契的境界，因此人类要与自然合而为一定，精神有安顿，不然就像天涯游子，漂泊东西，永无休息之所。所以人应法天，人应返本。他应指导他的生活使与大自然的节奏或法则谐合。人不应妄自尊大，只知自私。他应该忘掉自我，与自然共鸣，竭力虚怀领取自然的教训。"③

其次，自然是人生的本源宝库，又意味着自然是一个无尽藏。对人生而言，自然就像一个万花筒，取之不尽，用之不竭。贺麟援引苏东坡的诗句说："惟江上之清风，与山间之明月，耳得之而

---

① 贺麟：《文化与人生》，北京：商务印书馆，2005年，第118页。
② 贺麟：《文化与人生》，北京：商务印书馆，2005年，第119页。
③ 贺麟：《文化与人生》，北京：商务印书馆，2005年，第119页。

为声,目遇之而成色,取之不尽,用之不竭,是造物者之无尽藏也。"与人生相比,自然的博大、丰富是人生所不可比拟的。在物质方面,可以让工人、农民、矿夫取之不尽;在精神方面,可以让生命个体取之不尽。自然是诗人获取灵感的地方,是科学家、哲学家获取真理的地方,每个人都可以对自然有不同的认识,每个人从自然中也可以获得不同的经验教训。外在具体的自然与内在情感的自然如此广大深邃,足以让人受益终身,人也应该自觉从自然中获取力量。

最后,自然是人生的本源,还意味着自然代表人生的本然或本性。人的本性是人之为人的根本,然而,现实生活中,人常常蔽于利欲、脱离本性,丧失了作为生命依托的源泉。"如果从学问修养方面去努力,回复本然,实现本性,以免失掉本性,斫丧本性,这就表示了'回到自然'最深邃的意蕴。"①特别是当"一个人的言行达到本然或符合本性的程度,也就是他理得心安的时候。当他矫揉造作言行失掉本然违反本性的时候,也就是他脱离根本,戕害本性,彷徨无依,痛苦万状的时候"②。遵循自然的本性,增加对宇宙自然的尺度,不固执于小我,不仅可以使我们归真返璞、洒脱开朗,而且可以真正实现自我。

所以,对人而言,面对自然,就要认识到自然的伟大、深邃,就要认识到自然是人生的根本。"天命之为性,率性之谓道",率性其实就是"率自然",率性就是要尊崇自然、相信自然、效法自然,将自我从俗世生活中振拔出来,按照自然的方式进行生活。人只有自觉到自己来源于自然,取法于自然,且遵循自然,才不会毫无顾忌,才不会自大和狂妄,生命才会散发出本然的光彩。

---

① 贺麟:《文化与人生》,北京:商务印书馆,2005年,第120页。
② 贺麟:《文化与人生》,北京:商务印书馆,2005年,第120页。

五、对象性的自然与自主的人生

贺麟指出:"自然与人生根本不同之点就在自然是无我的,没有思虑的,只是人类思想和观赏的对象。人是有我的,有思虑的,是认识自然、观赏自然的主体。"①所以,关于自然与人生的第四种看法,"即是以自然为人生的对象,人生为自然的主体"②。"山水花木,无常主人,得闲的便是主人。"这就是说,山水、花木作为无思虑的存在,并不隶属于谁,只是为某种闲暇人来把玩和欣赏的对象。从这种意义上看,人生与自然又具有辩证的内在关系。"离开人生,自然就没有主体,离开自然,人生就没有对象。"③贺麟借用黑格尔的辩证法,认为人生与自然的主客关系在逻辑上具有三个阶段。

第一阶段:主客混一。在这一阶段,由于人的主体意识尚未觉醒,自然与人生混沌不清,人与自然并未分离,也就无所谓主体与对象的差异。

在此阶段,自然与人生是混沌的,可以说是既没有自然,也没有人生;也可以说是即自然,即人生。如原始民族不知道什么叫自然,也不知道什么叫人生,自然界是事物,同人生的现象漫无区别。人类不是自然的主宰,也不能够支配自然、观赏自然。人类的个性均埋没在外界的自然中,没有自我意识的存在。又如在小孩的心目中,人生与自然的界限也是异常模糊的。在这种情形之下,主不成主,客不成客,主客混一,不识不知。

第二阶段:主客分离。人是有思想、有意识的,而自然是无思想、无意识的。人生是主动的,自然是被动的。因此,有思想、有意识、主动的人需要替自己创造出一个努力征服的对象,以求

---

① 贺麟:《文化与人生》,北京:商务印书馆,2005年,第121页。
② 贺麟:《文化与人生》,北京:商务印书馆,2005年,第121页。
③ 贺麟:《文化与人生》,北京:商务印书馆,2005年,第121页。

自身的发展。他说：

> 自然和人生，彼此是隔膜的，二者根本不相干，根本是两回事。自然是外在的，人生是内在的，自然是冥顽的、物质的，人生是灵明的、精神的，人生不需要自然，不能从自然里求得教训，自然也不补于人生，不受人生的陶铸与规范。自然与人生这种隔绝孤立的状态，使人生与自然两俱虚妄不实，两俱毫无意义。这是代表中古黑暗时期的观点。由不相干的局面渐渐发展为敌对的局面。自然与人生，相互主奴，自然是人生的敌对，不是人生征服自然，就是自然征服人生。①

贺麟认为，"在某种意义之下，人生与自然对立，是人类文明发展史上的一个大进步。在人类与自然的激烈斗争中间，最后的胜利，一定是属于人类"②。自然与人类的分离正是人求主宰的开始。

第三阶段：主客合一。通过主客混一、主客分离，自然与人生经历了正、反两个方面的阶段。但是，主客的分离并不是最终目的，而必须由双方的冲突、矛盾走向最后的和解，也就是"天人合一"。贺麟指出：

> 合一与混一不同。混一是漫无分别埋没自我，合一是分中之合，自我解除自然与人生的对立中得到了发展，自然成为精神化的自然，人生成为自然化的人生。自然建筑在人生上，人生包蕴在自然里。人成为最能了解自然的知己，人成为最能发挥自然义蕴的代言人。近代精神所谓回到自然，就是要回到精神化、人文化的自然，并不是要埋没自我，消灭人生，沉没于盲目的外景。乃是将自然内在化，使自然在灵魂内放光明。如象陶渊明"悠然见南山"的南山，武陵渔父所追寻的桃源，以及一切诗和画所描述的自然景象，都可以算得在灵魂里放光明的自然。这就代表自

---

① 贺麟：《文化与人生》，北京：商务印书馆，2005年，第121-122页。
② 贺麟：《文化与人生》，北京：商务印书馆，2005年，第122页。

然与人生合一的关系，既不是自然与人生混一不分，也不是自然与人生对立而无法调解。这种的合一，可以说是人类对于自然的精神征服，以别于物质的征服，也可以说是人类的精神将自然提高升华所达到的境界。[1]

换句话说，主客合一是自主的合一，是彰显主体精神的合一，是突出人的主体性的合一，是对自为过程中的功利心的超越，从而达到的理想状态。

当然，我们必须看到贺麟在强调人与自然关系时的思想倾向，即"回到自然"。其根本态度与道家不同，而是代表儒家理想主义的精神追求。正如贺麟所强调，"中国道家所谓回到山林去，乃是少数隐君子消极厌世、想脱离政治社会的行径。理想主义者之回到自然去，是为多数人，整个时代，或整个社会，提出一种积极的路向。接近自然的目的，乃在从自然中间，发现人生的真理，增强生命的力量。道家之到山林去，是个人遁世的高雅生活，理想主义者之回到自然去，却是一种有社会性的集体的活动（指类似青年集体登高山、望远水、浴海滨等生活而言）。道家是要离开人生而相忘于自然，一往而不知返。理想主义者是要达到对于自然的精神的征服，借自然来充实人生"[2]。所以，贺麟所谓的人与自然合一的态度，与孔子"吾与点也"的态度和朱子"胸次悠然，知与天地万物上下同流"的态度是相一致的，它是人混同于自然、发现自然、利用自然、审视自然、观照自然后的生命哲学。

---

[1] 贺麟：《文化与人生》，北京：商务印书馆，2005年，第122页。
[2] 贺麟：《文化与人生》，北京：商务印书馆，2005年，第123页。

第十章　理想人格的塑造

贺麟强调，人的存在不仅是一个事实，而且也是一种理想。在生命的旅程中为自己设置一个合理的人格理想并为之努力奋斗，是人生追求的当然之义。儒家思想尽管还有这样那样的问题，但就思想的价值和事实而言，它仍然是当今中国社会的主流，人们会自觉不自觉地遵循儒家思想的规范和人格追求。因此，成为一个"儒者"也仍然是当今国人在人格理想上的合理选择。不过，与传统儒家对儒者提出的要求有所不同，贺麟认为今天的儒者应是一种与时俱进的"新儒者"。这种儒者除了具备深厚的道德修养，还应该具备高度的学问技能。他既是传统儒者精神的延续，又是现代工业知识经济主体的化身。他有风度、有情趣、有专业，合理性、合时代、合人情，他是东方伦理精神和西方理性精神的合体，是道德修养与技术修养共生的新人。贺麟希望每一个人心里都能有这样一个"儒者"的形象和标准，争取使自己成为一个儒农、儒工、儒商或儒将。唯其如此，人的成长才能有所依附，生命才能更加光辉。

一、新儒者的人格标准

在中国人的精神情怀中，理想人格具有深厚的文化传统。从时间上看，最早的人格标准可追至尧、舜、禹、文王、周公等"圣王"形象。春秋战国时期，儒家提出的"圣人""贤人""君子""士"

等形象则有了更为系统和丰富的人格谱系。然而,最为通俗和流行的一种人格形象则是尊崇儒学、通习儒家经典、承载儒学精神的"儒者"。汉以后则泛指一般的读书人。历史上有关"儒者"的论述可谓比比皆是。《墨子·非儒下》:"儒者曰:'亲亲有术,尊贤有等。'"《史记·五帝本纪》:"孔子所传宰予问五帝德及帝系姓,儒者或不传。"《史记·淮阴侯列传》:"成安君,儒者也,常称义兵不用诈谋奇计。"明叶盛《水东日记·沉孟端》:"沉孟端先生方学,虽本世医,而通知古今,有儒者风。"清范阳询《重修袁家山(袁可立别业)碑记》:"夫儒者得用于传世,以行科道而成为圣贤也,幸矣!"总之,从概念上分析,所谓儒者,就是温文儒雅、谦恭礼让的代名词。

在儒家思想看来,作为儒者,不仅需要具有极高的精神追求和道德修养,使自己的内心圆满、充实而自足,而且还要通过自己的德性和修养,将自己的心性修养推广到社会领域,从而实现"内圣外王"之道。换句话说,作为一个儒者,不仅要立德、立言,还要立功,有所成就。然而,在这种内外双修的架构中,儒家终究没有真正在人的知识技能上找到出路,而是走出了一条道德理想主义的文化进路。例如,在所谓的"君子不器"的论断中便隐含着一种对技术和知识的批判。孔子认为,君子不应该成为工具,因为君子自身就是目的。这一思想在后来的发展中造成了两个严重后果。一方面,过高估计了道德理性的价值,导致那些所谓的君子或儒者们养成了坐而论道的习惯。"平时静坐谈心性,临危一死报君王",最终为道德所束缚、所自戕。另一方面,矮化了工具理性的实际功能,将学问技术等同于"奇技淫巧",无限放大其负面效应,使人生追求不屑于与技术为伍。这样一来,不仅使具有真才实学的人少之又少,而且助长了各种伪儒、陋儒、腐儒的"成长"。此外,按照道德至上的划分标准,社会阶层也呈现出严重的分化,君子、小人的道德区分,士、农、工、商的阶层划分,使得君子、儒者乃至士人都成为极其有限的专有人格。

20世纪以来，随着启蒙运动的兴起和封建帝制的解体，对"新人"的呼唤空前高涨。培养符合现代社会要求的时代新人，成为国家、时代和现实生活的迫切需求。陈独秀的"新青年"说、胡适的"健全个人主义"理论应运而生，乃至尼采的"超人"说、"战国策派"提出的"英雄人格"说均备受关注。现代个人观的构建由此成为现代中国哲学家、思想家的基本议题。1923年，"科玄论战"拉开序幕。从表面上看，其论战的对象是科学和玄学哪一种能更加有效地指导人的成长，其实质却恰恰表明科学和玄学尚未构成现代国人的基本素质，换句话说，一种涵摄道德修养和学问技能的现代人尚未被国人所意识、唤醒和接受。无论是西化派还是文化保守主义，对于现代人格的探索都还处于朦胧阶段。

与第一批早期保守主义者有所不同，作为保守主义的新生代，贺麟的特殊经历和精神立场使他在理想人格的方向上找到了新的出口。在贺麟看来，人格的养成必须具有深刻的文化哲学基础。首先，就吸收西方文化而言，华化西学是现代化的必然选择，"东圣西圣，心同理同"，东西文化在本质上都属于精神和道，没有截然轩轾的区别。其次，在传统和现代方面，现代不应该与古代脱节。在精神上，人们应该继续继承儒家思想，以儒家思想为根本，才能实现最新与最旧的统一。他指出，"西洋文化的特殊贡献是科学"。一方面，"我们要能看出儒家思想与科学的息息相关处，但又要能看到两者的分界处。我们要能从哲学、宗教、艺术各方面发挥儒家思想，使儒家精神中包含有科学精神，使儒家思想足以培植、孕育科学思想，而不致与科学思想混淆不清"[①]。另一方面，"因科学以研究自然界的法则为目的，有其独立的领域。没有基督教的科学，更不会有佛化或儒化的科学"，"反之，儒家思想也有其指导人生、提高精神生活、发扬道德价值的特殊效准和独立领

[①] 贺麟：《文化与人生》，北京：商务印书馆，2005年，第8页。

域，亦无须求其科学化"①，因此，在贺麟看来，现代中国的正确文化方向应是传统儒家文化与西方文化的融合与统一。

正是基于这一对古今中西的认识和判断，在人格上，贺麟认为，我们应该吸收一切对人的现代化有益的基本素质，提出一种新的人格——"新儒者"。他说，所谓"儒者"，"最概括简单地说，凡有学问技能而又具有道德修养的人，即是儒者。儒者就是品学兼优的人"②。显然，贺麟所说的儒者与传统的儒者具有明显区别，"贺麟对儒者的解释孕育着现代意识的勃发。传统的儒者完全是一个德性化的个人，道德的崇高性与纯洁性是儒者一生的追求，儒家所谓的君子圣人人格首先是一种道德人格的楷模。现在，贺麟从德性化的儒者素质中引出技术的要求，把'知识（技术）人'视为与'道德人'并列的基本素质，从技术与道德相结合的角度展示儒者的现代内涵。这一运思之路正体现了现代性的合理化趋向"。同时，由于"他把儒者定义为'技术人'加'道德人'，定义为个人的技术维度和道德维度的结合：一方面掌握先进的技术和知识，另一方面又有高尚的道德修养。两者的结合才是一个现代的个人。这是对孔子'君子不器'说的批判"③。

贺麟的这一学说具有广泛的现代共识。1965 年，犹太思想家索罗维齐克（Joseph B. Soloveitchik, 1930—1993）发表的论文《孤独的信仰人》(*The Lonely Man of Faith*)时，便提出了著名的两类人概念："亚当 1"（Adam The First）和"亚当 2"（Adam The second），或技术人（technological man）和宗教人（religious man）。其同样根植于对传统经典《圣经》的现代阐释。

索罗维齐克认为，第一类人是指按照上帝形象被创造的人。《创世纪》第一章写道："神就照着自己的形象造人，乃是照着他

---

① 贺麟：《文化与人生》，北京：商务印书馆，2005 年，第 7 页。
② 贺麟：《文化与人生》，北京：商务印书馆，2005 年，第 11 页。
③ 顾洪亮：《技术人与道德人——论贺麟的儒者型个人观》，载《上海交通大学学报》（社会科学版），2007 年，第 71 页。

的形象造男造女。神就赐福给他们,又对他们说:'要生养众多,遍满地面,治理这地。'"(《旧约·创世纪》1:27-28)这类人被造的目的是管理和控制自然界。他们凭着自己的聪明才智,认识和探索自然界的各种规律,利用科学技术,开发和征服自然界。索罗维齐克说:"亚当1有闯劲、大胆、好战。他的座右铭是成功,战胜宇宙力量。他从事创造性工作,尽力模仿造物主。""亚当1"在技术和活动中展示自己的价值和能力,因此可以被叫作"科学人"或"技术人"。

第二类人是指上帝用土创造的人。《创世纪》第二章写道:"耶和华神用地上的尘土造人,将生气吹在他鼻孔里,他就成了有灵的活人……耶和华神说:'那人独居不好,我要为他造一个配偶帮助他。'"(《旧约·创世纪》2:7,18)"亚当2"生来就受到上帝的特别关照,他存在的目的不是控制这个世界,而是去追问世界的终极基础,去求精神依托,获得上帝救赎。因此,索罗维齐克说:"'亚当2'不是去探究科学的抽象宇宙,而是探究迷人的质的世界,在其中,他与上帝建立了亲密的关系。"上帝给他灵气和配偶,说明他的精神追求获得了上帝的赏识,有了宗教关怀的他最终获得了拯救。"亚当2"因此可以被叫作"宗教人"或"形而上的人"。

对比贺麟与索罗维齐克对理想人格的设立,其基本的出发点大致是相同的。一方面,他们都立足于自己的固有传统。无论是基督教的上帝,还是儒家的道德,都是传统文化精神的延续,是实现人类精神关怀和伦理道德的基本保证。而另一方面,他们都根据现代社会的工业进程和职业精神,用现代人的基本素质补充传统精神人格的不足,从而使人在现代化社会更加丰满和全面,实现道德理性与工具理性合理统一。

对贺麟而言,"新儒者"理想人格对现代国人的价值举足轻重。首先,提出新儒者人格,避免了现代西方社会重才轻德的价值倾向。在德才的关系上,他认为德比才更为重要,在德才不能兼顾的同时,则以德为先。其次,提出新儒者理想人格,规避了传统儒家道德至上的弊端。在贺麟看来,现代人不仅仅是一个道德的主体,更是具有知识技能的主体,具有深刻的职业精神,才能适应当今的社会生活,在重视道德的同时,必须提高自身的职业修养。最后,提出新儒者人格,避免了儒家读书做官的传统陋习,建立了职业光荣的理想信念,扩大了儒者的内涵。

为改变传统儒者做官与归隐的两难选择,"贺麟将儒者从原来的尊崇儒学的读书人,扩大到工业、商业、政治、军事等领域,认为现代社会不仅要有儒臣、儒将,更要大力提倡儒工、儒商和有儒者风度的技术人员。现代社会是职业分工合作为特征的社会,将现代社会的职业儒家化,贺麟认为是儒家发展的新途径。说到底,就是要将西方现代社会行之有效的职业精神与儒家的道德价值相结合,使职业人生儒家化、道德化,在中国实现现代化的过程中成为新的儒者"①,成为一个德才兼备的现代新人。

二、新儒者的人格表现

作为现代新人,新儒者不仅有高尚的人格修养和卓越的职业精神,而且,在人格表现上,也具有一种与众不同的精神气质。在贺麟看来,这种精神气质或人格表现,可称之为"儒者气象"。他说:"又就意味和气象来讲,凡具有诗礼风度者,皆可以谓之有儒者气象。"②相反,"凡趣味低下,志在名利肉欲,不知美的欣赏,即是缺乏诗意。凡粗暴鲁莽,扰乱秩序,内无和悦的心情,外无整齐的品节,即是缺乏礼意。无诗意是丑俗,无礼意是暴乱"③。

---

① 徐建勇:《论贺麟的新儒者人格》,载《孔子研究》,2011年第5期,第61页。
② 贺麟:《文化与人生》,北京:商务印书馆,2005年,第12页。
③ 贺麟:《文化与人生》,北京:商务印书馆,2005年,第12页。

众所周知,"儒者气象"是宋儒提出来的用于评价一个人道德修养境界的重要范畴。有研究者认为,"'气象'在理学本指达到某种精神境界后在容貌词气等方面的外在表现。由于气象是某种内在精神的表现,在理学的讨论中常常把气象直接作为一个修养的重要课题"①。此外,有如"曾点气象""尧舜气象""圣贤气象"等命题,均指实践修养深厚博大的必然结果。换句话说,"儒者气象"就是个人的道德修养、人格追求、人生境界达到了儒者的高度所体现出的儒者风貌和作为,是一种由内向外的精神气质或状态。《孟子·公孙丑》:"告子曰:'不得于言,勿求于心;不得于心,勿求于气。'不得于心,勿求于气,可;不得于言,勿求于心,不可。夫志,气之帅也;气,体之充也。夫志至焉,气次焉;故曰:'持其志,无暴其气。'"在孟子看来,心是气的基础,气是心的表象。人如果缺乏内在的良心作为基础,得不到本心的支持,气就没有着落。"从更深层次的意义上说,外部的事物不通过人心的判断,终究是纷乱的,人一旦丧失心志,外部世界也就不再具有道德的秩序和美学的意义。陆王心学更是指出'心外无理''心外无物',以心为根本。"②由于"儒者气象"以良心为其终极依据,胡居仁曾明确表示,"处世不用智计,只循天理,便是儒者气象"。(《明儒学案》卷二)贺麟也认为,"离心而言物,则此物实一无色相、无意义、无条理、无价值之黑一团,亦即无物"。所以,从根本上说,由道德之心以应付环境所产生的行为表现即人的气象。

在中国历史上,彰显"儒者气象"最受儒家推崇的人格代表莫过于三国时期的诸葛亮。清人朱璘曾言:"予以为孔、孟之学,发明者,宋元儒也;身体而力行之者,诸葛武侯也。"(清张鹏翮编印《诸葛忠武志》卷八)诸葛亮一生为圣外王、立身行道、大济苍生,完全符合儒家规范的基本要求,且在行为的表现上为儒

---

① 陈来:《朱子思想研究》,上海:华东师范大学出版社,2001年,第53页。
② 徐建勇:《论贺麟的新儒者人格》,载《孔子研究》,2011年第5期,第64页。

家理想人格提供了极好的价值典范,对此,贺麟也曾有过高度的评价。他说:"至于他宁静淡泊,'苟全性命于乱世,不求闻达于诸侯'的风度,更与那以才智干时君而猎取功名富贵的名法之士根本殊科。宋儒称诸葛孔明有儒者气象,观此益信。"[1]尽管如此,在贺麟那里,今天的"儒者气象"与诸葛亮乃至孔孟以来的儒家人格还是有所不同的。也就是说,今天的"儒者气象"应该立足于当下的时代语境,既能涵摄传统"儒者气象"的精神风貌,又能符合现代文化、制度和生活方式的基本要求。

他认为,20世纪三四十年代,辜鸿铭站在儒家的立场,以"诗礼"为尺度,攻击近代西洋文明,认为近代西洋文明中的发展工商业、推翻君主、建立民主政治都是丑俗暴乱,毫无诗意之美、礼意之和,实是一种狭隘和偏见。因为"彼只知道中古贵族式的诗礼,而不知道近代民主化的诗礼。试观近代英美民主政治的实施,竞争选举,国会辩论,政治家的出入进退,举莫不有礼。数百万居民聚处于大都市中,交通集会亦莫不有序。其工人、商人大都有音乐、戏剧可观赏,有公园可资休息,有展览会、博物馆可游览。每逢星期,或入礼拜堂听讲,或游山林以接近自然。工余之暇,唱歌跳舞,自得其乐。其生活亦未尝不可谓相当美化而富于诗意"[2]。在西方,一些大政治家,如华盛顿、富兰克林、林肯、罗斯福,他们教育人民、改变舆论、感化孤立党派、容纳异党等,不仅注重道德理想,契合儒家王道政治,而且具有真正的"儒者气象"。说到底,是否具备"儒者气象"其实与人在生活中是否具备诗礼风度具有极为密切的关系,"凡具有诗礼风度者,皆可谓之有儒者气象"。反之,则粗俗暴乱,不能成为儒者。而诗礼的根据在"心",诗表达美,礼呈现善,所以儒者气象的实质则是既美又善。

就外观来看,今日儒者气象与古代儒者气象在形式上未必有明显区别,然而,随着商业化和民主化的加快发展,"儒者风度"

---

[1] 贺麟:《文化与人生》,北京:商务印书馆,2005年,第47页。
[2] 贺麟:《文化与人生》,北京:商务印书馆,2005年,第12页。

在内在意蕴上却必须得到及时调整和充实。也就是说，新儒者在继承传统诗礼风度的同时，应该吸收更多西方近代优秀的艺术和宗教精华所创造出来的新的诗礼内涵。在诗教方面，我们"须领略西洋的艺术以发扬儒家的诗教"；在礼教方面，我们"须吸收基督教的精华以充实儒家的礼教"。这是因为，诗不仅仅内含着传统儒家的诗乐，而且也内含着近代西洋的音乐、绘画、舞蹈等现代艺术元素；礼不仅仅内含了尊老爱幼、上下有序、和睦共处的传统精神，而且也内含着民主平等、爱岗尽职、博爱万物的现代精神。有研究者认为，"虽然同为诗礼风度，但内涵却完全不同。新的儒工、儒商、儒臣在现代公共生活中，在各自的领域之内，遵循各自的规则，莫不有法；在社会公共生活中，各自的行为规范莫不有序；各个领域相互监督相互制衡，莫不有节。有法、有序、有节，是为民主社会的礼的风度。同时，新的儒工、儒商、儒臣在各自的私人生活中，都可以发展自己的爱好，而社会为此应该尽可能多地提供相应的公共设施，如图书馆、音乐厅、博物馆等，使个人生活富于诗意"①。

对贺麟而言，"儒者气象"同样具有两方面的价值，"儒者气象"不仅关涉个人的品质和行为，更为重要的是，它能推动社会和谐与健康发展。他指出，"就生活修养而言，则新儒家思想目的在于使每个中国人都具有典型的中国人气味，都能代表一点纯粹的中国文化，也就是希望每个人都有一点儒者气象，不仅军人皆有'儒将'的风度，医生皆有'儒臣'的风度，亦不仅有儒者的政治家（昔时叫做'儒臣'），亦须有儒者的农人（昔时所谓耕读传家之'儒农'）"②。对社会而言，则"在此趋向于工业化的社会中，所最需要者尤为具有儒者气象的'儒工''儒商'和具有儒者风度的技术人员。若无多数重忠孝仁爱信义和平的道德修养的儒商、儒工出，以树立工商的新人格模范，商人凭借其经济地位以

---

① 徐建勇：《论贺麟的新儒者人格》，载《孔子研究》，2011年第5期，第64页。
② 贺麟：《文化与人生》，北京：商务印书馆，2005年，第11页。

剥削人，工者凭借其优越技能以欺凌人、傲慢人，则社会秩序将无法安定，而中国殊难走上健康的工业化的途径"[1]。可见，"儒者气象"并非一个空洞的文字概念，而是一种内外兼修、完善个人与服务社会兼具的积极品质。

不过，在如何达到或实现"儒者气象"的问题上，贺麟似乎稍显不足。而对于这个问题，我们可以在同时代的冯友兰先生那里得到解答。在冯友兰看来，人的"气象"源于人觉解所能达到的境界，即自然境界、功利境界、道德境界和天地境界。与此相应，反映在气象上也就有所不同。他说："一个人，因其所处底境界不同，其举止态度，表现于外者，亦不同。此不同底表现，即道学家所谓气象，如说圣人气象、贤人气象等。一个人其所处底境界不同，其心理底状态亦不同。因此不同底心理状态，即普通所谓怀抱、胸襟或胸怀。"应该说，对于冯先生的这一理解，贺麟应该是会同意的，而且这也是其"儒者气象"的应有之义。

三、新儒者的人格态度

在贺麟看来，除了在境界、言辞举止和生活修养上，新儒者与传统儒者应该有所区别，在人格态度上新儒者也应有别于传统儒者。他认为，在此新的时代，新儒者的态度最为重要之处体现在以下三个方面，"就做事的态度言，每做一事，皆须其合理性、合时代、合人情……"[2]

首先就"合理性"而言，它并非仅指我们今天通行的解释，即"人类运用理智的能力"。在贺麟看来，合理性首先是符合儒家天理，即所谓"揆诸天理而顺"。作为道德伦理的终极根据，天理是儒者的基本遵循。"揆诸天理而顺"就是要细心揣摩、真切效仿，

---

[1] 贺麟:《文化与人生》，北京：商务印书馆，2005年，第11页。
[2] 贺麟:《文化与人生》，北京：商务印书馆，2005年，第13页。

用天理规范来约束人的行为，使人的行为符合天理的要求。其具体化可在"三纲"新学说的论证中得到体现。在贺麟看来，传统君为臣纲、父为子纲、夫为妻纲所体现的君臣关系、父子关系和夫妻关系，在实质上并非全是束缚人性的道德教条，而是天理在人世的具体体现。遵循三纲，其实就是对天理的遵循。他说："三纲说认君为臣纲，是说君这个共相，君之理是为臣这个职位的纲纪。说君不仁臣不可以不忠，就是说为臣子或居于臣的职分的人，须尊重君之理，君之名，亦即是忠于事，忠于自己的职分意思。完全是对名分、对理念尽忠，不是作暴君个人的奴隶。惟有人人都能在其位分内，单方面地尽他自己绝对的义务，才可以维持社会人群的纲常。"① 可见，贺麟是从理念论和义务论的角度对三纲学进行了现代性的发挥，使它不仅符合柏拉图的理念论，而且符合康德的义务论，从而为新儒者提出了更为鲜明的时代要求。另一方面，合理性也同时体现为与理性精神相符合。贺麟在论述"合时代"与"合人情"时曾明确指出，"只求合时代而不合理性，是为时髦"，"只求合人情而不合理性及时代，即流于'妇人之仁''感情用事'或主观的直觉"②。在此过程中，他将合理性与时髦、妇人之仁、感情用事、主观直觉两相对举，显然是为了论证后者较合理性的缺失和不足。"从社会学角度来讲，理性指能够识别、判断、评估实际理由以及使人的行为符合特定目的等方面的智能。理性通过论点与具有说服力的论据发现真理，通过符合逻辑的推理而非依靠表象而获得结论、意见和行动的理由。一个人根据理性来把握自己的行为，既能符合自身的实际情况，又能适应社会的要求，也不会为时髦所左右。"③ 相反，追逐时髦、妇人之仁、感情用事和主观直觉皆具有随意性、偶然性和失控性。在某些时候或许并非一无是处，但对儒者而言却绝非理所当然。

---

① 贺麟：《文化与人生》，北京：商务印书馆，2005年，第60页。
② 贺麟：《文化与人生》，北京：商务印书馆，2005年，第13页。
③ 徐建勇：《论贺麟的新儒者人格》，载《孔子研究》，2011年第5期，第65页。

所谓"合时代",是指个人的行为要合乎时代的变化和要求。贺麟认为,"合时代就是审时度势、因应得宜"①,"孔子为圣之时,礼以时为大"。作为时代的产物,每一个人都不可能彻底脱离自己的时代。孔子之所以被称为"圣之时者也",就在于他能真切地根据时代的变化调整自己。与传统儒者相比,新儒者面临的时代环境变化要显著得多,政治、经济、文化、社会制度、生活方式等方面无一不在进行剧烈的变化。作为儒者,不能因为环境的变化而无所适从。正如孔子所言:"殷因于夏礼,所损益,可知也;周因于殷礼,所损益,可知也。其或继周者,虽百世,可知也。"②能否切合时代,不仅在于对时代本身的贴切,更重要的在于首先具有把握时代的眼光、看穿时代的洞察力。只要能审时度势、因应得宜,切合时代并非难事。同时,"合时代不是漫无主宰,随波逐流。只求合时代而不合理性,是为时髦""合时代包含有'时中'之意,有'权变'之意,亦有合理之意"③。例如,传统社会的社会结构已经不在了,作为儒者,便不能吊古伤今,空发思古之幽情,而应转变思想,重新认识自己的角色。与传统的德性人相比,职业人、经济人在今天占据了更为突出的地位,作为新儒者既要突出伦理道德的价值,更要吸收市场经济环境下的生活观念。所以,贺麟认为,我们必须改变传统儒家对待商人的偏见,将其纳入新儒家的范畴,适应社会的发展,在士农工商的儒化过程中,培育新时代的职业精神。

所谓"合人情",简单地说,就是指儒者在行为态度上要合乎人的感性存在要求。就自我而言,"合人情即求其'反诸吾心而安'"④。反求诸己是儒家反省的重要方法。在儒家看来,人是有良心的存在,如果行为处事自己良心首先不安,则其行为自然

---

① 贺麟:《文化与人生》,北京:商务印书馆,2005年,第13页。
② 杨伯峻:《论语译注》,北京:中华书局,2012年,第29页。
③ 贺麟:《文化与人生》,北京:商务印书馆,2005年,第13页。
④ 贺麟:《文化与人生》,北京:商务印书馆,2005年,第13页。

存在问题，须进行反省。就对象而言，"合人情不仅求己之心独安，亦所以设身处地，求人心之共安"①。要达到这样的目的，就应该进行换位思考，"以己度人"，真切感受对方的精神感受。儒家的修身、齐家、治国、平天下，其实就是这样一个由安己而安人的具体过程。然而，贺麟在传统儒家的"安人"的思想上有所发展，他在强调合人情的过程中，极大调整了儒家对待理欲、义利的观点，使人的情感生活得到了极大的解放。针对宋明理学"存天理，灭人欲"的封建信条，他认为简单地否认人欲的处理方法是极其错误的，"近代伦理思想上有了一大的转变，早已超出中古僧侣式的灭人欲、存天理、绝私济公的道德信条，而趋向于一方面求人欲与天理的调和、求公与私的共济；而一方面又更进一步去设法假人欲以行天理，假自私以济大公"②。"他指出，如果恰当地看待人欲，人欲可以成为促使天理实现的积极因素，乃至不可缺少的前提条件。如果道德生活完全脱离了人的欲望、需求，这必然陷入空虚、贫乏和不近人情。"③在义利的问题上，贺麟认为功利和道德并不对立，而是主从关系，"非功利是体，功利是用"。与传统的观点不同，他认为，功利是实现道德理性的必要条件。他甚至为利己主义和自私正名，充分肯定两者的合理性，把西方近代思想家提倡的天赋人权理解为人人都可具有的自私的权利。

总之，在贺麟看来，新儒者是时代新人，须承担时代赋予的历史使命。他曾引述费希特告德意志国民演讲中的一段话来彰明人格的生命价值："我们现在是失败了，但是我们是否要受人轻视，究竟除了别的损失之外，我们是否还损失我们的人格，这就全看我们自己的努力如何了！军械的斗争已经结束了，但是新的理性的战斗与人格的斗争，却正在开始呢！"④

---

① 贺麟：《文化与人生》，北京：商务印书馆，2005年，第13页。
② 贺麟：《文化与人生》，北京：商务印书馆，2005年，第66页。
③ 宋志明：《贺麟对新儒者的定位》，载《中国矿业大学学报》，2005年第1期。
④ 贺麟：《文化与人生》，北京：商务印书馆，2005年，第30-31页。

第十一章　天道人欲的辨析

前面已经讨论了贺麟关于人与自然的关系的思想，让我们看到了人在自然面前的存在和处境。然而，人与天的关系却还悬而未决。长期以来，儒家对于天人关系的讨论都颇费周章，但总结起来，其核心要义都逃不开"天理"和"人欲"。其中，特别是将天理和人欲对立起来，强调天理大于人欲，往往使人动弹不得。在贺麟看来，天理确有其必然性、公正性，王夫之的"假私济公"和黑格尔的"理性的机巧"均是明证。然而，将"存天理、灭人欲"的束缚强加于人却与近代生活不相符合。他认为，"近代伦理思想上有了一大的转变，早已超出了中古僧侣式的灭人欲、存天理、绝私济公的道德信条，而趋向于一方面求人欲与天理的调和、求公与私的共济；而一方面又更进一步去设法假人欲以行天理，假自私以济大公"[①]。他抛弃将理欲对立从而简单否定人欲的处理方式，一方面调和理欲，争取理欲共赢；另一方面又希望天理寓于人欲之中，使天理得以流行。透过天道人欲的辨析，贺麟系统地阐明了他在天人关系上的创新之道，为古代人生观向近现代人生观转变提供了可能。

一、"假私济公"与天道流行

作为一个儒家学者，在人生哲学上，贺麟从不否认天道或天理

[①] 贺麟：《文化与人生》，北京：商务印书馆，2005年，第66页。

在人生中的三大作用和功能。不过,与传统儒家相比,他在论证天道的过程中具有更为开阔的视野、更为现代的精神。他通过对王夫之和黑格尔的天道观进行比较,不仅使我们看到天道的博大、尊崇与威严,而且也使我们看到他对儒家天道与人道的基本态度。

众所周知,王夫之(1619—1692)早于黑格尔(1770—1831)约150年,是王阳明之后的第一人。他在中国哲学史上的地位,远高于同时代的顾炎武、黄宗羲,且其学说集心学和理学之大成。王夫之不仅建立了极其精纯的哲学思想,而且将其运用于历史领域,形成了蔚为壮观的历史哲学。其中,《读通鉴论》和《宋论》均是其思想成熟时期的代表之作。他对天道人欲的理解颇具新意,深受贺麟的推崇。在贺麟看来,王夫之"执一中心思想以评衡历史的人物与事变,自评论历史以使人见道明理而入哲学之门。书中透出了他个人忠于民族文化和道统之苦心孤诣的志事,建立了他的历史哲学、政治哲学和文化哲学,指示了作人和修养的规范,可以说他书中每字每句都是在为有志做圣贤、做大政治家的人说法"①。而"船山整个历史哲学的中心思想,即在指明天道的公正不爽"②。

为了论证天道的威力,王夫之曾系统地评判秦始皇、汉武帝、武则天、宋太祖等拥有大欲或权力意志的历史英雄。在他看来,这些历史人物都曾在历史上风云一时,他们的能力和智慧曾使他们获得绝对的历史权欲,然而,无论他们曾经如何叱咤风云,在历史面前,他们都只不过是天道的工具、命运的玩物。"小己的私心敌不住天道的公正;个人的小智,比不上宇宙的大智;独夫的武力,胜不过历史的命运。"③

以秦始皇为例,王夫之曾批评他说:"无假其私以济天下之大公",意思是说,秦始皇统一中国,废除封建制,设立郡县制,修

---

① 贺麟:《文化与人生》,北京:商务印书馆,2005年,第258页。
② 贺麟:《文化与人生》,北京:商务印书馆,2005年,第259页。
③ 贺麟:《文化与人生》,北京:商务印书馆,2005年,第63页。

筑万里长城，他的种种伟绩，无非出于私心和为子孙打算。然而，如果从全部历史过程来看，他却做了对全中国、全民族的公益有利的业绩，而他自己主观上的私心却成了未能满足的梦幻。他的私心、私智、私力，皆是那无声无息、施无言之教的"天"利用来"济天下之大公"的手段和工具。同样，宋太祖赵匡胤无功无德，且无门阀资望的依靠，而能赢得天下，实在是因为上天缺乏神武圣哲的开国人才，无可奈何，故假借宋太祖以达到和平统一，以符合上天的仁爱之心。

在贺麟看来，历史上固然如此，自然界也不例外，只不过自然事物的"私心"没有人事那样严重的道德意义罢了。"试平心观察，自然界中那一物不是努力保存自己；那一物不是为自己而存在？一块石头，一枝花，一茎草，它也有它的个性，有它的内在目的，也在不断地努力保持它自己的生存。然而这些各自努力自保自为的自然事物，却形成了大自然的谐和。杜甫有两句诗说：'寂寂春将晚，欣欣物自私。'是的，在某意义下，自然万物，莫不自私。然而这自私、自为、自保的万物，却形成了欣欣向荣的春天。这不是象征了大自然也在作假公济私的勾当，弄假公济私的机巧，假个体事物之私，以济全部自然之大谐和吗？"①

贺麟认为，王夫之这里的天，其实就是"天者理也"中的天，就是指支配自然和人事的天理、天道。如果从"宇宙法则"的意义而言，其实它就是黑格尔所说的理性。因为在黑格尔那里，理性是世界的主宰，历史是理性实现的过程。理性主宰万物、作育万物、浸透万物、支配万物、利用万物，但万物自身却毫无所知，只是顺应理性的法则而生活。在《历史哲学》一书中，黑格尔曾明确指出："情欲的特殊利益的满足是与普遍原则的发展不可分的。由于特定的利益与情欲的满足及其否定，而普遍原则因而实现。个别情欲与个别情欲斗争，互有得失，互有损害。但普遍的

---

① 贺麟：《文化与人生》，北京：商务印书馆，2005年，第64页。

理念并未牵连于其中而自冒危险。它（指理性、天或普遍理念）高高乎在上，隐藏在后面，毫无动摇，毫无损伤。这可以叫做理性的机巧。理性凭借其机巧，使情欲为他自己工作。而具有情欲的个人受惩罚、受损害。理性所利用以完成其目的者为现象存在。普遍理念以个体事物、个体情欲的牺牲受罚，为实现其自身的代价。"换句话说，"英雄的目的虽在满足自己，非满足他人，但他们的确满足了众人的潜伏要求。他们是世界精神的执行人（agents）。他们的生活并不快乐，毫无安静享受。一生为其大欲所驱使。及其使命终结了，亦被废弃。早死如亚历山大，被刺如凯撒，幽囚如拿破仑。终于成为世界精神的工具"。

贺麟指出，理性这种假私济公的"伎俩"好像是有意作弄人，有意和那自私自利的人开玩笑，有意蒙骗那自私自利的历史人物，使他们怀着自私的目的而去完成大公的事业，使那些不可一世的霸主、暴君、独裁者皆好似歌德《浮士德》剧中的魔鬼，"目的虽在作恶，而不禁创造了善"。而王船山在他的《读通鉴论》中对秦始皇的评论，恰好悟到了黑格尔所谓"理性的机巧"的道理，他不啻揭穿了秦始皇逞其私智，恰好上了"理性的机巧"的大当。他说："黑格尔这一种看法，在王船山的历史哲学里，我们只消将黑格尔的理性或上帝换成王船山的天或理，便不惟得到印证默契，而且得到解释和发挥。"①

不过，尽管如此，贺麟认为人在天理面前仍然不只是被动的。他引述王夫之的观点："陈涉、吴广败死而后胡亥亡；刘崇、翟义、刘快败死而后王莽亡；杨玄感败死而后杨广亡。徐寿辉、韩山童败死而后蒙古亡；犯天下之险以首事，未有不先自败者也。乱士不恤其死亡，贞士知死亡而不畏其死亡也，乃暴君篡主相灭之先征也。……然则胜、广、玄感、山童、寿辉者，天贸其死，以亡秦、隋；而义、崇也、快也，自输其肝脑以拯天之衰而伸莽之诛

---

① 贺麟：《文化与人生》，北京：商务印书馆，2005年，第268页。

者也。"(《读通鉴论》卷五）在王夫之看来，陈胜、吴广、杨玄感等人，是基于自私自利，他们的死是被"天"所利用和假借，作为达到灭亡秦、隋的目的的理性工具。因此，他们的死是被动的。但翟义、刘崇等起义诛杀王莽则不然，他们的起义是基于自己自主发动，他们的死不是被天假借利用的工具，而是"自输其肝脑以拯天之衰"，目的是伸张正义，使衰微的天意表现出来。所以，前者是理性用机巧假借他物，曲折以求实现；后者则是理性自身的支柱、直接的表现。

基于此，贺麟指出，凡是基于理性的道德律令的自发行为，不仅不是被动地为天所假借并加以否定的工具，而且乃是绝对的自身肯定，是独握天枢以争剥复的刚健行为。在天理面前，人是可以选择的："一种人是天理、理性的负荷者、把握者，甚至当天理晦否微弱、天下纷乱无真是非之时，他们又是理性的拯救者、保持者，其自身即是目的。一种人只是工具，被理性利用假借之，同时又惩罚之、废弃之，以达到理性的目的。这两种人的差别是很大的。"①因此，作为人，"我们不必诅咒自私，我们要能静观出在整个宇宙法则的支配下，自私者有其不可逃遁的命运。自私者终必陷于自戕，个人的自利，终必被全体的理性假之以济公，而结果自私的人受全体的处罚，毫无所得，自私的企图，尽成泡影，这就是自私的命运。我们承认假公济私是最大的罪恶，但是我们要对之治以假私济公的宇宙大法。"②

总之，在贺麟看来，王夫之的天或天道，绝非只是一个抽象的概念或不动的死物，相反，天道"第一具有理则性。是灵明而有条理的，是历史上事物变迁发展的法则或节奏。第二天道具有道德性。天道是公正的，大公无私，赏善罚恶。这一点与老子的天地不仁的看法相反，而代表正统儒家思想。第三，天道复具有自然性，不息，不遗，无为，不假人为，无矫揉造作。第四，天

---

① 贺麟：《文化与人生》，北京：商务印书馆，2005年，第272页。
② 贺麟：《文化与人生》，北京：商务印书馆，2005年，第64-65页。

道具有内在性，即器外无道，事外无理。天道并不在宇宙人生之外，而是内在于器物事变中，主宰推动万事万物。第五，天道有其必然性，真实无妄，强而有力，不可抵抗，人绝不能与天道争胜。凡此特点，均儒家的天道观应用之义"①。

二、自私的近义是自保、自为和自爱

既然在天道面前，人的私欲无所逃遁，最终都会被天道所克服，那么，人是否应当就此放弃自己的一切欲求以存天理呢？在贺麟看来，事实未必如此。问题的关键在于，到今天，我们应该如何来认识所谓的人欲或自私，在什么意义上的"自私"是合理的、必然的？

中国在几千年前便提出了性善性恶的问题。以孟子为代表的性善论者认为，人的本性是仁义礼智信而非自私；而以荀子为代表的性恶论者则认为，人性本恶，自私才是人的本性。不过，两种观点虽各有立场和侧重，但本质上却是一致的，即毫无例外地承认自私是恶，必须得到克制。

近代以来，人们在伦理思想上发生了深刻的变革。以霍布斯为代表的伦理学家公开坦诚地承认自私是人的本性。在他们看来，自私其实不是罪恶，自私在本来意义上是"自保、自为、自爱"，这种自保、自为、自爱的本性与动物并无两样。根据这样的理解，自私不仅不应被克制，相反，它正是人性的自然体现。

与此同时，资产阶级革命家也认为，自私是人的天赋人权。第一，人性是自私的；第二，社会国家应尊重个人自私的权利；第三，个人应争取自私的权利，同时也应尊重他人自私的权利。"所谓争天赋人权，说得露骨一点，就是争人人皆有自私的权利，就是

---

① 贺麟：《文化与人生》，北京：商务印书馆，2005年，第264页。

争人人与禽兽共同的自保、自为、自爱的自然权利。"①

经过资产阶级革命家和思想家对自私的争取和辨析,人性概念最终彻底翻身了,它由原来的恶变成了今天的善,人性也再次得到肯定。可以说,自私不仅取得了好的意义,而且也变成了一个好的名词(至少它不纯全是一个坏的名词)。于是,自私同时被人们转称为"利己主义",以宣示它的正面意义。

贺麟认为,如果从中古的道德的眼光来看,近代的"自私论"也许是世风日下、道德沦丧;但如果基于对人性的认识和了解来看,却恰恰是道德的巨大进步。他指出:"谁说要根本破除自私?你能够想象一人人皆绝对不自私的社会吗?假使人类尽是为公而不为私,利他而不为私己的圣人,这是不是很有意义、很有趣味的生活呢?所以近代的伦理思想家大都不过欲教人自私得坦白一点,自私得开明一点,自私得合理一点罢了。"②正如罗素所说:"与其牺牲少年人的幸福,以满足老年人的私心,反不如牺牲老年人的幸福以满足少年人的私心。少年人虽说自私,毕竟来得坦白些。"可见,能否真正坦白、开明和合理,不仅成了自私合理性的根据,而且成了检验自私与否的重要标准。"自私得坦白、开明、合理,便是'利己主义'。利己到愚蠢,不合理不坦白的程度,便叫做'自私'。利己是主义,是理想,自私是罪恶,是缺陷。"③所以,对人而言,有限地承认自私,较之武断地排斥自私、空洞地歌颂无私,对于支配近代生活,更富于实际力量,且更为切近人情。

三、超私归公的两个根据

不过,近代意义的自私尽管有其必然性,但如果一味地纵容自私,人人均求自保、自为和自爱,人人都求自私和利己,无视

---

① 贺麟:《文化与人生》,北京:商务印书馆,2005年,第66页。
② 贺麟:《文化与人生》,北京:商务印书馆,2005年,第67页。
③ 贺麟:《文化与人生》,北京:商务印书馆,2005年,第67页。

他人的利益，将自己完全沉浸在小我的自闭空间，甚至最终被天理所把握，成为假私济公的工具，那么这种自私同样存在问题。对贺麟而言，就儒家生活来说，完全接受近代意义的自私和利己主义显然是十分困难的。然而，好在"凡人皆自私"不仅在事实上不可能，而且在道理上也行不通，而超越私欲、忘怀物我、合于内外才是自私者的正途。

首先，"人是自私的"并不是普遍的心理事实。贺麟说："我根本怀疑'凡人皆自私'一命题，我并且想追问人是否真正能够自私？"①在贺麟看来，自私或利己需要一个基本条件。"自私或利己必须先假定有自我或自我意识。而自我意识必须精神生活上到了相当高度的人才能达到。"②然而，"世界上无目的、无个性、不自知、不自为的人太多了。他们终日鬼混、漂浮，为他人作奴隶，丧失净尽他的精神上物质上的一切权利"③。他们没有自己，更谈不上自私和利己。

其次，"人应自私"也不是普遍的道德律令。在贺麟看来，人有了自我意识之后，也就有了"他人"意识。如果自我与他人始终处于竞争对立的状态，人我之间有了隔阂和界限，并时刻提防戒备，精神上便不得安宁。假如一个人每做一件事，都全部以自己的利益为前提和出发点，不能照顾邻居和他人，其实并不表示他善于为自己打算。因为纯为自己打算的人总有弄巧成拙的时候，总有损人不利己，甚至损己利人的时候。对人而言，完全以自私为目的，不仅会适得其反，而且会降低自己的精神和人格。

贺麟认为，无论人类如何变坏，但总有一些民胞物与和仁心的种子，没有人愿意自甘堕落，使自己人格渺小、胸襟狭窄，"所以持狭义的个人主义，作纯全利己的事，都是戕害自己的本性，

---

① 贺麟：《文化与人生》，北京：商务印书馆，2005年，第68页。
② 贺麟：《文化与人生》，北京：商务印书馆，2005年，第68页。
③ 贺麟：《文化与人生》，北京：商务印书馆，2005年，第68页。

自己精神终归要感受一种痛苦"①。他指出,在人生中,很多情形都能够使人从小我的私欲中超越出来。例如小孩的天真,接近大自然的超脱,回到老家时的安顿。他说:"我们羡慕小孩子的天真纯朴。当我们与大自然接近时,我们精神上感觉到潇洒超脱。当我们回到老家时,我们心理上感觉到一种安顿归宿。这是什么道理呢?因为小孩子是无人我之见的。一有了人我之见,小孩式的天真纯朴便斫丧了。凭对大自然,回到家乡,也就忘怀了人我的界限与对立。此时用不着利己,也无须乎提防他人。可以说这是人我的竞争暂时停战的时候,也可以说是自私的工作暂时放假的时候。所以精神上会有超脱潇洒,安顿归宿之感。由此足见在某意义下,人是不愿意自私的,人之作利己的事,是势之不得已的。他最后的归宿,他内心深处的要求,是想打破人我的隔阂,泯除人我的界限的。所以站在道德理论的立场,我们无法可以承认'人应利己'的学说。"②

在贺麟看来,人在精神上的最大快乐、事业上的最大成就、艺术上的最大创造,往往都是超出自私、超出人我、超出小己时的境界所产生出来的。而这些高尚的价值,绝不是利己主义所能满足的。

四、理欲调和与寓公于私

通过对天道的反思,对人欲的认可,以及超越人欲回归天道的体察,传统的理欲观显然已经不能容纳今天的价值诉求了。贺麟认为,在天理和人欲之间,其实并非仅存一种非此即彼的对立关系。如果能够从根本上解除二者的对立,那么天道与人欲自然会得到另一番认识和看待。他指出:"近代伦理思想上有了一大的

---

① 贺麟:《文化与人生》,北京:商务印书馆,2005年,第68页。
② 贺麟:《文化与人生》,北京:商务印书馆,2005年,第68-69页。

转变,早已超出了中古僧侣式的灭人欲、存天理、绝私济公的道德信条,而趋向于一方面求人欲与天理的调合、求公与私的共济;另一方面又更进一步去设法假人欲以行天理,假自私以济大公。"①

在贺麟看来,天理和人欲具有相辅相成的辩证关系。例如,古时候人们畏惧洪水,而现代人却能够将洪水用于发电;古代人畏惧猛兽,现代人却可以从猛兽中获得娱乐。情欲和私心同样如此,对于它们,我们不仅不可畏惧,而且可以将之作为行天理、济公众的材料。"假如不能动员人类的欲望、情欲、利己心等,以作实现道德理想的工具与材料,则道德生活必然是空虚与贫乏,不是现代人所要求的充实丰富、洋溢着生命力的生活。"②

就个体而言,假如为公即必须牺牲个人利益,为私则必须牺牲公众利益,如果要在两者之间做出选择,大多数都会牺牲公而选择私。如果一个社会的公私观念如此对立,冲突如此严重,为公如此艰难,为私如此容易,那么这个社会安得不乱?"但幸而事实与理论所昭示的却并不是公与私的根本对立与冲突,而是二者间的矛盾的统一。公私根本不相融,只是表面的看法,只是部分的偏狭的看法。若能加以深刻的观察,从全体的立脚点来看,即可见得公私之合一。"③首先,凡自私者不仅损害公众,于己亦终将不利。其次,凡为公者不单造福公众,自己终亦得利。为私等于公私两损,为公等于公私两利。最后,少数人怀有自私的动机,其行为的结果间接有济于大公者,其私人终将受到谴责,而社会国家乃能凭借其全体理性的力量,假私济公,化私为公。

对人而言,最关键的是拥有一双慧眼,以理性的目光去反思和审查天理与人欲的辩证关系。因为"最繁荣的季节,是'欣欣

---

① 贺麟:《文化与人生》,北京:商务印书馆,2005年,第66页。
② 贺麟:《文化与人生》,北京:商务印书馆,2005年,第66页。
③ 贺麟:《文化与人生》,北京:商务印书馆,2005年,第65页。

物自私'的春天,最伟大的时代,也许是'欣欣人自私'的盛世,怎样成全个人的自私,而又所以促进社会进步,这样使为私与为公,相反而相成。这确需要一些能活用'假私济公'之天道的大政治家大教育家的手法"①。

当然,我们无须刻意歌颂天道的大公无私,也无须崇拜那些法天希天的圣人。我们只须看穿理性假私济公的技巧与法则,学习圣贤把握假私济公的德量与权变,便可以在天理和人欲之间的取舍上达到平衡。因为"大公无私不过只是一完美邈远的理想,而假私济公才是切实有效的方法"②。人寿保险为了儿女,却可以促进公共利益;经济储蓄为了自己,却可以促进社会事业发展。"可以说一切重大的现代化的公共事业的发展,不是建筑在纯公无私的道德理想上,而是建筑在假私济公的理性机巧上。无论在平时,在战时,无论治私事或治公事,不从调整公私的利益和假私济公方面用工夫,要想人绝对不自私,不仅失之'责人重以周',甚且有一些违反本心,不近人情。"③

贺麟强调,"我们要抗战,要建国,要建立一个现代化有组织的国家。我们便要对治自私。我们并不唱高调,主张根本消灭自私,而且相当承认利己的权利"④。进而通过假私济公、超私归公,最终在天道与人欲之间建立起全新的平衡关系,使天理和人欲都能得以顺利地开展。

---

① 贺麟:《文化与人生》,北京:商务印书馆,2005年,第65页。
② 贺麟:《文化与人生》,北京:商务印书馆,2005年,第65页。
③ 贺麟:《文化与人生》,北京:商务印书馆,2005年,第65页。
④ 贺麟:《文化与人生》,北京:商务印书馆,2005年,第69页。

第十二章　伦常德行的守持

　　如果说建立自我是基于人对自身价值的肯定，遵守人伦规范则是基于对他人价值的认可。先秦以来，儒家思想家将君臣、父子、夫妇、兄弟、朋友等五种伦理现象作为对人际关系的基本描述，并提出"三纲五常"作为调节国人立身处世的行为规范，便为人的社会化提供了基本的价值遵循。然而近代以来，人们在处理社会关系上却遭遇了空前的危机。随着生产方式的变革和自由、人权观念的兴起，传统伦常关系受到强烈挑战，我们正逐渐丧失正确处理人际关系的能力。在贺麟看来，之所以如此，其真正的原因并非全部来自外部，而恰恰在于我们自身丧失了独立自主、自我反省和批判的能力。他认为，支配人生活的重大力量主要有二：一是过去的传统，一是当下的流行。"一个人要想保持行为的独立与自主，不作传统观念的奴隶，不作流行观念的牺牲品，他必须具有批评的、反省的主导力量，能够对这些传统观念及流行观念，加以新检讨，新估价。同时如要把握住传统观念中的精华，而作民族文化的负荷者。理解流行观念的真义，而作时代精神的代表。也必须能够对传统观念及流行观念加以重新检讨，重新估价。"①许多人表面上看似很"新"，满口新名词、新口号，时常要推翻这样、打倒那样，但实际上往往做了传统观念的奴隶而不自知。所以，在对待传统伦常关系时，我们既不能全部遵从，更不能全无反省。只有通过对传统的重新检讨、重新估价，"推陈出新"，

---

① 贺麟：《文化与人生》，北京：商务印书馆，2005年，第51页。

传统伦常的"旧观念"才能释放出"新精神",人才能重拾其美好、德行的生活。为此,贺麟对传统"五伦"观念进行了重新梳理,企图从人们习以为常、熟视无睹的观念中发掘出可供今天遵循的行为准则。

一、五伦关系的新检讨

所谓"五伦",历来具有两义:一是指中国传统社会中君臣、父子、夫妇、兄弟、朋友等五种基本人伦关系;二是指仁、义、礼、智、信五种人的行为标准。基于近代以来封建礼教分崩离析,家国破碎,人们在君臣、父子、夫妇、兄弟、朋友之间产生的种种矛盾,贺麟选择从第一义,并以此为起点,对传统伦常观念进行了一次彻底的检阅。

他认为,"五伦的观念是几千年来支配了我们中国人的道德生活的最有力量的传统观念之一。它是我们礼教的核心,它是维系中华民族的群体的纲纪"①。对于五伦观念,我们既不能简单粗暴,更不能弃之不理。"我们要从检讨这旧的传统观念里,去发现最新的近代精神。"②这是因为,"从旧的里面去发现新的,这就叫做推陈出新。必定要旧中之新,有历史有渊源的新,才是真正的新。那种表面上五花八门,惊世骇俗,竞奇斗异的新,只是一时的时髦,并不是真正的新"③。

不过,我们在分析五伦观念的本质,寻出其意义、指出其优劣时,不应采取历史考证的方法,以免失之碎屑;更不能主观臆断,故意将五伦观念从历史的角度加以解释,以便不费力气便可以加以

---

① 贺麟:《文化与人生》,北京:商务印书馆,2005年,第51页。
② 贺麟:《文化与人生》,北京:商务印书馆,2005年,第51页。
③ 贺麟:《文化与人生》,北京:商务印书馆,2005年,第51页。

推翻抹杀。评断五伦观念的正确方法在于以下四方面。①

第一，从五伦观念的本质加以批评，而不从表面或枝叶处立论。避免从吃人的礼教来谈五伦，因为吃人的东西很多，即便是自由平等、宗教信仰、主义学说等观念同样可能吃人。第二，不从实用主义的观念批评五伦之说，不因中国的兴盛而称赞，更不因中国的衰亡而罪责，历史是一笔糊涂账，既算不清，也无甚意义。第三，不能因噎废食，说实现五伦观念的方法不好，许多礼节仪文需要改变，因而说五伦本身不好和需要改变，避免因末流之弊而废弃本源之用。第四，不能将经济状况、生产方式的改变作为推翻五伦说的根据。即便在生产革命、近代化的工业社会，臣更忠、子更孝、妻更贞仍是可能的事实。总之，要尽量避免隔靴搔痒，影响对五伦观念的检讨和发挥。

贺麟认为，就本质而言，五伦观念其实包含有四层深意，即它显现了人与人之间的五种关系，展现了五种人伦常道，在实践上以等差之爱为基础，其核心要义和最后发展为三纲学说。此四个方面互鉴互补、不可或缺，透彻地理解此四个方面，且加以时代性的修正，才能重立大本，为人生指明生活的方向。

第一，五伦观念是五个人伦或五种人与人之间的关系的意思。"五伦说特别注重人，而不注重天（神）与物（自然），特别注重人与人的关系，而不十分注重人与神及人与自然的关系。"②虽富有道德价值，却需要用科学价值和宗教价值加以充实。

在贺麟看来，人对外界的关注具有不同的传统和倾向，进而产生不同应对的关系。若以天、人、物三界来区分，五伦观念注重人而不注重天（神）和物（自然），注重人与人的关系而不注重人与天（神）和人与物（自然）的关系。重视天（神）产生宗教，重视物（自然）产生科学，注重审美的物（自然）产生艺术，而重视人和人与人的关系则产生伦理和道德。因此，以五伦说为代

---

① 贺麟：《文化与人生》，北京：商务印书馆，2005年，第52页。
② 贺麟：《文化与人生》，北京：商务印书馆，2005年，第52页。

表的传统儒家思想之所以区别于"两希"传统,就在于希腊精神注重自然,形成了光辉灿烂的科学艺术;希伯来精神注重神,形成了博大精深的宗教文化;而五伦观念注重人,则最终形成深厚的道德伦理思想。

然而,尽管如此,我们却不可执其一端而偏其一隅,因重视人伦而放弃人与物(自然)和人与天(神)的关系。就西方社会来看,尽管人本主义在近代才逐渐盛行,但对人的呼唤却早已有之。且其近代化的人同样是自然化和宗教化的复合体。而中国对人的关注同样经历过老庄思想的自然化和佛家思想的宗教化的影响。所以,正确的方法不在于固地自守,而在于向继续坚持注重人伦和道德的方向前进,吸取《中庸》"欲知人不可以不知天"和《大学》"欲修身不可以不格物"的教训,用知物(自然)知天(神)的方法充实人伦。

第二,五伦观念又是五常的意思。"以五伦观念为中心的礼教,认为这种人与人的关系,是人所不能逃避、不应逃避的关系,而且规定出种种道德信条教人积极去践履、去调整这种关系"[①],以利于维持人与人之间正常永久的关系。不过与封建礼教不同的是,在今天,重拾五伦需要减少其权威性、偏狭性,并以开明的、自由的精神予以充实。

贺麟指出,人伦乃人之常道,五伦即五常。人与人之间这五种关系是人生正常永久的关系,具有恒常性。从本质上说,五伦是人所不能逃避、不应逃避的社会关系。故作为人,不应回避其政治责任,而放弃"君臣"一伦;不应脱离社会,不尽对朋友的义务;不应抛弃家庭,不尽父子、兄弟、夫妇应尽之道。孟子之所以辟杨墨之说,就在于"杨氏为我",离开国家社会而做孤立隐遁的个人;"墨子兼爱",离开家庭组织而进入另一种组织,组织下流社会。儒家之所以反对佛教,就在于佛教徒脱离家庭、脱离

---

① 贺麟:《文化与人生》,北京:商务印书馆,2005年,第53页。

社会、脱离国家。人本来就是社会动物,"唯有人对于人最有益"(斯宾诺莎)。注重社会团体生活,反对枯寂遁世,注重家庭、朋友、君臣间的正常关系,反对在伦常之外信奉别的主义,恰恰是发展人性、稳定社会的健康思想,具有政治、道德上的必然性。

不足之处在于,一旦五伦观念被制度化、信条化,便会产生强制作用,损害个人的独立与自由。而且,如果把这五种关系看得太狭隘、太僵死、太机械了,不但不能发挥道德政治方面的社会功能,而且会损害科学、艺术等文化价值。所以,为了使五伦观念健康发展,必须减少它的权威性、偏狭性,从现代自由开明的方面着手,使它具有更大的解释和发挥空间。相反,一味地情绪对立,想从根本上推翻五伦观念,不但理论上行不通,而且事实上也不可能。

第三,在实践上践行五伦观念,须以等差之爱为准则。"爱有等差,乃是普通的心理事实,也就是很自然的正常的情绪。其实,用不着用道德的理论,礼教的权威,加以提倡"[①],甚至只需要善加推之,以宗教精神予以充实,便可以到达普爱的境界。

贺麟认为,五伦观念的实践基础是儒家的仁爱精神。儒家仁爱讲究的就是爱有等差、推己及人。"老吾老以及人之老,幼吾幼以及人之幼。"与其他学说相比,儒家最为注重一个"推"字。用儒家的话来解释,就是"泛爱众而亲仁",就是"亲亲,仁民,爱物"。用现在的话来解释,就是要爱得近人情,让自己爱的情绪顺乎自然罢了。正是因为等差之爱的教训,才使得那些不近人情、毫无节制的爱得到排斥。对五伦观念而言,践行等差之爱,特别要对以下三种"偏爱"进行有效的抵制:一是"兼爱",不分亲疏贵贱,一律平等的爱;二是"专爱",专爱自己、专爱女子、专爱外物;三是"躐等之爱",不爱家人而爱邻居,不爱邻居而爱路人,甚至以德报怨。

---

① 贺麟:《文化与人生》,北京:商务印书馆,2005年,第54页。

不过，贺麟认为在众多以"爱"自居的学说中，等差之爱仍有可以提高的空间。或者说，通过进一步的补充，可使其更加健全和自足。①

首先，等差之爱作为自然的心理情绪，具有三种不同的标准。一是以亲属关系为准则的等差。此处所讨论的五伦观念便是如此，正是因为人有亲疏远近，爱有深浅，五伦观念才得以成立。二是以物为准则的等差。外物的诱惑有大有小，其价值有高有低，因而我们对物的情绪也有升有降。三是以知识或精神的契合为准则的等差。大凡一个人对自己喜爱之物和自己有深切了解之人，则爱之深；相反，对与自己无关紧要之人，爱的东西不甚重要和泛泛了解之人，则爱之浅。只不过，虽然亲属关系作为儒家五伦观念的通常基础固然重要，但是如果忽略了以物本身的价值和以精神契合为准的等差之爱，则会失之狭隘，未能领会等差之爱的真正含义。

其次，普爱说确有深意，可使之作为等差之爱的有力补充。所谓普爱，即以仁心爱一切，打破基于世间地位的亲疏之分、人我之别的人间大爱。它既可以扶助善人、鼓舞善人，又可以感化恶人。其极端表现为耶稣所谓的"无敌恶""爱仇敌"。作为一种超越之爱，它是集义集德所能达到的一种精神境界，是超越政治、军事和道德立场，富有宗教意味的一种精神征服。虽然非一般人所能实行，但如果能先从平实的等差之爱着手，推广扩充，进而拥有老安少怀、己饥己溺、泯除小己恩德的胸襟，则与普爱之说行之不远了。

不仅如此，贺麟认为，这种"推"出来的普爱，与墨子的兼爱相比要深刻得多。墨子完全从外表的、理智计较和实用主义的观点出发提出兼爱，自然经不起孟子的驳斥。而此处所讲的兼爱（即普爱）则是等差之爱推出的结果，具有辩证的精神内涵。孟子

---

① 贺麟：《文化与人生》，北京：商务印书馆，2005年，第55页。

讲:"无敌国外患者,国恒亡。"敌人既是被征服的对象,又是自我生存的借镜。英雄之所以惺惺相惜,正是因为必须尊重自己的对手。而在近代民主社会中,若不养成爱自己的敌人、尊重敌对方面的宽容襟怀,则政党之间的公开斗争、商业上的公平竞争、学术上的公开辩难,均会掉入卑鄙的情绪和手段之中,从而丧失相互攻错、相辅相成的境界。

总之,通过层层剥离,吹沙见金,贺麟已从以上三个方面对五伦观念进行了检讨、提升和补充,在"五伦"观念的旧躯体中看清了三个面向。然而,在贺麟看来,最为重要的意义却还不仅仅在此,而在最为核心的第四个面向,即"五伦观念的最基本意义为三纲说,五伦观念的最高最后发展,也是三纲说"[①]。因此,仅仅局限于以上三个方面的检讨,对发掘五伦的真义显然还是不够的,唯有深入"三纲"说本身,以理性精神和本质批评法予以考察,才能懂得五伦观念的历史走向和本来面目,从而彻底洞察我们赖以遵循的行为准则。

二、三纲学说的真精神

众所周知,在近代社会的变革中,以"君为臣纲、父为子纲、夫为妻纲"为内容的三纲说早已成为众矢之的。人们无不将"封建""专制""腐朽"等时代罪名加附其身。甚至在新的时代下,谈"父子有亲、君臣有义、夫妻有别、长幼有序、朋友有信"都会被斥责为顽固不化、不合时宜。

不过,在贺麟看来,如果"站在自由解放的思想运动的立场去攻击三纲,说三纲如何束缚个性,阻碍进步,如何不合理,不合时代需要等等,都是很自然的事。但是要用哲学的观点,站在

---

① 贺麟:《文化与人生》,北京:商务印书馆,2005年,第57页。

客观的文化思想史的立场，去说明三纲说发生的必然性及其真意义所在，就比较困难了"①。因为从"五伦"说到"三纲"说，不仅有其逻辑必然性，而且三纲学说蕴含着符合近代精神的时代价值。"现在已不是消极地破坏攻击三纲学说的死躯壳的时候，而是积极地把握住三纲说的真义，加以新的解释与发挥，以建设新的行为规范和准则的时期了。"②

他指出，谈论五伦观念，离不开三纲学说；离开三纲而谈五伦，五伦说只是为了方便于对人与人的关系做有效区分。因为五伦观念虽注重人生、社会和等差之爱，却并无传统或正统礼教的权威和束缚。"而且五伦观念在中国礼教中权威之大，影响之大，支配道德生活之普遍与深刻，亦以三纲说为最。"③三纲说实为五伦说的核心。

根据贺麟的理解，儒家之所以能被独尊为传统礼教，其原因就在于，由五伦观念可以发挥为更为严密、更有力量的三纲学说。儒教之成为礼教，与中国成为大一统的国家、三纲学说出现一起，均发生于西汉。可见，儒教能成为中国礼教，中国能成为大一统国家，汉武帝罢黜百家、独尊儒术只是偶然的机缘，而非根本原因。真正的原因在于三纲学说本身的巨大优势，它具有与有组织的伟大帝国所匹配的理论条件。正是三纲学说对五伦观念的高度抽象和概括，为传统礼教和统一帝国的形成奠定了坚实的理论基础，这也是新文化运动以来，欲图推翻封建社会、打倒封建礼教的思想家，均将三纲学说作为其攻击的主要对象的原因。

从逻辑必然性上看，五伦说进展为三纲说可体现在两个方面。

第一，由五伦的相对关系进展为三纲的绝对关系。或者说是"由五伦的交互之爱、等差之爱，进展为三纲的绝对之爱、片面之

---

① 贺麟：《文化与人生》，北京：商务印书馆，2005年，第58页。
② 贺麟：《文化与人生》，北京：商务印书馆，2005年，第60页。
③ 贺麟：《文化与人生》，北京：商务印书馆，2005年，第57页。

爱"①。从本质上看，五伦观念是自然的、社会的、相对的——君君，臣臣，父父，子子，夫夫，妇妇。人与人之间不具有必然的束缚性和义务性。也就是说，假如君失之君，则臣可以不臣；父失之父，则子可以不子。在"是不"和"应不"之间都存在实然性。"例如，君不尽君道，则臣自然就会（是）不尽臣道，也应该不尽臣道"，其他关系亦然。然而这样一来，由于不君之君、不父之父、不夫之夫常有，则臣弑君、子不孝父、妇不尽妇道的事也会常有。由此，相对的人伦关系则势必导致社会基础的丧失和变乱的发生。

而三纲学说出现，则要求臣、子、妇都必须尽单方面的忠、孝、贞的绝对义务，以免陷入相对的循环报复以及讨价还价的不稳定关系。"故三纲说要补救相对关系的不安定，进而要求关系者一方绝对遵守其位分，实行单方面的爱，履行单方面的义务。所以三纲说的本质在于要求君不君，臣不可以不臣；父不父，子不可以不子；夫不夫，妇不可以不妇。"②而韩愈的"臣罪当诛兮天王圣明"就是明例，从目的上看他是在表扬周文王"三分天下有其二"后的忠诚，但实际上却深刻道出这种单方面的忠道，以对五伦说进行彻底超越。

第二，由五伦进展为三纲包含有由五常之伦进展为五常之德的过程。贺麟指出，五常伦本来想要维持人与人之间的长久关系，但是，人本身的局限性往往使得五常之说不能成型，因为人是有生死离合的，人的品行是不整齐的，事实中的长久关系其实很难维持，进而只能维持理想层面的长久关系。所以它必须进一步提升，这就是由五常伦上升到五常德。这样一来，无论生死离合，不管对方智、愚、贤、不肖，作为主体的我总是应该绝对遵守我自己的位分，履行我自己的常德，尽我自己单方面应尽的义务。"不随环境而改变，不随对方为转移，以奠定维持人伦的基础，稳定

---

① 贺麟：《文化与人生》，北京：商务印书馆，2005年，第58页。
② 贺麟：《文化与人生》，北京：商务印书馆，2005年，第59页。

社会的纲常。这就是三纲说所提出来的绝对的要求。"①因此，三纲说兴起之后，五伦伦就逐渐被五常德所代替。直至汉儒董仲舒，这种绝对的纯义务的单方面的常德观，便达到了登峰造极的地步。董仲舒提出"正其谊而不谋其利，明其道而不计其功"，便将"谊"和"道"上升到纯道德规范的程度。"换言之，先秦的五伦说注重人对人的关系，而西汉的三纲说则将人对人的关系转变为人对理、人对位分、人对常德的单方面绝对的关系。故三纲说当然比五伦说来得深刻而有力量。"②因为"惟有人都能在其位分内，单方面地尽他自己绝对的义务，才可以维持社会人群的纲常"③。就"君为臣纲"而言，是说君的这个共相、君的这理是为臣的这个职位的纲纪。因此，君不仁臣不可以不忠，意思就是说为臣者或居于臣这个职分的人，应该尊重君之理，进而忠于事，忠于自己的职分，因此他的忠是对名分、对理念的忠，而不是成为暴君的奴隶。以此类推，教师如果能绝对地单方面地忠于学术、认真教学，不因学生的勤奋或懒惰以及效用的大小改变自己的态度，而学生都能绝对单方面地尽自己求学的职责，不以教师的好坏、分数的高低而改变自己求学的态度，那么，教师和学生都能共同进步，学术自然进一步发展。反之，如果彼此都不守常道，那么学术的纲常也就废弛了。"所以就效果讲来，我们可以说由五伦到三纲，即是由自然的人世间的道德进展为神圣不可侵犯的有宗教意味的礼教。由一学派的学说，进展为规范全国全民族的共同信条。"④进而几千年来将人们的身心牢牢把握和束缚，特别是很少有人像少数儒家思想家、政治家一样，能够对三纲真义的纯理论基础进行领悟、发挥和表现的状况下，三纲说牢牢掌握和束缚着人们的身心。

---

① 贺麟：《文化与人生》，北京：商务印书馆，2005年，第59页。
② 贺麟：《文化与人生》，北京：商务印书馆，2005年，第60页。
③ 贺麟：《文化与人生》，北京：商务印书馆，2005年，第60页。
④ 贺麟：《文化与人生》，北京：商务印书馆，2005年，第60页。

三、五伦三纲学说的当代价值

通过严肃的检讨，贺麟一步一步地将五伦说的精神归宿指向了三纲学说，系统明白地阐释了五伦发展为三纲的逻辑进程和三纲学说的真精神、真意思，从历史逻辑和思想本质两个层次让我们看到了规范我们行为的精神基础。在贺麟看来，这些精神基础不是僵死的教条，不是毫无用处的行为规范。恰恰相反，在它们之中，极其深刻地蕴含着与近代精神相符合的部分。他说："最奇怪的是，而且使我自己都感到惊异的，就是我在这中国特有的最陈腐、最为世所诟病的旧礼教核心三纲说中，发现了与西洋正宗的高深的伦理思想和与西洋向前进展向外扩充的近代精神相符合的地方。"① 这种符合既是理论上的高度契合，更是行为上的高度符合，特别是它在最古与最新之间实现了统一。

首先，就理论符合而言。贺麟认为，三纲说注重尽忠于永恒的理念或常德，而不是受奴役于无常的个人，它其实包含有柏拉图的思想。三纲说注重实践个人单方面的纯道德义务，不顾经验中的偶然情景，包含有康德的道德思想。根据康德的看法，现实生活中，确实很多人都是很坏的，不值得去爱，但我们却应该爱人以德，以尽我们的道德责任，从而超出世俗一般相互报酬的交易式的道德。例如，就世俗眼光而言，刘禅是不值得爱的，但诸葛亮却鞠躬尽瘁、死而后已，尽到了他单方面的纯义务的忠道，践行了"君不仁臣不可以不忠"的三纲精神。诸葛亮的事迹，正好是康德学说的真实写照。而"三纲就是把'道德本身就是目的而不是手段'、'道德即道德自身的报酬'等伦理识度，加以权威化、制度化，而成为礼教的信条"②。

其次，就事实符合而言。贺麟认为，三纲说在本质上与西洋

---

① 贺麟：《文化与人生》，北京：商务印书馆，2005年，第60-61页。
② 贺麟：《文化与人生》，北京：商务印书馆，2005年，第61页。

近代精神也有相符合的地方。例如,西洋近代浪漫主义者对女性的爱,就是尽单方面的爱,即使最后被女性所抛弃,也始终如一。西洋近代革命家忠于主义,为了人民宣传启蒙,虽遭政府迫害、群众反对,却始终坚守。西洋近代传教士为传播教义,普及全球,忠于信仰、恪尽职守,虽累遭异教异族杀害,却矢志不渝。这些都可以说表现了三纲学说的精神内涵。

总之,在贺麟看来,"……要人尽单方面的爱,尽单方面的纯义务,是三纲说的本质。而西洋人之注意纯道德纯爱情的趋势,以及尽职守、忠位分的坚毅精神,举莫不包含有竭尽单方面的爱和单方面的义务之忠忱在内。所不同者,三纲的真精神,为礼教的桎梏、权威的强制所掩蔽,未曾受过启蒙运动的净化,不是纯基于意志的自由,出于真情之不得已罢了。学术的启蒙,真情的流露,意志的自主为准,自己竭尽其单方面的爱和单方面的义务,贞坚屹立,不随他人外物而转移,以促进民族文化,使愈益发扬,社会秩序,使愈益合理,恐怕就是此后儒家的人所须取的途径了"①。

至于前面所阐释四个方面——注重人与人的关系,维系人与人之间的正常永久关系,以等差之爱为本而善推之,以常德为准而竭尽单方面之爱或单方面的义务——贺麟认为这是他用披沙拣金的方法对五伦观念考察出来的基本质素。要想从根本上补充或者发挥五伦观念,都必须从这四个方面着手。所以,如果要对五伦观念进行界定,贺麟认为"五伦观念是儒家所倡导的以等差之爱、单方面的爱去维系人与人之间常久关系的伦理思想"②。这个思想自西汉以后,逐步被加以权威化、制度化,成为中国传统礼教的核心教义。不过,自海通以来,随着时代的变革,新思想的传入,近代化的推行,其权威制度方面的僵化性、束缚性都逐渐被削弱了,所以,"现在的问题是如何从旧礼教的破瓦颓垣里,去寻找出不

---

① 贺麟:《文化与人生》,北京:商务印书馆,2005年,第61-62页。
② 贺麟:《文化与人生》,北京:商务印书馆,2005年,第62页。

可毁灭的永恒的基石。在这基石上,重新建立起新人生、新社会的行为规范和准则"①,为人指明适宜的行为方向。

对传统礼教和国人生活而言,贺麟对五伦观念的检讨可以说是化腐朽为神奇的惊人之举。尽管近代以来,随着启蒙运动的兴起,人们对以五伦、三纲为核心的封建礼教表现出极大的愤慨,并试图将之推入历史的尘埃,但贺麟却独具慧眼,吹沙见金,在人们"泼脏水连同孩子一同泼出去"的过程中捡回了一条鲜活的生命。针对五伦三纲这个最腐朽、最压抑的"僵死的范畴",贺麟不从历史的代价、效果的高低出发,而从精神、逻辑层面着手,将现象和本质彻底分开,不仅对五伦观念进行了新检讨,而且为三纲学说赋予了新精神。这既是正名,更是正义。特别是它对国人未来的立身处世提供了别具近代精神的价值规范。

因此,不少学者都曾对贺麟此举大加赞赏,其中尤以韦政通先生的《伦理思想的突破》中所进行的评价最具代表性。他认为对于五伦观念的检讨,"检讨者不但对传统伦理要有同情的了解,而且了解得要有深度。第二,既是检讨就必须要有新的观点和新的知识,然后才能在新旧之间从事接合性的思考",而"据我阅读所及,贺自昭《五伦观念的新检讨》是能符合这个条件的一篇重要文章"②。他认为,贺麟"对五伦观念内涵的分析,不但态度客观,且确已把握到传统伦理的本质,有其对等差之爱的补充,以及对三纲的精神,更是作了颇富创意的阐释,很能表现一个哲学学者的思考训练"。因此,这篇文章尽管成于抗战时期,但"今天看起来,他所标示的主旨,五伦是当作工作的目标,或是对方法的提示,仍然有新鲜之感,一点也不过时,现在我们仍正在朝这个目标努力"③。

所以,就今天而言,人们追求个性、自由、解放固然切合时

---

① 贺麟:《文化与人生》,北京:商务印书馆,2005年,第62页。
② 贺麟:《文化与人生》"新版序言",北京:商务印书馆,2005年,第2页。
③ 贺麟:《文化与人生》"新版序言",北京:商务印书馆,2005年,第2-3页。

代、无可厚非，但是，回顾传统、恪守人伦本分同样十分重要。在构建和谐社会的当下，其实最为重要的不在于自己成为什么，而在于在自己成为什么的同时，他人处于什么样的位置，扮演着什么样的角色，是否受到了伤害。显然，无论从什么样的角度上看，五伦观念都可以作为处理我们前、后、左、右关系的调节器，三纲精神以其单方面的义务性重新为人生树立起了一个道德的路标。或许，人生最为珍贵的就是但问耕耘，不问收获。

第十三章 时空内外的哲思

在中国人的人生哲学中,时空问题是较少涉及的问题。贺麟也认为,对普通人而言,"时空问题是很困难很专业的哲学问题之一,也可以说是最哲学的哲学问题之一"①。同时,时空问题似乎又与数学、物理相关,"中国过去的哲学家对此问题似不感兴趣,很少谈到,少有贡献"②。然而,这并不能说明时空问题本身无足轻重、可有可无。"时空问题之所以成为哲学上的重要问题,就因为它是关于人的重要问题。哲学的职责就是要对人的重要的根本的问题,加以专门的研究。"③所以,他特别希望通过对时空问题的讨论表明它是人人已有的切身问题,进而引起人们的关注和重视。他反对怀特海等人对康德先验论时空观的批评,努力将康德的观点与宋明理学特别是陆王学派相贯通,补充并发挥康德的学说。根据贺麟的理解,有限有定的时空是人生中自然知识和自然行为所以可能的先天法则,而普遍永恒的超时空则是引领我们走向形上本体澄明之境的通途。在有限有定的人生中,人可不断向无限超越的人生迈进,而对无限超越的把握又应该收缩和返回至有限有定的生命视域,从而在"命"与"性"、自由与必然、理想与现实之间实现往返交错,使人生广博而通达。

---

① 贺麟:《近代唯心论简释》,北京:商务印书馆,2011年,第9页。
② 贺麟:《近代唯心论简释》,北京:商务印书馆,2011年,第9页。
③ 贺麟:《近代唯心论简释》,北京:商务印书馆,2011年,第9页。

一、时空、超时空与生命智慧的开启

1700年前,奥古斯丁曾在《忏悔录》中发出一个著名的追问:"时间究竟是什么?谁能轻易概括地说明它?谁对此能有明确的概念,而可以用语言表达出来?可是在谈话中,有什么比时间更为常见,更为熟悉呢?我们谈到时间,当然了解,我们听到别人谈论时间,我们也领会。那么,时间究竟是什么?没有人问我,我清楚,有人问我,我想说明,却茫然无解了。"的确,时间问题已难以理解,而将时空并列就更加复杂。贺麟也认为,谈论时空问题,我们会遭遇很多矛盾,其中,我们首先会遭遇的一个矛盾或冲突就是人们常常将"时空"问题与"超时空"问题对立起来。重视"时空"的人轻视"超时空",重视"超时空"的人忽略"时空"。他认为两种态度都是不对的。为此,他援引英国哲学家罗素和S.亚历山大的观点进行对比。罗素指出,"一个人在思想和感情里,能够感觉到时间的不重要,乃是入智慧之门";而亚历山大则认为,"能认识时间本身的重要,才是入智慧之门"。罗素注重的是"超时空",而忽略了时空;亚历山大重视"时空",而轻视了超时空。他们一个认为养成超时空的精神境界是进入智慧之门,一个认为注重时空问题的研究是进入智慧之门,两人的时空观念截然不同。

贺麟认为,这种截然不同的时空观念与生命态度,在古今中西的生活样态中极其普遍,它不仅表现在少数人群和个体中,而且呈现出一定的地域、文化和时代特性。"大概讲来,西洋人注重时空,东方人注重超时空。(罗素素喜东方的老庄,所谓能够感觉到时间的不重要为入智慧之门,亦颇有东方的意味。)古代人注重超时空,近代精神则注重时空。宗教、艺术、哲学中注重超时空,科学、政治、经济、实业则注重时空。"①

---

① 贺麟:《近代唯心论简释》,北京:商务印书馆,2011年,第8-9页。

那么，既然如此，我们如何来辨析人生过程中究竟是应该注重"时空"，还是注重"超时空"呢？贺麟认为，就罗素和亚历山大两者在"时空"和"超时空"之间区别对待的态度来说，"两人的根本意思，也许并不冲突；因为对于时空问题的认真研究，也许正是使我们有超时空之感，使我们在思想和感情里感觉到时间或空间的不重要。不过罗素如果因为注重超时空之感而竟至认为对于时空问题的研究也不重要，那就错了。而亚历山大因为感觉到认识时间本身的重要，遂根本否认超时空，而认时空为实在，为构成真正宇宙的基本质料，即神也在时空之内，这又未免太缺乏哲学识度，较之罗素更陷于严重的错误"①。

所以，对人生而言，"时空重要，超时空亦重要。对于时空问题的研究不可忽视，对于超时空问题的研究，对于超时空襟怀的养成，亦不可忽视。研究时空以为超时空留地步，研究超时空以为时空奠定基础"②。特别是对中国人而言，我们在时空问题上一定要端正自己的态度，不能因为我们自己过去在时空观念上有所怠慢而自惭形秽。因为这不仅关系到中国哲学与西方的关系问题，而且关系到中国人能否进入时空，能否将时空问题内化为自我的心性，使生命既入乎其内又出乎其外的大问题。所以，贺麟强调，"若要中国哲学界不仅是西洋哲学的殖民地，若要时空问题成为中国哲学自己的问题，而不仅是中国人研究外国哲学中与自己不相干的问题，或西洋哲学问题在中国，我们必须将中国哲学家对于时空的伟大识度，提出来加以发挥，使人感觉到这原来是我们心坎中、本性内、思想上或行为上的切身问题。时空既是与我们心性知行有密切关系的问题，故我们有权利也有义务加以考察，加以解答。蕴于我们心中、出于我们本性、与知识行为都有关系的问题，亦即是人类普遍的问题"③。

---

① 贺麟：《近代唯心论简释》，北京：商务印书馆 2011年，第8页。
② 贺麟：《近代唯心论简释》，北京：商务印书馆 2011年，第9页。
③ 贺麟：《近代唯心论简释》，北京：商务印书馆 2011年，第9页。

进一步说，研究时空问题与超时空问题，是我们自我生命智慧的开启，"解答我们自己切身的与心性知行有关的问题，亦即是解答人类精神上思想上的普遍问题，为人类争取光明"①。中国人与西方人在时空问题上是平等的，即使在时空问题上有些问题我们需要借鉴、参考西方人的思想和学说，但并不意味着我们丧失了谈论时空问题的权利和资格。"我们的思想也许与西洋古代或近代的哲学家有相同之处，这只是由于他们先得我之心所同然，他们启发我，这并不妨碍我们的亲切自得，我们也不能说是袭取稗贩。"②正如人们常说："人生无常时有常，莫因非分空自忙。等闲识得时空妙，知快守慢岁月长。"可见，时空与超时空从不与我们毫无关系。

二、时空是人作为人的心中之理

时空问题既然如此重要，那么，时空究竟具有什么样的性质呢？正如康德问道："它们是实在的存在物吗？还是它们只是事物的一些规定乃至关系，但却在事物哪怕未被直观时也属于事物本身？或者他们只能归属于直观形式的，因而是归属于人心的主观性状的，离开这种主观性状就不能将这些称谓加在任何事物身上？"③在贺麟看来，这些我们都可以通过对历史进行考察而获得明晰的判断。

首先，以牛顿为代表的机械唯物主义论者认为，时空是"实在的存在物"。在他们看来，物体是客观实在的，空间也是客观存在的，时空和物体作为绝对实在的东西，就像一条长河或一只大空箱子一样把物体"装进"它们里面去。牛顿的这种观点具有普

---

① 贺麟：《近代唯心论简释》，北京：商务印书馆，2011年，第10页。
② 贺麟：《近代唯心论简释》，北京：商务印书馆，2011年，第10页。
③ 康德：《纯粹理性批判》，A23即B37-38。

遍性，代表着大多数人的观点。在常识的世界里，一般人多半认为时间和空间是实际可以捉摸的事物或东西。例如：我们常说的"以空间换取时间"，就是认为时间和空间是可以彼此调换的东西；"浪费了五年的时间"，就是认为时间是与财物一样可以节省的；还有"请让出一些空间给别人来住"，也含有空间是可以占据的实物的意思。在中国古代，我们也有类似的思想。"上下四方曰宇，古往今来曰宙"，显然就是一种认为时空是实在的物体的观点；"天是棺材盖，地是棺材底。跑来与跑去，不出棺材里"，则更是一种典型的物化时空观。可见，将时空看作物的观点是很普遍的。然而，这种观点虽具有唯物主义性质，却将时空和运动着的物体割裂开来，没有看到它们之间不可分割的联系。这种观点因此被称为绝对的时空观。

另一种关于时空的看法以莱布尼兹的观点为代表。这种观点认为，时空是现实事物的规定或关系，即时空是"事"。在他们看来，时间与空间是"一种关系，一种秩序"①，时空表象是从事物的关系得来的经验表象，在这种表象中，空间代表事物的并存关系，时间则代表事物的连续关系。

而以康德为代表的时空观则认为，时空是归属于人心主观性状的直观形式。这是康德经过12年深思熟虑，在改造牛顿和莱布尼兹时空学说的基础上建立起来的研究成果。康德认为，时间和空间作为两种先天纯粹直观形式，其根本的区别在于，时间是内感官的直观形式，空间则是外感官的直观形式。但它们都是人用以把握和整理复杂感觉，使之具有综合的统一关系的法则，是使经验中的事物可能的先天条件或先决条件。而在贺麟看来，这种所谓的直观形式或者说先天原则就是理，所以他说："隐约认时空为理的哲学家，也许很多，但明白地指出时空是理的哲学家，当前首推康德。康德的先天（先天一般译为'先验'，我在本书《康

---

① 莱布尼兹：《人类理智新论》，陈修斋译，北京：商务印书馆，1982年，第130-131页。

德名词的解释和学说的大旨》中,有较详细的说明。)直观学之不朽的伟大发现,就在于指出'时空者理也'。"[1]

当然,以上三种认识和判断并不存在明确的是非对错,因为它们各自代表着不同学科、不同立场和不同视角。

首先,从哲学的立场来说,应认时空是理,哲学就是理学。因为时空是理,是使经验的事物可能之理,故哲学可以研究时空,时空可以成为哲学研究的对象。如果时空是经验中的自然事物,则只有让科学去研究,哲学家对时空则无容置喙。其次,从科学家的立场来说,只能把时空当作事物去研究、去衡量。至于时空的本质,时空之所以成为时空之理,乃是科学的前提,可让哲学家去研究,科学可以暂不理会。所以,把时空当作事物去研究是可以的,若硬断定说时空是实事实物,那就是未经过知识批导的独断玄学。一如不管人是不是机器,科学为方便计,把人当作机器,把人的情感、欲望都当作几何上的点线面一样去加以研究,也是可以的。但若硬断定人是机器,根本否认意志自由,那就是独断的玄学。

显然,贺麟并不反对对时空加以科学的解释,但问题在于,从哲学和人生问题出发时,我们是否必须坚持将时空作为人作为主体的先天直观形式,充分肯定它的主体性、观念性,从而将哲学问题与科学问题区分开来。对此,他十分赞同康德的哲学判断,并认为将时空作为直观形式或先天原理不仅应该,而且必然。如果用中国传统哲学义理对之加以阐释,则时空即"理",它是使经验中的事物可能的先天条件或先决条件。其中,"就理之为普遍性的概念言,曰共相。就理之为解释经验中的事物之根本概念言,曰原理。……就理之为规定经验中事物的有必然性的秩序言,曰法则。就理之为理想的模型或规范言,曰范型或形式。就理之为经验中事物所必须遵循的有效准则言,曰标准。就理之确定不易

---

[1] 贺麟:《近代唯心论简释》,北京:商务印书馆,2011年,第10页。

但又为规定衡量经验中变易无常的事物的准则言，曰尺度"①。

进一步发挥，时空是理，则又必然同时已包含着"时空是心中之理"的内涵。在贺麟看来，"时空是心中之理。这句话实在是上一句话（时空是理）的重述"，"因为据康德说，理即是心中之理。理即是普遍的根本的概念，概念当然是意识内的概念而不是意识外的茫昧。理既是理想的范型，即理是心中的范型的另一种说法。理既是规定经验中事物的必然秩序的法则，即是经验中事物所必遵循的准则，既是衡量经验中事物的尺度，则必是出于经验的主体，即规定者衡量者所先天固有的法则、标准、尺度，而不是从经验以外突然而自天降下的奇迹"②。例如，陆象山的"宇宙即是吾心，吾心即是宇宙"，陈白沙的"天地我立，万物我出，宇宙在我"，杜甫的"乾坤万里眼，时序百年心"，都含此意。"至于康德，可谓集主观的时空观之大成。康德的思想可以用我们自己的话概括为'时空者心中之理也'。心外无可理解之理，心外无时空，心外无（经验中的）物，离心而言时空、而言时空中之物，乃毫无意义。用康德自己的话来说：时空是心中的先天形式，是先于一切经验而为决定一切经验中的对象的纯直观，是使人类一切感官知识可能的主观条件。"③总之，贺麟认为，"理是心的一部分，理代表心之灵明部分。理是心的本质"④，"故凡彼认理在心外的说法，大都只见得心的偶性，只见得形而下的生理心理意义的心，而未见到心的本性，未见到形而上的'心即理也'的心"⑤。

毋庸置疑，贺麟将康德时空观念与中国心学中的理联系起来，是对康德哲学和儒家人生哲学的一大创举。长期以来，人们对时空的认知多停留在物化层次，即或有人偶有涉及，也很难触及问题核心。直到康德哲学出现，时空观才被彻底颠覆。然而，即便如

---

① 贺麟：《近代唯心论简释》，北京：商务印书馆，2011年，第19页。
② 贺麟：《近代唯心论简释》，北京：商务印书馆，2011年，第20页。
③ 贺麟：《近代唯心论简释》，北京：商务印书馆，2011年，第12页。
④ 贺麟：《近代唯心论简释》，北京：商务印书馆，2011年，第20页。
⑤ 贺麟：《近代唯心论简释》，北京：商务印书馆，2011年，第20页。

此，国人对时空观念的认知始终难以脱离西学的精神背景，更难以说明此说何以能与我们的具体日常生活有何关联。而用"理"来诠释"时空"，不仅使时空具有了中国化的文化属性，而且可更为直接地与人的生活行为紧密联系起来，而这在贺麟阐释时空对人的自然知识和自然行为的影响的论述中显得尤为突出。

三、时空是人的自然知识和自然行为所以可能的心中之理

根据康德的论证，人的认识本质上是能动的，即使是感性认识或对外部感觉材料的被动"接受"，也是通过主体运用自身的直观形式（时空）主动地规范或整理才有可能。然而，康德研究时空本身却是为了回答和论证数学作为先天综合判断"如何可能"的问题，在时空与人的其他行为的关系问题上并没有完全展开。在贺麟看来，康德在时空与人的问题上显然还有深入思考的可能。

首先，贺麟认为，时空是自然知识所以可能的心中之理或先天标准。为此，他区分了两种知识：一为自然知识，一为价值知识。就时空而言，"时空只是自然知识可能之理，而不是使别的知识，譬如价值知识可能之理"[①]。自然知识即感官知识，或者说我们经验到的自然界或现象界的知识。而时空则是使基于感觉的知识、自然或现象界的知识可能之必然的普遍的内发条件或原理。

贺麟借用朱子界说"仁"的方法和态度来界说时间与空间。朱子认为"仁者，心之德，爱之理"，即仁是使爱的行为或道德行为可能的心中之德性或原理。而贺麟则发挥认为，"时空是心之德，感之理"，即时空是使自然知识可能的心中之德性或原理。他说："就时空为心中之理，可称为'心之德'。德，能也，性也，谓时

---

① 贺麟：《近代唯心论简释》，北京：商务印书馆，2011年，第21页。

空为心之功能或德性也。就时空为使基于感官的自然知识可能之理言，可称为'感之理'。即是吾人行使感觉机能时所具有之两个内发的原理或标准，据此原理或标准，吾人可以整理排列感觉中的材料，因而使得感觉也不是纯然混沌而被动，乃亦有其主动的成分，而自然知识因以形成。"①

不过，在贺麟看来，时空是有层次的。一是时空为自然知识所以可能的自然之理。他说，一个人有了感觉材料，他就会必然地、自然地、不自觉地使用时间和空间的准则加以排列。因此，时空可以说是人人排列感觉材料所日用而不自知的自然标准。"这种自然知识之获得，是自然的、不费思索的，有时为主体不自觉，有时且为主体所不能拒绝不能排斥的知识。"②换言之，它是未经主体意识所选择的。二是时空为自然知识所以可能的权断之理或标准。在贺麟看来，这是一种人为的、复杂的、有实用目的的标准。例如，年月日时分秒，大至光年小至千万分之一秒的时间标准，都可以说是人为权断的时间标准。而东西南北中央，长宽高的度量，经度纬度的厘定，则可以说是人为权断的空间标准。"但对于任何感官的材料，若不经过这些权断的时空标准，加以整理排列，则凡关于实用的，一部分是科学的自然知识就不可能。故许多实用的有科学的准确性的自然知识之所以可能，完全因为认识的主体能够主观地先天地建立这些权断的时空标准。"③三是时空是自然知识所以可能的理性的原则或标准。贺麟强调，时空作为整理感觉材料的自然标准，是以感觉的次序为次序，但感觉是随时变化的、偶然的，依照感觉的次序排列的时空次序，常常与事物的本来次序不相符合。如天空中的星球，从感觉上看，它们的大小好像都差不多，离我们的距离也差别不大，但它们的真实情况却完全不同。所以，"要想得着纯科学的自然知识，要想把握

---

① 贺麟：《近代唯心论简释》，北京：商务印书馆，2011年，第21页。
② 贺麟：《近代唯心论简释》，北京：商务印书馆，2011年，第31页。
③ 贺麟：《近代唯心论简释》，北京：商务印书馆，2011年，第31页。

感官材料本来的真正的客观的时空次序，尚须用理性的时空标准，另行加以排列，方可达到"①。假使我们不经过一番繁复的手续，不经过理性所决定的时空标准对感官材料加以排列整理，我们便无法求得为因果规定的自然知识。

其次，时空是自然行为所以可能的心中之理或先天标准。在贺麟看来，知行是合一的，本身不可分割，既然时空是自然知识所以可能的心中之理，时空也必然为自然行为所以可能的心中之理。康德在《纯粹理性批判》中只讲时空在知识论上的地位，而在《实践理性批判》中对于时空与自然行为的关系不加提及，贺麟对此颇有微词，认为他对知识和行为没有做平行的研究。"而时间与空间（特别是时间）对于行为关系之重要，实不容任何哲学家忽视。"②贺麟认为，中国哲学家在探讨时空问题时，大都注重时空与行为的关系。"用康德的方法以补充康德所遗漏未讨论的问题，并发挥解释中国哲学家对于时空与行为之关系的见解，就是我们所以要特别标出此点来讨论的目的。"③

贺麟指出，时空作为自然行为所以可能的先天之理或标准，也有三层含义。一是时空为自然行为所以可能的自然之理或标准。从积极的行为上看，一个人无论做什么事或者发出什么行为，都自然地、不知不觉地遵循时空的准则，如"日出而作，日入而息，凿井而饮，耕田而食"，就是原始的自然人的行为所依据的时间和空间的准则。从消极的行为上看，如休息睡眠，同样逃不出时空标准的规定。而这种遵循自然的时空标准的自然行为，就是本能行为，和候鸟的迁徙具有一样的性质。"行为遵循自然的时空标准，乃人人所不学而能不勉而中的必然如此之事。"④不过，这种自然人的行为，由于不能表示道德的人格和达到实用的目的，在生存

---

① 贺麟：《近代唯心论简释》，北京：商务印书馆，2011年，第32页。
② 贺麟：《近代唯心论简释》，北京：商务印书馆，2011年，第21页。
③ 贺麟：《近代唯心论简释》，北京：商务印书馆，2011年，第22页。
④ 贺麟：《近代唯心论简释》，北京：商务印书馆，2011年，第34页。

竞争文明的社会里，终将被社会进步所淘汰。二是时空为自然行为所以可能的权断之理或标准。贺麟指出，"社会事业之发达，群体生活之有秩序，完全建筑在权断的时空标准之有效上"①。例如，商人营业的时间和地点，学校上课的时间和地点，公共机关办公的时间和地点，就是我们所谓权断的时空标准。不遵循这些时空标准，公共事业便无法开展。"所以遵循权断的时间与空间的标准，实为近代化的社会生活必然的先天的条件。"②能够创建权断的时空标准，而此标准又能增进社会大众的便利与利益，为社会大众所接受遵循的人，就是伟大的社会事业家。三是时空为艺术化的自然行为所以可能的理性的原则或标准。所谓艺术化的自然行为，即合礼的自然行为。在贺麟看来，"礼教"是中国的道德思想、道德生活的中心，也是中国文化的特色。礼教崇尚"礼时为大""礼者理也"，礼不仅是抽象的道德律和符合时空标准的自然行为与使用行为，而且是理与时的合一。"道德而不进于'礼'则道德永远不能艺术化，不能与当时当地的人发生谐和中节的关系。"③同时，时空不可分家，说"礼时为大"即包含"礼空为大"之意，因为礼的行为不仅符合理性的时间标准，而且需要符合理性的空间标准。"礼而能不爽其时，自可不误其地。"此外，礼乐常相须，还有"乐时为大"，"时间为礼的主要成分，同时，时间的准则亦为任何音乐所不可缺"④。"道德律与时间的准则合一而产生'礼'的行为，即是道德行为音乐化、艺术化之别一种说法。"⑤在贺麟看来，如果一个人的行为由纯粹的道德律所决定，而不遵循合理的时空标准，则有礼的艺术化的行为就不可能。如果一个人只有绝对坚强的意志和浪漫高尚的理想，但在出发时不能选择适当、合理的时空标准，其结果必将为有善良的动机不能实现出来，时

---

① 贺麟：《近代唯心论简释》，北京：商务印书馆，2011年，第35页。
② 贺麟：《近代唯心论简释》，北京：商务印书馆，2011年，第35页。
③ 贺麟：《近代唯心论简释》，北京：商务印书馆，2011年，第37页。
④ 贺麟：《近代唯心论简释》，北京：商务印书馆，2011年，第38页。
⑤ 贺麟：《近代唯心论简释》，北京：商务印书馆，2011年，第38页。

地不宜，动辄发生抵触。"一个人并不是有了理想、动机、主义就可不顾一切、任性而为之的。因为人性本善，谁没有理想、动机，谁不信救国救民的主义？要在格物穷理，审慎周详，使理表现为礼，枯燥的道德律具体化作艺术意味的行为。""庶几一言一行，一举一动，可以如时雨之润花，如清渠之溉稻，宜其时，适其地，成事于无为，感人于无形。"①

总之，在贺麟看来，基于道德律、纯洁动机、自由意志的道德行为，如能曲当于理性的时空标准，由理而实现为礼，则正是道德律内容充实、动机诚挚，意志真正自由的表现。

四、跨越时空与天地精神往来

在人生问题上，时空问题尽管不可或缺，但是，人不可能仅仅局限于有限的时空之中。因为"时空"与"超时空"都是人生不可或缺的智慧。那么，既然如此，在把握了时空的价值之后，我们就不能就此停止不前。否则，人生难免失之于狭隘和束缚，不能透彻而超越。因此，我们还必须深入理解超时空的真义。

不过，在贺麟看来，对大多数人而言，想要真正进入超时空的领地其实并非一件简单的事情，甚至离不开系统的训练，因为我们对超时空的认识存在太多的误解，特别需要进行克服和解除。例如②：从工程技术方面而言，不能因为交通工具的改进，如航空航海技术的发达，缩短了距离，节省了时间，便认为是超时空；不能因为从心理方面可以坐忘、忘年、忘乎其形等，在经验上忘掉时空，便认为是超时空；不能因为知识方面的缺陷，"婴孩不知生死，故超生死，婴孩不知时空，故超时空"；不能认为如"纯有"等未受时空准则的规定的漆黑一团便是超时空；不能因为那些与

---

① 贺麟：《近代唯心论简释》，北京：商务印书馆，2011年，第39页。
② 贺麟：《近代唯心论简释》，北京：商务印书馆，2011年，第42页。

时空准则不相干、不能用时空的观念加以称谓的抽象概念便是超时空。

在贺麟这里,"超时空"具有极其特定的指谓。所谓"超时空",其实就是形而上学的精神世界。"盖在时空中的有形的事物为形而下,超时空的无形的道或理为形而上。同时就希腊文的形而上学或'后物理学'的字源讲来,后物理学的亦即有超物理的或超出时空中事物的第一原理之意。(此据海德格[Heidegger]著《康德与形而上学》一书中的说法。)据此足见超时空与形而上学同义,假若超时空不可能,则形而上学亦不可能。"①

不过,"从形而上学看来,在某种意义下,可以说万物莫不超时空。因为万物莫不有性(本性 essence,性即理)、有命(存在 existence),而时空的形式只能涉及事物的存在,不能涉及事物的本性,时空的观点即非本性的观点。要想认识事物所以然之理或本性,时空的形式不能为力,必须采取超时空的观点或自永恒的形式下(under the form of eternity)方可把握到。就万物之有命或有存在言,万物莫不在时空中。就万物之有性或有理言,万物莫不超时空。凡真实事物(res vera)莫不有性有命(惟理智所建立的抽象概念,乃是认识外界的方便假设,只能谓为理智的抽象事物[res rationes],斯宾诺莎的名词),不能谓为性命合一的真实事物。故凡真实事物,莫不一方面在时空中,一方面又超出时空,所谓顶天立地是。就真实事物之存在于时空中言,可谓立地。就真实事物之本性之永恒无限,非时空的形式所能把握言,可谓为顶天。凡真实事物莫不是由性有命,顶天立地,既在时空中而又超时空的事物"②,"盖所谓超时空之真义,不在超绝时空,知行与任何时空不相干,堕入虚无寂灭之域,乃即在于运用理性以把握时空,决定时空,使时空成为表现理性法则之工具也"③。

---

① 贺麟:《近代唯心论简释》,北京:商务印书馆,2011年,第41页。
② 贺麟:《近代唯心论简释》,北京:商务印书馆,2011年,第42—43页。
③ 贺麟:《近代唯心论简释》,北京:商务印书馆,2011年,第41页。

那么，我们到底怎样才能进入超时空呢？贺麟认为，"就知识的性质分析起来，超时空的关键，在于知时空"①。所谓理解即征服，"故理解时空，即是超时空"②。相反，一个人如果首先对时空概念都不理解，那么自然也就无所谓超时空。其次，人生的一切知识的获取，都是对既有知识的超越和提升。不过，人对超时空的领略天然高于其他动物，因为人天然具有理性，能够研究时空、思考时空，构成理论来解释时空，进而能摆脱时空的主宰，成为一个主动者和超越者。

以真理为例，我们绝不能认"甲是甲""二加三等五"这种抽象真理即为超时空，我们只能认为它与时空不相干，而不能谓之超时空。"所谓超时空的真理即是活的真理，具体的真理，足以感动人的真理（inspiring truth）。这种真理就是柏拉图所谓存在。"③就人而言，超时空的真理是指人的精神本性；就物而言，它是指物之内构成物的本性的真理；就心而言，它是指活泼于意识之内、蕴藏于灵魂深处的心之性、心之德，是有意义、有价值的真理。超时空的真理，不是物外之理，不是心外之理，不是无价值、无意义的抽象之理，而是与生活打成一片的真理。"故我们不仅可以说超时空的真理，而且可以说超时空的境界、超时空的体验，或超时空的生存。所谓超时空的境界、体验、生存，亦即指心与理一，神与道俱，与造物者游，与无生死者友，与天地精神往来的境界、体验、生存而言。"④贺麟指出，"道体超时空，体道之境界亦超时空。性体超时空，识性之体验亦超时空。仁体超时空，识仁、得仁、三月不违仁之境界亦超时空。因为体道与道体，识性与性体，得仁与仁体，一而不可分。离体道识性得仁，而言道体、性体、仁体，则所谓道体、性体、仁体者，只是些与时空不相干

---

① 贺麟：《近代唯心论简释》，北京：商务印书馆，2011年，第42页。
② 贺麟：《近代唯心论简释》，北京：商务印书馆，2011年，第42页。
③ 贺麟：《近代唯心论简释》，北京：商务印书馆，2011年，第43页。
④ 贺麟：《近代唯心论简释》，北京：商务印书馆，2011年，第43页。

的抽象概念、空洞名词,绝不是超时空的真实无妄的真理,更不是超时空的当下活泼的精神境界"[①]。

依据贺麟的理解,人生存在注定与时空和超时空相关联。时空给予人的知识和行为以理则,超时空给予人以境界,但时空与超时空不能隔绝,人生现实与超越也不能隔绝。通过洞彻人生,人才能洞察超越的人生;通过对超越人生的把握,人才能更好地成全人生。对人而言,时空观念无疑提供了一种既内在又超越的方法、途径和条件。

[①] 贺麟:《近代唯心论简释》,北京:商务印书馆,2011年,第43-44页。

第十四章　教育思想的考察

在人生学识的涵养问题上，贺麟谈到了作为生命个体应该如何从各种文化、知识、艺术中获得养分，滋养生命、增进品格、指导行为，体现了知识、文化、艺术对人的"教化"功能。然而，现实生活中更为广泛的文化活动则是"教育"。在贺麟看来，与传统的教育观念不同，现代教育已经发生了显著的变化，不仅教育的目标明显改变，而且在时间上更快，更为迅速。从阶段上看，小学、中学、大学都有自身不同的发展规律，三级教育有分工、有联系，更有发展，相应地，在教学的理念、内容上也应做出不同的调整。同时，在教学过程中，教与学同时出现，相辅相成，年长者应向青年学习，以克服老年的顽固；青年人应该向年长者学习，以克服青年人的嚣张。在青年的成长过程中，应积极注重人格的培育，以英雄人物为榜样，实现精神与精神的交契、人格与人格的感召。宣传活动也应该从教育的本质出发，才能使人获得更为丰富的营养和指导。

一、教育目标的转变与走向

在贺麟看来，20世纪既是一个社会变革的世纪，又是一个教育变革的世纪。在社会和教育的风云激荡中，人们的教育思想、教育观念已然发生了显著的变化。他根据自身的亲身经历和社会观察，对这些变化进行了深入的总结和阐释。

首先,人们对待"学问"的观念出现了根本的变化。在传统的观念中,求学就是读书,读书就是求学,面对四书五经,只求在内容上的融会贯通,而不求实际上的身体力行,最终出现了很多腐儒、陋儒。但是,现在这种情况已经发生了转变,"以后我们可以看到书本之外的学问很多,求学不仅在于读书,尤需要肢体活动。而手足的操作又需要随时用思想,且需有专门学术的基础。从前以求学时劳心的,今后则不但劳心,亦需劳力"①。贺麟认为,随着时代的变化,从前那些被认为"下贱"的体力劳动者现在也应该被尊重,很多工作不仅需要学识,也需要技艺。正如他所提倡的"新儒者"一样,是"道德"与"技能"的谐和体。贺麟认为,今后的教育目标不应再是为读书而读书,"故今后的教育趋于接近自然,以求征服自然,要从实际的劳作或服务中,去求得真实学问"②。

其次,教育"对象"的地位发生了根本性的变化。在传统社会,接受教育的对象主要是"士"或者"士人",能够接受教育,也就意味着在身份上具有很多特权。因此,按照"士农工商"的划分标准,"士"被排在位首,具有现实的优先性。然而,20世纪以来,"士"的教育特权正逐步被打破,贺麟认为,"今后则此种特殊的与农工商分开的士将逐渐减少,而可以产生许多'农士'、'工士'、'商士'、'兵士','士'同时亦就是'农'、'工'、'商'。从前说'耕读传家',今后亦可以说'工读传家'、'商读传家',即当兵的亦可以是有学问的人,可以'兵读传家'。换言之,一切职业的人,都同时是书生,一切职业都将学术化"③。只有这样,知识的传播才不会形成垄断局面,从而每一个人都将成为接受教育的对象。

最后,教育的"观念"发生了显著的变化。贺麟认为,从前

---

① 贺麟:《文化与人生》,北京:商务印书馆,2005年,第241页。
② 贺麟:《文化与人生》,北京:商务印书馆,2005年,第240-241页。
③ 贺麟:《文化与人生》,北京:商务印书馆,2005年,第241页。

教育的出路目标单一，或者做官，或者成为隐君子，受教者分工不明显，在社会上难以发挥实际用处。因此，"今后则不再专门教育一班这种似乎无所不通而其实空洞的特殊的'士'。而趋向于专业教育，要造就专业人才或各种专家。农工商要专家，从政的亦是一种专家"①。基于此，他对未来的教育予以重新命名，将其称为"文化教育"或"价值教育"。所谓"文化教育"，是指教育应该丰富多元，是学术、工商、政治、艺术的集合，学习它们的任何一个方面，都能找到自身的出路。所谓"价值教育"，是指教育包含"真、善、美、用"等纯粹文化价值和实用价值。对受教育者而言，无论是在真、善、美的某一个方面有所成就，还是在社会大众的日常生活上做出成绩，都是教育的重要贡献。

贺麟强调，以做官为教育目的的时代已经过去了。以做官为目的而学习，不仅书读不好，而且政治也做不好，更使得社会各方面缺乏必要的专业人才。教育不应该趋向单一的政治路径，而应该把政治让给有政治才能的人去办，使其他专门人才在专业领域发挥专业的功效。这样一来，既能深化专业人士的学术修养，又能使专门的技能人才人尽其才。这样一来，专业人才也可以进行不同的专业选择，从事学术研究的人也可转行主持兵工，喜欢艺术的人可以转而从事印刷，医治动物的人可以学到博士，但并不妨碍他们对于专业的认识和深度。也就是说，教育的目的不是专门培养一些文弱的特殊的士大夫阶级，而是要造就有学术修养的专门人才。

贺麟的这些观点是他对社会变化的感悟和对其"新儒者"理想人格塑造的进一步认识和深化，以适应即将到来的社会化大生产的客观需要。随着生产力的发展，社会分工越来越细，对专业的要求越来越高，只有具备专业的文化素养的人才能在自己的领域游刃有余，推动社会生产力的快速发展。只有从数千年的德性

---

① 贺麟：《文化与人生》，北京：商务印书馆，2005年，第241页。

教育的信条中彻底解放出来，使教育者既不忘自身道德修养，又能参与社会化生产，才能真正适应业已来临的社会变革。

二、教育效能的提升与更新

贺麟认为，中华人民共和国成立后，我们已经进入了一个千载难逢的伟大时代。对于教育，我们绝对不能完全像以前一样行走在一成不变的老路上，而是需要锐意进取，提升我们教育办学的速度和效能，从而使教育与时代、民族发展的步伐相适应。

贺麟认为，长期以来我们都秉持着一种特殊的教育观念，这就是"十年树木，百年树人"。"这是一个很古老亦很普遍的箴言，我们对此话一向认为很有深意。因为这表示办教育要有远大眼光，需要长期培育，不可求近功速效，且表示从事教育的人须有'终身以之，老而弥坚'的精神。此外还含有办教育须培养良好悠久的研究传统和学术空气。"①在贺麟看来，从道理上看，这种观念固然不错，但却与我们生活中的种种现象背道而驰。例如，一个人十年前离开家乡，十年后再回去时，家乡的树木其实并没有多大变化，门前的松柏、溪边的橘树依然如初，然而，在人事方面，旧日的族人、亲戚和邻里却都已经老死，年轻人成了家，更有作奸犯科、为非作歹之人。"总之令人大有沧桑变幻，面目全非之感。而十年内，他们之变好变坏，所受教育之良窳，实为主要因素。"②所以，"十年树木，百年树人"这句话或许应该修正，毋宁说"百年树木，十年树人"。

现实生活中，学校和教育对人的改变是非常大的，我们要充分认识教育对国家人才的储蓄和培养。"一个良好的学校，教育学生，十年内可以培育出许多人才。一个大教育家或政治家十年尽

---

① 贺麟：《文化与人生》，北京：商务印书馆，2005年，第238页。
② 贺麟：《文化与人生》，北京：商务印书馆，2005年，第238页。

力教育，亦往往可以有深远伟大的效果。最古的如越王勾践，想要光复国土，亦只需要'十年生聚，十年教训'。犹如王通河汾设教，不过三年，便为初唐培植了不少开国的人才。最显著的如曾国藩，为了反对太平天国起义，在十数年内就曾培植出许多人才，在政治军事以及其他各方面都曾发生很大影响。又如蔡元培先生任国立北京大学校长，前后才不过六年，便作育出许多新文化运动的人才，其后果之大，更是人所共见。"[①]贺麟认为，今天我们的办学条件比以前有了显著的进步，完全有能力通过教育提升树人的实际效率。

贺麟指出，他之所以提出用"十年树人"代替"百年树人"，"并不是要在教育大业上欲速助长，急功好利，意思无非要指出教育功效之速，远非如一般人之所想象。这样一方面可以给我们一种鼓励，知道教育不是迂阔难期实效的事，一方面亦可给我们一种警惕，使我们知道若办教育不认真，或方针办法有错误，其坏影响短期内即可立见"[②]。更进一步说，用"十年树人"取代"百年树人"的教育理念，不是要从根本上颠覆我们的常识和经验，而是因为他通过丰富的人生经验看到人生教育的种种可能性。从时间上看，人存在的时间远没有花草树木长，但人有不可忽略的主体性与可塑性，只要树立正确的教育目标和教育思想，激发教育者和受教育者的激情，则在很短的时间内便可收到异乎寻常的教育功效。例如，抗战时期，西南联大在短短的 8 年时间里便为后来培养了 2 位诺贝尔奖得主、174 位两院院士和 100 多位人文学者，作为曾经的亲历者，贺麟是深有感触的。

而贺麟提出"十年树人"的意义则在于：一方面，它使我们看到，对人的教育要及时认真，容不得半点马虎，人才培养是教育的唯一标准；另一方面，它显示出了教育其实具有十分巨大的张力，正确的教育理想应在长期和短期之间达成一种动态的平衡。

---

① 贺麟：《文化与人生》，北京：商务印书馆，2005年，第238-239页。
② 贺麟：《文化与人生》，北京：商务印书馆，2005年，第239页。

只有不断向教育投入，人类才能永续繁衍、生生不息。国家、民族、家庭只有做好人的培育，才能得以接续、繁衍和传承。

三、人生教育的三个阶段

既然教育对人的成长如此重要，且收效如此迅速，那么，我们又应该如何具体对人进行教育呢？贺麟认为，人的教育具有不同的阶段性特点，具体而言，可分为小学教育、中学教育和大学教育。针对这三个阶段，我们应该进行具有针对性的教育和训练。

就小学教育而言，它所重视的应该是生活教育。"进小学主要的目的就是生活本身，读书识字等等都不过是有意趣的生活的一方面。"①小学生天真活泼，因此，在这一阶段，应充分发挥其天性，不能给予过多的约束。教师对学生应当有亲切的关怀，经常接触，增进感情，使学生将学校当成家庭，同学之间应亲如兄弟姊妹。在教学方法上，"小学重感觉，直观，使他接近自然，观察实际能感觉到的事物，不必教以抽象的理论"②。因此，"小学当重'乐教'的陶冶，以音乐来转移启发儿童的品性"③。

进入中学，便进入了人生的另一个阶段，学生身心逐渐成熟。因此，"中学当重严格训练"④，使学生严守纪律。这一阶段的师生关系，应该多少具有军队中的长官和士兵的关系特征，老师对学生绝不苟且宽容，而是应该要求其严守纪律、认真训练。"中学是纪律严明，道德规范，不自然的军队式的生活。"⑤也就是说，在中学里，学生应该过一种与小学不同的团体生活，求得一种规律化、齐一化秩序。只有经过这样的团体生活的严格训练，学生

---

① 贺麟：《文化与人生》，北京：商务印书馆，2005年，第243页。
② 贺麟：《文化与人生》，北京：商务印书馆，2005年，第243页。
③ 贺麟：《文化与人生》，北京：商务印书馆，2005年，第244页。
④ 贺麟：《文化与人生》，北京：商务印书馆，2005年，第243页。
⑤ 贺麟：《文化与人生》，北京：商务印书馆，2005年，第243页。

才能真正获得成为国家公民的有效资格。在学习的方法上,"中学则可重抽象的理智训练,尤当重记忆,背诵。凡社会国家需要你学习的,或历史文化方面需要你学习的,都需要切实地学习,且当能熟记"①,"中学可用'礼教'的约束,以纪律规范汰除学生的不良习惯,养成健全的公民道德"②。

进入大学,人生则进入了另一个起点。与中学不同,"大学生则是过新的自由的理想的生活,求个性的充分发展"③。大学生有为学术而学术的自由,也有从事社会实践的自由;既有宗教信仰的自由,也有政治信仰的自由。就学业而言,"大学的训练不是中学的纪律训练,而为学术上、精神上、思想上的训练"④。大学注重学术,重视纯粹的真理,对人的理性、悟性要求极高。进入大学,就要自动推理,自行领悟、体味和思想。对老师,既要尊师重道,又要对而论道;亦师亦友,如切如磋。对人生而言,大学生活又是一种科学的、艺术的生活,是以审美眼光来探讨学业的生活,自由而不失规范,自然而不落粗野。应充分接受"诗教"和"宗教"的熏陶,培育艺术和宗教的情怀,求得人生的安身立命。

在贺麟看来,人生教育是一个系统工程,从小学、中学再到大学,三者是一个完整的整体。"可以说小学教育,是自然的,自由的,但尚在朦胧的无知状态。中学教育,是前者的否定,不自然,不自由,是严格的强求,重理智的训练。大学教育则为两者之合,自由中有自己内心的约束,自然而有丰富的精神内容,包含前两个阶段的好处,而又超出前两阶段。"⑤其过程正好体现了辩证法的正、反、合的发展规律。只有充分尊重人生教育的阶段性特征,严格按照教育的特点,教育才能真正地发生作用。

---

① 贺麟:《文化与人生》,北京:商务印书馆,2005年,第243页。
② 贺麟:《文化与人生》,北京:商务印书馆,2005年,第244页。
③ 贺麟:《文化与人生》,北京:商务印书馆,2005年,第244页。
④ 贺麟:《文化与人生》,北京:商务印书馆,2005年,第243页。
⑤ 贺麟:《文化与人生》,北京:商务印书馆,2005年,第244页。

四、宣传活动的教育意义

对一般人而言，教育似乎都是学校的事情，接受教育的过程也似乎只与学校有关。然而，在贺麟看来，这显然是不对的。正如他在谈论政治宣传时指出："中国一般人民，缺乏公民教育和政治教育，乃是显著的事实。如果完全要靠正规的学校的教育来补救，恐怕时间不够，力量太小，产生的行为也会缓不济急。所以除开正规的学校教育之外，必须有良好的有力的政治宣传来弥补这一个缺陷。"①

贺麟指出，近代以来，宣传已经成为教育大众化或社会化不可缺少的工具。'近代社会化的运动，也可说是一种扩大宣传的运动。每一种新思想或知识的产生，不仅是少数人的赏玩品或专利品，必须要使之普遍化、社会化，使人人大都能共同领受，被其影响。"②所以，'宣传的目的，在使知识普及于大众，引起大多数人的共同行为。换言之，宣传是在近代国家社会里求知识的普及与行为一致而形成道一同风的社会生活的必要条件。""所以，宣传乃是由少数人的'知识，过渡到集体的行为的一种媒介。'"③从教育的角度上说，宣传其实就是以先知觉后知，以先觉觉后觉，进而引起社会广大的运动。

贺麟认为，宣传之所以能弥补教育的不足，其根本原因在于宣传和教育占有不同的文化层面，代表了不同的教育水平和风格。"在某种意义之下，宣传和教育是正相反对的关系。宣传是通俗的，简单的，直切的；教育是高深的，复杂的，系统的。教育的工作，本来就是从通俗到高深，从简单到复杂，从直切到系统。而宣传的工作乃是将高深的通俗化，将复杂的简单化，将系统的直切化。但同时宣传与教育也正是相辅的，宣传是教育的初步工夫，教育

---

① 贺麟：《文化与人生》，北京：商务印书馆，2005年，第223页。
② 贺麟：《文化与人生》，北京：商务印书馆，2005年，第216页。
③ 贺麟：《文化与人生》，北京：商务印书馆，2005年，第217页。

是宣传的最高成就。宣传的工作愈宽广、愈普及，教育的工作也愈深刻、愈提高。教育由民间拔识天才到学府去，宣传鼓励在学府里受过高等教育的人，回到民间去工作与服务。"①随着教育事业的发展和普及，随着印刷出版事业的日渐发达，宣传事业也必将盛大和发展。

当然，在实际生活中，从事宣传的人未必是教育家，从事教育的人也未必是宣传家，但是伟大的教育家往往是伟大的宣传家。例如，在哲学思想上，费希特不仅影响到了黑格尔、谢林和希莱玛哈，而且在国家危急存亡的时候，他对德国民众的演讲宣传更是盛极一时，奠定了德国民族复兴的精神基础。"所以，有了宣传，教育家对于政治社会，才有直接的影响。有了教育，学术界才可以一代一代地传授得人，宣传家固不能废弃教育，教育家更无须鄙视宣传。"②进一步说，既不可离开教育而从事宣传，也不可仅仅热心教育而忽略宣传。"宣传家应当以宣传为主，教育为辅，教育家应当以教育为主，宣传为辅，离开教育而言宣传，宣传就没有内容，离开宣传而言教育，教育就没有广大的影响。"③

从深层上看，对宣传的认识基于两种不同的假定。错误的假定在于，一般人认为宣传是要民众作为党派争夺政权的牺牲品，"宣传者大都在作强人从己、自私自利的勾当，民众完全是被动的，宣传是从外面去支配他们的行为，转变他们的思想，而不是从内心去启发他们的性灵"④。以这种错误的假定为前提，宣传自然为人们所鄙弃。然而，"真正的宣传是假定人同此心，心同此理，假定求大众的共同理解、共同行为是应该的，也是可能的"⑤。换句话说，"宣传是假定人我本属一体，社会是个休戚相关的有

---

① 贺麟：《文化与人生》，北京：商务印书馆，2005年，第217页。
② 贺麟：《文化与人生》，北京：商务印书馆，2005年，第218页。
③ 贺麟：《文化与人生》，北京：商务印书馆，2005年，第223-224页。
④ 贺麟：《文化与人生》，北京：商务印书馆，2005年，第218页。
⑤ 贺麟：《文化与人生》，北京：商务印书馆，2005年，第218页。

机体"①。如果别人不知道爱国，不知道道德的原理，不但是别人的损失，也是我和社会全体的损失。而宣传就是要唤醒大众，引起大众的交感和共鸣。

贺麟指出，就直观而言，宣传以个人宣传、学术宣传、商业宣传、政治宣传和宗教宣传为其表现形式。良好的宣传无一不以良好的技巧和艺术化形式为基础。在宣传的过程中，"诗歌、戏剧、图画种种的表演，都是宣传绝不可少的条件。宣传的方法是拿真挚的热情来感动人或感化人"②。因此，孙中山的政治宣传，利玛窦的宗教宣传，以及苏格拉底、费希特的学术宣传都是宣传形式中的典型和代表。正是因为他们的先知先觉和诲人不倦，人们才得到无与伦比的启迪和教育。总之，宣传是人生接受系统的学校教育后的社会化教育的一种普遍化形式，作为社会个体，应该对宣传秉持一种正确的态度和辨识能力，积极主动地融入宣传、接受宣传，在宣传的过程中获取精神和知识的力量，推动我们的学习生活。

五、英雄崇拜在人格教育中的作用和功能

贺麟认为，中国近代教育孕育着一种危机，这种危机就是教育中存在着一种非人格教育的趋势。在他看来，教育培养一定是多维度的，既需要知识的增长，又需要人格的成长；既需要言教，又需要身教。在某种程度上，身教的意义甚至大于言教，以实际行动做榜样的教育才是最行之有效的教育。《后汉书·第五伦传》曾言："其身不正，虽令不行；以身教者从，以言教者讼。"可见，教育方式与人生的成长互为表里。

20世纪三四十年代，一场以战国策派为中心的"英雄崇拜"

---

① 贺麟：《文化与人生》，北京：商务印书馆，2005年，第219页。
② 贺麟：《文化与人生》，北京：商务印书馆，2005年，第222页。

论战为贺麟深入讨论人格教育提供了契机。在他看来，英雄崇拜正是人格教育的起点。他说，所谓"英雄概括来说，就是伟大人格，确切点说，英雄就是永恒价值的代表或实现者。永恒价值乃是指真善美的价值而言，能够代表或实现真善美的人就可以叫做英雄。真善美是人类文化最高的理想，所以英雄可以说是人类文化的创造者或贡献者，也可以说是人类理想价值具体化的人"①。就外延而言，"英雄不但指豪杰之士，而且包括圣贤在内"②。"英雄这个名词，含义比圣贤一名词较广，他包括文人、宗教家、道德家、政治家、科学家和预言家。"③不仅如此，英雄崇拜也比圣贤崇拜更为积极，更有生气，更有战斗的精神。因为圣贤展现的是静穆圆满的气象，而英雄则代表生活中的战斗和奋斗。

贺麟认为，"崇拜与佩服有别"，"佩服是佩服别人所有自己所无的"④，佩服的对象同自己的精神生活并不发生密切的关系。但崇拜则与之相反，"至于崇拜却不是崇拜别人所有自己所无的，乃是崇拜别人和自己所共有的。别人有，自己也有，不过别人所有或比我自己深切著明，足以代表启发我之所有"⑤。因此，在崇拜的过程中，多少含有惺惺相惜的意思，即以勇崇拜勇，以仁崇拜仁，以智崇拜智，是一种精神上的相互吸引沟通的关系，是一种精神与精神的交契，是"祭如在，祭神如神在"的真诚。

崇拜英雄也与服从领袖不同。"服从领袖是实用行为"，是为了社会组织、法律纲常，我们不能不服从。"至于崇拜英雄，乃所以修养高尚的人格，体验伟大的精神生活。简言之，英雄崇拜不是属于政治范围的实用行为，乃是增进学术文化和发展人格方面的事。"⑥因此，古今中外，人们都认为应该找一个模范人格来作

---

① 贺麟：《文化与人生》，北京：商务印书馆，2005年，第72页。
② 贺麟：《文化与人生》，北京：商务印书馆，2005年，第72页。
③ 贺麟：《文化与人生》，北京：商务印书馆，2005年，第72页。
④ 贺麟：《文化与人生》，北京：商务印书馆，2005年，第73页。
⑤ 贺麟：《文化与人生》，北京：商务印书馆，2005年，第73页。
⑥ 贺麟：《文化与人生》，北京：商务印书馆，2005年，第74页。

为效仿的对象。

具体说来，崇拜者与被崇拜者具有以下几种形式。①第一种是生者崇拜死者。如孔子崇拜周公，孟子崇拜孔子，朱子崇拜周程，子孙崇拜祖先。第二种是下崇拜上。如臣子崇拜君王，地位低下的人崇拜地位高的人，学生崇拜老师。如费希特崇拜康德，李白崇拜韩荆州。第三种是同辈的崇拜，这种崇拜以朋友关系居多。如鲍叔牙崇拜管仲，徐庶崇拜诸葛亮，尼采崇拜瓦格拉。第四种是上崇拜下，这也是最有趣的一种崇拜。如刘备崇拜诸葛亮，左光斗崇拜史可法，往往成为千古美谈。就四种关系而言，"生者崇拜死者是'古道'，下崇拜上是'忠道'，同等崇拜是'友道'，上崇拜下是'师道'或'君道'，亦可称领袖之道（Leadership）"。

在贺麟看来，英雄崇拜是极其自然的事情，甚至是不能逃避的事情，"因为每一个人内心都有崇拜英雄的驱迫力，都有其英雄本性或价值意识，都多少具有认识英雄的能力。假如一个人笑骂一切人，鄙视一切人，绝对不崇拜英雄，那就违反了他的本性，他心理上一定有一种病态，他精神上一定感觉到一种空虚和痛苦"②。

对人而言，崇拜英雄也是提升自我精神能力的事情。因为"崇拜英雄是基于认识英雄"，"没有思想学问智识眼光，就不能够认识英雄"③。因为认识英雄其实很难，千里马常有，而伯乐并不常有，"仆人眼里无英雄"。在黑格尔看来，"这并不是因为英雄不是英雄，乃是由于仆人只是仆人"。仆人之所以不能认识英雄，是因为"他们自己的人格中，没有英雄的成分。他们不能认识英雄。他们和英雄没有精神和精神的交契"，"所以必定要有精神生活和修养的人，方足以言崇拜，必定要求情志安顿的人，方足以言崇拜"。

基于此，贺麟认为，教育不应回避英雄崇拜。"就教育方面言，

---

① 贺麟：《文化与人生》，北京：商务印书馆，2005年，第77页。
② 贺麟：《文化与人生》，北京：商务印书馆，2005年，第76页。
③ 贺麟：《文化与人生》，北京：商务印书馆，2005年，第74页。

英雄崇拜就包含中国人名言所谓'以身教从'的以身作则的'身教'。假如抹煞英雄崇拜，就无异于抹煞人格教育，不注重身教，一切教育的学术工作，就会成为机械化、工场化、商业化，教员和学生、教员和教员，都没有精神交契、人格感召的关系。"①换言之，英雄崇拜和教育是内外合一、辩证统一的。

六、教学相长与长幼相学

贺麟指出，人的教育是一个双向过程。它既是教的过程，也是学的过程；既是向长辈学习的过程，也是向青年学习的过程。任何对人生教育的单一理解都会自觉不自觉地出现违反辩证法原理的问题。

"教"是发抒心而得于人，"前辈把自己所思所学所经验的心得讲授给后辈学生，便是我所了解的'教'。后辈学生将他所思所学所经验的心得，呈现给前辈或老师，请求指正，便叫做'请教'"②。与之相反，"学"则是吸收精神养料的过程。"一个人需要培养其精神，犹如花木需要土壤、空气、雨水、日光的培养，方能生长一样。教既是发抒心得的意思，所以学就是接受他人所发抒的心得的意思。"③"三日不读书，便觉面目可憎"，人的精神如果缺乏营养，同样面目可憎。

"教—学"是一个统一体，"有学然后能教。且学且教，离学不足以言教"④。教与学的过程不仅针对教师，也针对学生。对教师来说，不学无术固然不能任教，即便在学问上有相当造诣的人，如果停滞不前，同样不能任教。换句话说，"任教即求学之另一方

---

① 贺麟：《文化与人生》，北京：商务印书馆，2005年，第78页。
② 贺麟：《文化与人生》，北京：商务印书馆，2005年，第226页。
③ 贺麟：《文化与人生》，北京：商务印书馆，2005年，第226页。
④ 贺麟：《文化与人生》，北京：商务印书馆，2005年，第226页。

面"①。教育并非照本宣科，而是自己经过不断研究而对研究心得的抒发，没有新意便不能任教。同样，一个长期努力学习的学生，如果学有所得、文思焕发，那么，他对于自己的朋友、弟妹以及与他亲近的人，很可能产生感化和教育。对人的教育而言，任教自然包含有求学的意思，"教师任教显，求学隐；学生求学显，任教隐"②。

然而，贺麟同时也认为，与教相比，学仍然是主要的。"学是主，教是学。有学自然能教。学有心得，自然不期而教而能有教的效果。学不进步，虽名为老师，而终无以符老师之实。不但学生须求学，教师亦须求学。不但教师学生须求学，任何有教化、又精神修养的人，不论其实为农、为工、为商、为公务员还是军人，皆须求学。教是为人，学是为己，教人是做教师的天职，求学是做人的天职。"③

更为重要的是，在学习对象上不应有分别心，向青年学习与向长辈学习同样重要。"无论如何，'向青年学习'确是加速进步、促进民主、救治老朽的一个伟大启示。"④唯其能向青年学习，才能成为青年的导师。按照英雄崇拜"上崇拜下"的原则，长辈向青年学习是"师道"，是"领袖之道"。"我尝说一个学者如果拒绝与青年接近，他的思想一定不容易进步，因为他的学问与青年的要求和愿望脱了节，则他的思想恐难免不僵化落伍。"因此，长辈或教师不能板起面孔、崖岸自高。相反，他们应"站在青年人立场，替青年自身设想，我们更愿劝导青年人虚心向前辈学习"⑤。因为，"必须中年人、老年人向青年人学习，社会文化才会有进步，必须青年人向中年人、老年人学习，历史学术才会有继续性。中年人、老年人不向青年学习便叫做顽固。青年人不向中年人、老

---

① 贺麟：《文化与人生》，北京：商务印书馆，2005年，第226页。
② 贺麟：《文化与人生》，北京：商务印书馆，2005年，第227页。
③ 贺麟：《文化与人生》，北京：商务印书馆，2005年，第227-228页。
④ 贺麟：《文化与人生》，北京：商务印书馆，2005年，第332页。
⑤ 贺麟：《文化与人生》，北京：商务印书馆，2005年，第334页。

年人学习便叫做狂妄嚣张"①。在一个社会里，我们既不能借"吾爱吾师，吾更爱真理"和自由民主的名义否认长辈的权威，更不能以"尊师重道"或长者的辈分、学业、功绩和财富为由漠视青年的朝气。

---

① 贺麟:《文化与人生》，北京：商务印书馆，2005年，第334页。

第十五章　阅读方法的探索

在人生学识方面，贺麟强调了学养之于人生的重要意义。然而学识涵养归根结底离不开系统的学习。在他看来，人之所以高于动物，不仅是因为人能制造并使用工具，而且在于人有文字，能够阅读。换句话说，"人是能读书著书的动物"，"故读书是划分人与禽兽的界限，也是划分文明人与野蛮人的界限"①。因此，阅读对人的自我修养起着至关重要的作用。可是，对人而言，读书却又并非轻而易举的事情，因为阅读本身需要一定的方法和技巧，所谓"尽信书不如无书"，书既能"读活"，也能"读死"。能否掌握可靠的阅读方法对生命的成长具有不可忽略的影响，诸葛亮的"观大略法"、陶渊明的"不求甚解法"、韩愈的"提要钩玄法"、陆游的"有的放矢法"、朱熹的"循序渐进法"、顾炎武的"万里行路法"、梁启超的"注意法"、毛泽东的"高声恬吟法"等都各具影响。贺麟的独到之处在于，他认为阅读具有广狭和层次之分。从狭义上看，每个人的性情、兴趣、才能、需要和书籍本身各有不同，读书的方法也就自然不同。从广义上看，读书是一个应用理智、训练思想、求得真知的过程。读书的高明之处贵在自用思想，不做书本的奴隶。所以，建立正确的思想方法是建立正确的阅读方法的前提和保证。他指出，思想的方法可分为三种：逻辑的思想方法、体验的思想方法和玄思的思想方法。与之相对应，阅读的方法也分为三种：逻辑的阅读方法、体验的阅读方法和玄

---

① 贺麟：《文化与人生》，北京：商务印书馆，2005年，第182页。

思的阅读方法。只有严格把握阅读方法,人才能真正阅读成文之书和不成文之书,进而增长人生的识度。

一、逻辑的阅读方法

所谓逻辑的阅读方法,是指由近代自然科学、逻辑学,特别是数学中几何学发展起来的一门思想方法。简单地说,逻辑方法就是理智方法。在贺麟看来,"逻辑方法即是应用数学的方法来研究思想的概念,来理解自然与人生的事实。逻辑方法的目的在能给我们有普遍性、有必然性、有自发性的知识。换言之,逻辑方法要给我们坚实可靠、颠扑不灭、内发而非外铄的知识。必定要这种知识才能够称得上为科学知识"[①]。他认为这种方法有一个最大的特点,就是它与数学方法相一致,只问本性,不问效用如何、目的何在、结果好坏、满足个人欲望与否等实用问题。比如说一个三角形,如果从数学的角度出发,我们不必直接去询问这个三角形有何作用,也不必问画这个三角形的目的何在,乃至画这个三角形的人的长相等相关问题。数学只求证明三角形之和必定等于两直角。因为这是三角形成为三角形的本质,是一条客观必然的真理。"所以一个人是否用逻辑方法思想,就看他是否能扫除那偶然的事实,摆脱实用的目的,而去探讨一物的普遍必然的本质。"[②]而在贺麟看来,这正是中国人的局限。

他指出,长期以来,我们养成了一种重实用、重目的、重效果的思维习惯,对于事物的本性往往不甚了了。如果这种思想上的成见或习惯不能被彻底打破,我们便很难产生真正的科学和知识。为此,他以儒家经典《大学》为例,进行了系统的分析。他说,《大学》上有"物格而后知至,知至而后意诚,意诚而后心正,

---

[①] 贺麟:《文化与人生》,北京:商务印书馆,2005年,第175页。
[②] 贺麟:《文化与人生》,北京:商务印书馆,2005年,第176页。

心正而后身修,身修而后家齐,家齐而后国治,国治而后天下平"等系统推论,从表面上看,这一长串推论首尾一致、井然有序,然而,深入考察其内在关系,却并不是基于知识本质的推论,而是由效果推效果、由功用推功用的方法。也就是说,在格物—致知—诚意—正心—修身—齐家—治国—平天下等环节之间,缺乏必然的逻辑联系。因此,这种推论即便正确,也只是关于效果的研究,而由可能的效果推可能的效果,缺乏必然性和普遍性,不能建立具有严谨逻辑的理论,其所得的知识最终也就没有必然性和普遍性。相反,如果我们放弃效果上的推论,而采取逻辑的方法做本性的探讨,我们便可以产生纯粹的知识。例如,对于格物的物的本性进行系统的研究,便可以生成物理学或自然哲学;对于致知的知的本质进行系统的研究,便可以生成知识论;研究心或意的本性,可成为心理学;研究身的本性,可成生理学;研究家国天下的本性,可成社会哲学或政治哲学。由此可见,对于纯粹科学知识的探索,我们不能采取只问效果的实用态度,而应该重视研究本性的逻辑方法。

那么,我们又如何才能站在逻辑的方法上进行具体的实施和应用呢?贺麟认为,简单地说,就是要把握斯宾诺莎的"据界说以思想"和康德的"依原则而认知"。所谓"据界说以思想",就是指在我们思想的过程中所使用的概念,都应该具有确定的意义和明晰的范围。因为对人而言,系统正确的知识,首先是从分析概念入手的。"界说"就是对所用的这些概念或名词下定义,指出一个概念或名词所包含的确切的意义,规定一个概念或名词所应有的界限范围。因此,每一界说即指出一个概念,或事物的本性。这样一来,"据界说以思想"就是去发挥那物的本性,从而形成纯学理的知识。"而混淆的不正确的知识即是'由身体的感受得来的知识,乃由于身体的感受与外界接触所得的片段的混淆的印象及所发生的偶然联想或想像。换言之,此种知识乃是'不以理智的秩序'(without order to the intellect)或'未为理智所决定'(not determined by the intellect）而得来的偶然的被动的感官知识（参看《致知篇》第二十八节及《伦理学》第二部分，命题十四至命题四十七）。也可以说是未据逻辑界说以推论得来的有普遍性有必然性的知识。"①在贺麟看来，"一个人对于某一项学问有无学术上的贡献，就看他对于那门学问上的重要概念有无新的界说。伟大的哲学家就是界说大家。伟大的工厂，一切物品，皆本厂自造。伟大的思想系统，其中所用的主要名词，皆自己创造的，自己下过界说的。一个人能否理智的把握实在，对于自然人生的实物的本质有无真认识，就看他能否形成足以表示事物的本性的界说"②，"总之，要能把握事物的本性，对于事物有了明晰的概念，才能下界说。并且要能依据界说以思想，才能构成有条理有系统的知识"。"依原理而认知"③，就是康德强调的依照知性的纯概念或先天原则来组织感官经验，从而使经验遵循先天的范畴，形成科学的知识。康德认为，逻辑与经验、原理与实验应联合而不可分离。就二者关系言，理性为主体，为立法者；经验为对象，为须遵循法令者。既不能离开经验而谈抽象的原理，致陷于空洞；亦不能离开理性而谈经验或实验，致陷于盲目。所以，在贺麟看来，一方面，我们要用原则原理做指导去把握事实；另一方面，就是整理事实，规定材料，使它们符合原理。"不以原理作为指导而得的事实，或未经理智整理不符合原理的事实，那就是道听途说，虚幻无稽，模糊影响的事实，而不是有学理根据的科学事实。先从特殊的事实去寻求解释此事实的普遍的原则，次依据此原则去解释其他同类的事实，就叫做依原则而求知。"④

以逻辑的方法读书，就是要在阅读的过程中，看作者在其论述的过程中是否具备界说的能力，在概念的处理上是否形成了合

---

① 贺麟：《近代唯心论简释》，北京：商务印书馆，2011年，第114页。
② 贺麟：《文化与人生》，北京：商务印书馆，2005年，第177页。
③ 贺麟：《文化与人生》，北京：商务印书馆，2005年，第177页。
④ 贺麟：《文化与人生》，北京：商务印书馆，2005年，第177页。

理的界说，是否在前人的基础上有新的发挥，是否能做到以原理驾驭事实、以事实注解原理，从而真正评价阅读对象的水平高低，获得普遍必然性的知识。

二、体验的阅读方法

体验的方法即直觉的方法。贺麟认为，"体验方法即是用理智的同情去体察外物，去反省自己。要了解一物，须设身处地，用同情的态度去了解之"①。具体而言，就是要抛开主观成见，忘怀自我，将精神投入认识的对象之中，加以深切沉潜的体察。与客观化、对象化的理性分析不同，体验是一种细密的、深刻的、亲切的求知方法。"此种方法，用来体察人生、形上艺术，研究精神生活或文化创造，特别适用。"②

这种方法，贺麟最先得自于梁漱溟。在现代新儒家中，梁漱溟是较早倡导直觉说的哲学家。梁漱溟认为直觉首先是一种态度，一种反对功利、不算账、不计较得失、遇事不问为什么的生活态度。同时，它又是随感而应的、活泼的、刚健的、大无畏的、充满了浩然正气的修养境界。然而，与梁漱溟不同的是，贺麟认为，直觉固然是一种生活的态度，一种精神修养境界，但同时更是一种思想方法。而这一点在他看来具有广泛的学术共识。德国柏林大学教授亨利·迈尔（Heinrich Maier）便曾指出："在每一有成绩的研究家或思想家的工作生活里，无容置疑的，突然的，好似当下的触机，即我们所谓直觉，实产生最好的工作。更是确定不易的，就是整个宇宙之为一个大个体，有如一切个体，只为直观所可达到，而非概念的知识所能把握。直觉乃是与一种直接的透视以究自然世界和精神世界之最深邃的本质。要求神契经验的驱迫

---

① 贺麟：《文化与人生》，北京：商务印书馆，2005年，第178页。
② 贺麟：《文化与人生》，北京：商务印书馆，2005年，第178页。

力，乃彻始彻终是一种直觉的力量。要去与神一体的仰慕的神契境界，乃是宗教生活的核心。"①进而，贺麟认为，说直觉是一种经验，其实是指在生活态度、精神境界、神契的经验、灵感的启示、知识方面突然的当下的顿悟或触机；说直觉是一种方法，则是指直觉是一种帮助我们认识真理、把握实在的功能和技术。

针对有人认为直觉主义者不能用形式逻辑或科学方法抒发言论、表达思想，进而否认直觉为一种方法，贺麟认为，其实直觉与理智并不矛盾。直觉方法一方面可以是先理智的，另一方面也可以是后理智的。"先用直觉方法洞见其全，深入其微，然后以理智分析此全体，以阐明此隐微，此先理智的直觉也。先从事于局部的研究，琐屑的剖析，积久而渐能凭直觉的助力，以窥其全体，洞见其内蕴的意义，此后理智的直觉也。"②甚至进一步说，直觉就是用理智的同情以体察事物，用理智的爱以玩味事物的方法。它既可以向外观认，亦可以向内省察。向外观认，即用理智的同情来观察外物，如自然、历史、书籍等。向内省察，即同情理解自我。而朱子与陆象山的思想方法，就是所谓的直觉方法，且二者各自代表一个方面。"陆象山的直觉法注重向内反省以回复自己的本心，发现自己的真我。朱子的直觉法则注重向外体认物性，读书穷理。"③

贺麟特别推崇朱熹的向外体认的直觉法，并认为朱熹的直觉法或体验法可用八个字进行概括，那就是"虚心涵泳，切己体察"。所谓"虚心"，就是客观而无成见；"切己"就是设身处地，视物如己，以己体物；"体察"就是用理智的同情来理会体察；"涵泳"就是不急不迫，优游从容，玩味观赏。他认为，朱熹在注《大学》时，遵循程子之说，训"格"为"至"，释"格物"为"穷至事物之理，欲其极处无不到也"，就是表明要用"虚心涵泳，切己体察"

---

① 转引自贺麟：《近代唯心论简释》，北京：商务印书馆，2011年，第81-82页。
② 贺麟：《近代唯心论简释》，北京：商务印书馆，2011年，第84页。
③ 转引自贺麟：《近代唯心论简释》，北京：商务印书馆，2011年，第88页。

的工夫穷究事物之理，而至乎其根本极则，贯通而无弊碍，从而达到"用力之久，而一旦豁然贯通焉，则众物之表里精粗无不到，而吾心之全体大用无不明"的最后的直觉境界。

在贺麟看来，朱子训"格物"为"至物"，其间蕴含着三层含义：第一，与物有亲切的接触，而无隔阂；第二，深入物之中心，透视物之本质，并非只是观察其表面而止；第三，与物为一，物我无间。并且，更为重要的是，朱子虽训"格物"为"至物"，但他却表示，"至物"非神秘的与物相接，也不是空泛的与物同体。如果只是神秘的与物相接，就会只是接物而不求其理，粗求而不究其极，虽与物相接而不能知其理之所然与其所当然；如果只是"泛言同体"，则会使人"含糊昏缓而无警切之功"，最终认物为己。因此，朱子虽言"至物"，努力向外，但却不陷于狭义的神秘主义与粗疏的感觉主义，这就是因为他能用虚心涵泳、切己体察的工夫穷事物之理的高明之处。

至于西方哲学家谈论直觉，大体上皆能与朱子的直觉法相互发明。贺麟把这些直觉说与朱子的直觉说归纳为三个方面。第一，认直觉为一种由精神的生活或文化的体验以认识真善美的价值的功能。在此意义上，直觉既是一种欣赏文化价值的生活，又是一种体认文化价值形成精神科学的方法。丹麦哲学家基尔哥德（即克尔凯郭尔）和德国哲学家狄尔泰就属于这类型的哲学家。他们主张以生活来体验价值，以价值来充实生活。第二，认直觉为时间的动的以把握自由活泼、变动不居的生命的理智的同情。直觉是破除死的范畴或符号，它不是站在物之外面去用理智分析，而是深入物之内的本性把握其命脉和核心的真正的经验方法，这就是柏格森直觉法的精神大旨。第三，以直觉为超功利、超时间、超意欲的认识主体，竭全力从认取当下，使整个意识为呈现在眼前的对象的静穆的疑想所占据，忘怀自身于当前的对象中，而静观其本质。这就是斯宾诺莎所谓从永恒范型下以观认事物的直觉法。其中，第一种直觉法以价值为对象，以文化生活之充实丰富为目的;第二种直观法以生命为对象,以生命之自由、活泼、健进为目的;第三种直观法以形而上的真理为对象,以生活之超脱高洁,以心与理一、心与道俱为目的。而朱子的直觉法从读书穷理处着力,三个方面兼而有之。朱子主张,"如今读书,须是加沉潜之功,将义理去浇灌腹胸,渐渐荡涤去那许多浅近鄙陋之见,方曾见识高明(《语类》卷百〇四)","读书如吃果子,须细嚼教烂,则滋味自出。教书又如园夫灌园,须株株而灌,使泥水相合,而物得其润,自然生长"。所以朱子所提倡的就是以书中的义理浇灌心灵、洗涤胸襟,以价值来充实生活,从生活出发去体验书册中所昭示的文化价值。

因此,应用体验的方法或直觉的方法读书,其中最重要的就在于放弃主观成见,使自己沉潜在书籍之中,设身处地,切己体察,优游玩索,虚心涵泳;而不是心粗气浮,欲速助长。特别是要用一番心情,费一番神思,以审美、欣赏艺术的态度去读书,感觉到读书之可乐,智慧之可爱。在此过程之中,把读同代人的书当作去交朋友,去寻老师,去与作者交流思想,沟通学术文化;把读古代人的书当作尚友千古的精神生活,神游冥想于古籍的宝藏里,与圣贤的精神相交接往来。"由此而深造有得,则其所建立的学说,所发现出的议论,自有一种深厚淳朴中正平和之气,而不致陷于粗疏浅薄偏激浮嚣。"[①]

三、玄思的阅读方法

玄思方法即辩证的方法。简单地说,就是"由全体观部分,由部分观全体"[②]的方法,或者说是"由形而上观形而下,由形而下

[①] 贺麟:《文化与人生》,北京:商务印书馆,2005年,第180页。
[②] 贺麟:《文化与人生》,北京:商务印书馆,2005年,第178页。

观形而上"①的方法。在贺麟看来，全体实际包含有两层含义：一是就复多的统一性而言，一是就对立的统一性而言。就复多的统一性而言，全体是指它作为万殊之一本，"月映万川"。就对立的统一性而言，全体则是指它是正反的综合、矛盾的调解。此种方法在生活中的应用极其普遍。例如，当我们读一篇文字，根据一字一句来理解全篇的主旨，这就是由部分观全体的方法；由全篇文字的主旨，进而解释一字一句的含义，便是由全体观部分的方法。朱子所说的今日格一物，明日格一物，从而达到豁然贯通的境界，事物之本末精粗无不到，而吾心之全体大用无不明，是由部分达到全体的方法，即由枝枝节节达到贯通，由形而下的一事一物运到形而上的全体大用。相反，从太极之理、宇宙之全来观察一事一物之理，发现其本末精粗，条理井然，枝枝相对，叶叶相当，则是由全体观察部分的方法。贺麟强调，一与多、全体与部分其实是辩证统一的，"只知全体，不知部分，则陷于空洞。只知部分，不知全体，则陷于支离琐碎。必由全体以观部分，庶各部分可安其分，各得其所，不致争执矛盾。必由部分以观全体，庶可见得部分的根本所寄，归宿所在，而不致执着一偏"②。

从学术渊源上看，贺麟认为"此处所论玄思的方法，即是最平实最简要的叙述一般人所谓辩证法。此种用'全部观部分''部分观全体'的说法以解释辩证法，实所以发挥黑格尔'真理乃是全体'之说的精义，同时亦即表示柏拉图认辩证法为'一中见多，多中见一'（多指部分，一指全体）之法的原旨'"③。不过，在贺麟处，所谓的辩证法，实际上已不是纯粹的黑格尔辩证法，而是经过贺麟消化、改造后的直觉辩证法。按照贺麟的话来说："概括来讲，玄思的方法，或真正的辩证法，实兼具有逻辑方法与体验

---

① 贺麟：《文化与人生》，北京：商务印书馆，2005年，第178页。
② 贺麟：《文化与人生》，北京：商务印书馆，2005年，第178页。
③ 贺麟：《文化与人生》，北京：商务印书馆，2005年，第179页。

方法而自成为寻求形而上学的系统知识的方法。"①而这一点，贺麟主要吸收了新黑格尔主义的基本观点。因为在新黑格尔主义者看来，辩证法并非全如黑格尔所说，其实，辩证法是一种天才的直观，有艺术的创造性，此种天才极其稀少，虽可修养，却很难被模仿。辩证法的定律是没有确定认识的，但却是具有规律的、强迫的、不停息的、必然性的。它实是一种特有的原始的内心洞见，能在事物之间不同方面看出其进展的矛盾的和谐，又能在矛盾中见到统一。因此，在贺麟看来，黑格尔辩证法并非只是抽象的形式的理智方法，而是忠于经验事实、体察精神生活、欣赏文化宝藏的理性的体验。同时，"黑格尔的辩证法本身就是一个对立的统一：是形式与内容的统一；是天才的直观，谨严的系统的统一；是生活体验与逻辑法则的统一；是理性方法与经验方法的统一"②。这种玄思的方法与文化精神生活紧密相连，与人的生命体验密切相关。

贺麟认为，此种玄思的方法或辩证法用来观察历史、评人论事特别适合。用此法治学，就会有历史透彻的眼光或高瞻远瞩的识度。用部分观全体，则对于全体的了解亲切而具体；由全体观部分，则对于部分的评判方持平而切当。用此种方法读书，就可以由约而博、由博而约。因为此种方法根本假定著作、思想、实在都是一个有机的整体，有如常山之蛇，击首而尾应，击尾而首应。例如，由读某人此书，进而博及他的其他相关著作，乃至与他有关的师友，便是由部分到全体的方法；相反，由此人师友等著作，进而参证、解释此人自己的著作，获得更深入的理解，则又是应用由全体观部分的方法。而由一个时代的文化观察个人的著作，由个人的著作例证整个时代的趋势；由一个学派的立场观认某一家的地位，由某一家的著作以代表某一学派的宗旨；由全书的要旨解释一章一节，由一章一节发明全书的精义：这些都可

---

① 贺麟：《文化与人生》，北京：商务印书馆，2005年，第179页。
② 贺麟：《哲学与哲学史论文集》，北京：商务印书馆，1990年，第234页。

以说是应用由全体观部分，由部分观全体，多中见一，一中见多的玄思的阅读方法。

在贺麟看来，读书是人的神圣权利。"要想不放弃此种神圣权利，堂堂正正地做一个人，我们惟有努力读书。读书如登高山，非有勇气，绝不能登至山顶，接近云霄。读书如撑船上滩，不可一刻松懈。读书如临战场，不能战胜书籍，利用书籍，即会为书籍所役使，作书本的奴隶。打仗失败只是武力的失败。而读书失败，就是精神的失败。"[①]而逻辑的阅读方法，可以给我们条理严密的系统，使我们不致支离散漫；体验的阅读方法，可以使我们的学问有亲切丰富的内容，而不致干燥空疏；玄思的阅读方法，可以使我们有远大圆通的哲学见识，而不致执着偏执。这些都是我们可以思考并努力实践的。

---

① 贺麟：《文化与人生》，北京：商务印书馆，2005年，第132页。

第十六章　观念意识的调整

对人而言，生命存在并不仅仅是一种肉体的存在，更是一种精神性的存在、观念和意识的存在。人的观念、意识对人的影响至关重要。如果一个人能够在生活中培育良好的观念意识，其人生往往能够事半功倍、马到功成。大凡有所成就者，其过人之处绝不仅仅在于有一个健全的肢体，而是与他人相比，他的观念意识更为科学、更为合理，进而在为人处世、看待问题的过程中，不仅能够纵横开阖、四通八达，而且往往能够深入骨髓、鞭辟入里，想人之未想、识人之未识。对贺麟而言，观念意识的重要性毋容讳言。人生过程中，他认为有几种观念意识尤其值得我们重视和培育：独立自主的批判意识，同情理解的接受意识，中西对勘的比较意识，推陈出新的创新意识。它们互为因果、相互关联，由为学进而为人，四者的融会贯通则为人生自我的成长奠定重要的意识基础。

一、独立自主的批判意识

在自主性问题上，贺麟受陆王心学影响颇深。陆王心学对人的主体意识的重视给予贺麟极大的影响和启示，"人生价值的奠基"和"人生自我的建立"等环节便已充分显示了贺麟对"自我"观念的重视。后来，在《文化与人生》序言中，贺麟曾有一段颇具总结意义的概括。他说："书中绝少人云亦云地抄袭现成公式口号的地方。每一篇都是自己的思想见解和体验的自述,或自己读书有得有感的报告。也可以说每一篇都有自己性格的烙印。有我的时代,我的问题,我的精神需要。"他将这种态度称为"有我",即有独立自主的精神自我。在贺麟看来,从小处讲,"如一个人能自由自主,有理性、有精神,他便能以自己的人格为主体,以中外古今的文化为用具,以发挥其本性,扩展其人格"[①];从大处讲,"如中华民族是自由自主的、有理性精神的民族,是能够继承先人遗产,应付文化危机的民族,则儒化西洋文化,华化西洋文化也是可能的。如果中华民族不能以儒家思想或民族精神为主体去儒化或华化西洋文化,则中国将丧失文化上的自主权,而陷于文化上的殖民地"[②]。可见,独立自主是一个人乃至一个民族发挥和扩展自己的必备前提。

然而,现实生活毕竟错综复杂,我们是否真能自由自主,不受外在的影响,或者说与外界不相关系呢?在贺麟看来,事实上绝不可能。因为,人生在世,总会或多或少受到外界的支配和影响。生活中各种人为和自然因素的影响自不待言,即使在观念意识层面也颇费思量。他认为,无形中支配我们生活的重大力量大概有两种:一是过去的传统的观念,一是现在的流行的或时髦的观念。人生大体就在这两者之间打转。有些人一生固守于传统,而有的人则一生追逐时尚,看似都得其所归,其实都不得要领。

所以,问题的关键在于,我们是否能够以精神自我为主体,以"六经注我"的精神对周围影响我们的一切观念意识进行深入的、彻底的批评。在贺麟看来,"一个人想要保持行为的独立与自主,不作传统观念的奴隶,不作流行观念的牺牲品,他必须具有批评的、反省的主导力量,能够对这些传统观念及流行观念,加以新检讨、新估价。同时如要把握住传统观念中的精华,而作民族文化的负荷者。理解流行观念的真义,而作时代精神的代表。

---

① 贺麟:《文化与人生》,北京:商务印书馆,2005年,第6页。
② 贺麟:《文化与人生》,北京:商务印书馆,2005年,第6页。

也须能够对传统观念及流行观念加以重新检讨,重新估价"①。他指出:"有许多人表面上好像很新,满口的新名词、新口号,时而要推翻这样,打倒那样,试考查其实际行为,有时反作传统观念的奴隶而不自觉。这就是因为他们对于传统的旧观念与流行的新观念皆未曾加以批评的考察,反省的检讨,重新的估价。结果,只看见他们在那里浮躁叫嚣,打不倒坏的旧观念,亦不能建立起来好的新观念,既不能保持旧有文化的精华,又不能认识新时代的真精神。"②

五四以来,人们对传统的君臣、父子、夫妇、兄弟和朋友的伦常关系的认识便是典型。人们以为,这些关系完全属于封建社会,在今天已完全过时了。进而,人们逃离家庭,反抗制度,砸碎传统。其实,人们最终并不能彻底跳出五者的限制。因为"五伦"观念乃至"三纲"观念从根本上是不可能推倒的,其本质是对责任义务的担承。只有建立在对"五伦"观念的彻底检讨的基础之上,挖掘其内在的基本精神,进行理性地批判,才能正确地认识它,而不至于将其精华与糟粕混为一谈,并使自己丧失作为理性主体的地位。

而在现实之中,缺乏独立自主批判意识的情况却比比皆是。例如,"在生活方面,为人处世的态度,立身行己的准则,大家也莫不在那里争取完成一个新儒者的人格。大多数的人,具有儒家思想而不自知,不能自觉地发挥出来。有许多人,表面上好像在反对儒家思想,而骨子正代表了儒家思想,实际上反而促进了儒家思想"③。贺麟曾有段颇为著名的论断,说明这种批判精神的匮乏。他说:"中国传统的著述家有一个错误的、不健全的态度,就是他们对于同时代的人的思想学术,不愿有所批评陈述。他们以为评述同时代的人的著作,容易陷于标榜与诋毁——标榜那与我感

---

① 贺麟:《文化与人生》,北京:商务印书馆,2005年,第51页。
② 贺麟:《文化与人生》,北京:商务印书馆,2005年,第51页。
③ 贺麟:《文化与人生》,北京:商务印书馆,2005年,第4页。

情相得、利害相同的人，诋毁那些与我感情不洽、利害相违的人。他们要等着同时代的人死去之后，然后再加评论，这叫做'盖棺论定'。"①显然，这种做法与独立自主的精神价值和批判精神是违背的。

就学理而言，贺麟这种以独立自主为核心的批判意识深植于中国传统儒家思想。在孟子看来，作为人，应"先立其大者"，挺立人自身的道德自我，充分具备舍我其谁的精神气概，这是人作为人的本分。同时，人应该以理性、道义为凭然，在日常生活和学术研究中，树立真正的批判意识，而不应该成为一个人见人爱、八面玲珑的"乡愿"。孔子曾明确指出："唯仁者能爱人，能恶人。"真正具有仁爱精神的人，一定是以仁爱和精神自我为主体，有所赞成，有所反对，有所关爱，也有所憎恨的人。批评意识的建立就是自我独立和精神成熟的一种表现。

总之，在贺麟看来，独立自主与批评是合二为一的。一方面，只有独立自主，以自我为观念意识的中心，以人的理性精神为指导，客观、公平、公正地反思和看待一切，我们才能正确地评价、估计我们所面对的一切对象，进而做出合乎实情的判断。另一方面，正是通过深入、细致、周密的分析批判，问题的复杂性才被一一澄清，问题的本质才彻底显现，一切外界的观念、结构重新收摄进人的主体观念，使生命自我更加丰富、完整，生命自我才会更加充实和自足。

二、同情理解的接受意识

对贺麟而言，批判意识的重要性在于维护了真理、守住了自我，但是，从逻辑上看，仅仅具有批判意识显然是不够的，因为

---

① 贺麟：《五十年来的中国哲学》，上海：上海人民出版社，2012年，第8页。

每一个人都有自己所坚持和维护的真理，都有自己所期望守持的自我。如果我们一味地坚持从自己的角度出发，完全不顾其他人的思想，不顾历史的情景与限制，那么，人与人、人与社会便成了一个厮杀的战场，毫无人性可言。所以，在建立独立自主的批判意识的过程中，人还应该具备另一种基本的生命意识，这就是同情的理解意识，或者说接受意识。

正如贺麟所言："批判绝非简单的赞成这个，反对那个，拥护这个，推翻那个之谓，真正的批判建基于研究和了解上面，与有作用的主观的党同伐异不同。只要本于客观的研究，同情的了解，对于一思潮自能作公正的批评。这好像学生之对于老师，先是虚心受教，终可青出于蓝。外在的批评，最不足重视，因为这种批判的态度是主观，内容是浮浅的，结论是偏狭的。"①所以，在贺麟看来，批判与同情和接受是辩证的，不能为批判而批判，否则批判本身则易陷于独断。

那么，我们应该如何来诠释"同情的理解"这一观念意识？按照贺麟的解释，可以说，它是指阅读方法中的"体验的方法"在观念意识上的表达。贺麟明确指出，所谓"体验的方法"就是"用理智的同情去体察外物，去反省自己"，"要了解一物，须设身处地，用同情的态度去了解之"②，因为"体验法最忌有主观的成见，贵忘怀自我，投入认识的对象之中，而加以深切沉潜的体察。体验本身即是一种生活，一种精神的生活，因为所谓体验即是在生活中去体验，离开生活更无所谓体验。体验法即是教人从生活中去用思想。体验法是要人虚心忘我，深入事物的内在本质或命脉，以领会欣赏其意义与价值，而不从外表去加以粗疏的描写或概观。体验是一种细密的、深刻的、亲切的求知方法。体验即是'理会'之意。所谓理会即是用理智去心领神会。此种方法，用来体察人生、欣赏艺术，研究精神生活或文化创造，特别适用。宋

---

① 贺麟：《五十年来的中国哲学》，沈阳：辽宁教育出版社，1989年，第62页。
② 贺麟：《文化与人生》，北京：商务印书馆，2005年，第178页。

儒最喜欢用体验。宋儒的思想可以说是皆出于体验。而朱子尤其善于应用体验方法以读书。他所谓'虚心涵泳'、'切己体察'、'深沉潜思'、'优游玩索'皆我此处所谓体验方法"[①]。所以，从方法上看，"同情的理解"和"体验方法"基本是一致的。

然而，换一个角度，贺麟所谓"同情的理解"，我们亦可称之为一种"前批判的接受性意识"，其中，最为重要的关节就在"同情"和"理解"。首先，就"同情"而言，它是指作为人，或是作为研究者，我们在研究对象的过程中，应该将自己当作对象，深入去感受对象的时代、处境或表达言说者所要表达的意图等。在此过程之中，我们应尽量"设身处地"，对古人思想和行为做一感同身受的"移情"式感受，而不能只是作为一个旁观者或观察者。其实质是精神与精神的对话，生命与生命的交契，是自我意识发动前的倾听和接纳。就"理解"而言，它是指在"同情"的基础上真实把握事物的本质或言说者的内容、目的，将对象的性状或意图内化为主体感受，在此基础上，达到对对象和事物的真相的认识和把握。如此，既可避免"仅凭陈迹之搜讨，而无同情之默应"的"科学主义"倾向，又不至于脱离基本的事实的框架去做"穿凿附会"的发挥和无依据的玄说，从而使研究结果更接近历史的真相。

在应用范围和作用方面，这一观念意识既可以用来观察事物、阅读书籍，同时又可以用来体察人生、欣赏艺术、研究生活，乃至进行文化创造。例如，对于汤用彤《两汉魏晋南北朝佛教史》之成功，贺麟认为它主要得力于两点，"第一为以分见全，以全释分的方法"，'第二，他似乎多少采取一些钱穆先生所谓治史学者须'附随一种对其本国以往历史之温情与敬意'的态度。他只是着眼于虚心客观地发'潜德之幽光'，设身处地，同情了解了古哲，绝不枉屈古人。既不抨击异己之古人，亦不曲解古人以伸己说，试看他提到辅嗣、子玄、子期、远公、道公、生公等人之亲切熟

[①] 贺麟：《文化与人生》，北京：商务印书馆，2005年，第178页。

稔，就可见得他尚友千古之同情态度，已溢于言表了"①。1941年，贺麟在其名篇《儒家思想的新开展》中说："在我们看来，只要能对儒家思想加以善意同情的理解，得其真精神与真意思所在，许多现代生活上、政治上、文化上的重要问题，均不难得到合理、合情、合时的解答。"1983年6月15日，贺麟作《现代西方哲学演讲集》，他在后记中写道："关于序问题，由是我感到这个演讲集上篇中的内容是我还'没有马克思主义的觉悟'时期讲的，因此其中难免站在资产阶级立场说话，不仅偏于同情了解，而且有颂扬过当，甚或用黑格尔哲学去比拟和评价的地方；下篇对实用主义的批评及新黑格尔主义的批评似乎有些深文周纳的缺点。"显然，无论是评论他人还是自己、文化还是生活，贺麟都不希望恶意曲解，而是期望通过"同情的理解"使彼此间获得理解与沟通。

贺麟的这一观念具有广泛的学术共识。德国古典解释学家施莱尔马赫（F.D.E. Schleiermacher，1768—1834）曾明确指出，文本是作者的思想、生活的表现和历史时期的表现，而理解则是重新再次认识文本所产生的意识、生活和历史时期。为了达到这一目的，我们必须创造性地重新认识或重新构造作者的思想，"解释的首要任务不是要按照现代思想去理解古代文本，而是要重新认识作者和他的听众之间的原始关系"②，是"设身处地"（Einleben）的重识和重构。换言之，"解释的重要前提是，我们必须自觉地脱离自己的意识（Gesinnung）而进入作者的意识"③，重构作者的思想和生活。在狄尔泰（W.Dilthey，1833—1911）看来，"对陌生的生命表现和他人的理解建立在对自己的体验和理解之上，建立

---

① 贺麟：《五十年来的中国哲学》，上海：上海人民出版社，2012年，第36页。
② ［德］施莱尔马赫：《诠释学讲演》，洪汉鼎译，载《理解与解释：诠释学经典文选》（修订本），洪汉鼎主编，北京：东方出版社，2006年第二版，第56页。
③ ［德］施莱尔马赫：《诠释学箴言》，洪汉鼎译，载《理解与解释：诠释学经典文选》（修订本），洪汉鼎主编，北京：东方出版社，2006年第二版，第23页。

在此二者的相互作用之中"①。"体验（Erleben）""再体验（Nacherleben）""同情（Sympathie）""移情（Einfühlung）"是理解的前提和基础，理解就是重新体验过去的精神和生命。

而历史学者陈寅恪也有相似的看法。在对冯友兰《中国哲学史》的审查报告中，他曾有一段极其深刻的论述。他说："凡著中国古代哲学史者，其对于古人之学说，应具了解之同情，方可下笔。盖古人著书立说，皆有所谓而发。故其所处之环境，所受之背景，非完全明了，则其说不易评论。而古代哲学家去今数千年，其时代之真相，极其难推知。吾今日可依据之材料，仅为当时所遗存最小之一部，欲借此残余片段，以窥测其全部结构，必须备艺术家欣赏古代绘画雕刻之眼光及精神，然后古人立说之用意与对象，始可以真了解。所谓真了解者，必神游冥想，与立说之古人，处于同一境界，而对于其持论所以不得不如是之苦心孤诣，表一种之同情，始能批评其学说之是非得失，而无隔阂肤廓之论。否则数千年前之陈言旧说，与今日之情势迥殊，何一不可以可笑怪目之乎？"②在他看来，所谓的"了解之同情"或"同情的理解"，简单地说，就是不能以今度古、强作解人，把古人不能有的种种思想要求于古人或强加于古人。

对贺麟而言，"同情的理解"固然是一种学习思想的方法，但同时更是一种为人处世、知人论世的途径。能否"同情的理解"不仅关涉我们是否真正具备学习和研究他人的能力和条件，而且涉及我们每一个人的生活品格。从态度上看，"同情的理解"首先体现的是一种为人的姿态，是作为人，放下功利、名声、威望等一切外在因素，穿越时空、地理感受对象的心理过程。对人而言，这种心理过程一定是平和、耐心而细致的，甚至充满了悲悯和同

---

① [德] 狄尔泰：《对他人及其生命表现的理解》，李超杰译，载《理解与解释：诠释学经典文选》（修订本），洪汉鼎主编，北京：东方出版社，2006年第二版，第93页。

② 陈寅恪：《金明馆丛稿二编》，上海：上海古籍出版社，1980年，第247页。

情。而如果我们始终立足于自我，完全以自我为中心，俯视和旁观一切，也就无所谓同情，更无所谓理解。更何况"认识就是超越，理解是就征服"，缺乏"同情的理解"，生活本身将会变得独断专行而不得要领。

三、中西对勘的比较意识

进入 20 世纪，随着生产力的迅速发展，人类逐渐进入一个全球化时代，市场经济取代自然经济和计划经济，原来的充满诗意的田园生活被彻底打破，一场史无前例的文化意识冲突在东西方文明间拉开帷幕。这场"突如其来"的社会巨变，给人的观念意识和人际关系造成了史无前例的剧烈震荡，使长期处于封闭社会的中国人颇不适应，于是，如何看待东西方文化及其生活方式成为国人观念意识不能回避的重大事件。是独立固守传统的文化传统和观念意识，还是抛弃传统、改变观念，彻底效法西方社会？抑或在东西方不同文化之间找到一种共通的社会心理？哪一种观念意识更为科学合理？无数学人都为之深入思考。

20 世纪初，以陈序经、胡适为代表，率先提出了著名的"全盘西化"的主张。在陈序经看来，西洋文化无论如何都比我们进步得多，无论我们喜不喜欢，都是现在世界的趋势，挽救中华民族的唯一出路就是彻底向西方学习。胡适则认为，"我们必须承认我们自己百事不如人，不但物质机械上不如人，不但政治制度不如人，并且道德不如人，知识不如人，文学不如人，音乐不如人，艺术不如人，身体不如人"(《胡适论学近著·介绍我自己的思想》)。他甚至认为中华民族是"一分像人九分像鬼的不长进民族"。

与此相反，以张之洞为代表的"中体西用"论和以陶圣希等十教授为代表的"文化本位主义"者认为，中国传统的以三纲五常说为核心的儒家学说和生活方式具有无可比拟的优越性，人们应该在维护传统的基础上,及时采用自然科学、文化教育等方面的具体办法来挽救民族危机。

显然,从表面来看,无论是"全盘西化"论还是"中体西用"论,乃至"文化本位主义",其基本观念都是以对东西方文化和生活方式进行对比为前提的。不过,这种对比过分回避两者对话的可能,而放大了两者的差异。对"全盘西化"论者而言,尽管他们也认同对东西方文化和观念做比较,但是在他们看来,西方社会和中华民族之间是一种时代的差异,前者先进,后者落伍,唯一的出路就是向西方学习,我们应该彻底沦为西方人的学生。在"中体西用"和"文化本位主义"者看来,未来中国社会的发展,应该立足于我们自有的精神传统,西方文化和观念意识都只不过是辅助材料。中国社会和西方人的观念本身具有不可调和的矛盾。

作为后五四时期的中国民族资产阶级学者,贺麟反思了中国文化和中国人走向近代的坎坷曲折历程,既对胡适、陈序经"全盘西化"论提出了批评,也对陶圣希等十教授提出了批评。他认为,东西文化及其思想观念在根本上是可以比较和进行沟通的,因为"东圣西圣,心同理同"。东西方文化和观念意识无论存在多少差别,但人心相同,真理共通。在文化上,儒家思想体现为三个方面:有理学以格物穷理,寻求智慧;有礼教以磨炼意志、规范行为;有诗教以陶养性灵,美化生活。与之相应,在西方则有哲学、宗教和艺术。例如,就哲学而言,我们就"必须以西洋的哲学发挥儒家的理学。儒家的理学为中国的正宗哲学,亦应以西洋的正宗哲学发挥中国的正宗哲学。因东圣西圣,心同理同。苏格拉底、柏拉图、亚里士多德、康德、黑格尔的哲学与中国孔孟、老庄、程朱、陆王的哲学融会贯通,而能产生发扬民族精神的新哲学,解除民族文化的新危机,是即新儒家思想发展所必循的途径"[①]。

---

① 贺麟:《文化与人生》,北京:商务印书馆,2005年,第8页。

为了加强对东方和西方在观念意识上的对比，贺麟对东西方哲学家进行了深入的探索。他甚至认为，"从周敦颐到朱熹，从康德到黑格尔，是中外客观唯心论发展的两个典型阶段"①。特别是1930年，他在《大公报》文学副刊上发表的《朱熹与黑格尔太极说之比较观》，集中体现了他的比较意识。他说："我是想从对勘比较朱熹的太极和黑格尔的绝对理念的异同，来阐发两家的学说。这篇文章表现了我的一个研究方向或特点，就是要走中西哲学比较参证、融会贯通的道路……"②在他的分析中，黑格尔、康德、胡塞尔、周敦颐、朱熹、王夫之走到了一起，苏格拉底、柏拉图、亚里士多德、斯宾诺莎、柏格森可与王阳明对话。原来，人与人的思想竟如此相近，观念与观念竟如此趋同，深刻印证了陆九渊的经典话语："四方上下曰宇，往古来今曰宙，宇宙便是吾心，吾心即是宇宙。千万世之前，有圣人出焉，同此心同此理也；千万世之后，有圣人出焉，同此心同此理也；东南西北海，有圣人出焉，同此心，同此理也。"③

四、推陈出新的创新意识

如果说接受意识给予了人们精神源泉，批评意识给予了人们精神防卫，比较意识给予了人们精神对话，那么，对人生而言，我们还缺少一种成长意识，这就是创新意识。生命的成长、思想的成熟、观念的生成都离不开创新，而这恰恰是人生最为重要的课题。

不过，比一般对创新的理解更为深刻的是，贺麟认为，一切创新都必须渊源有自，而不是无中生有、空穴来风。从这种意义

---

① 张学智编：《贺麟选集》，长春：吉林人民出版社，2005年，第454页。
② 张学智编：《贺麟选集》，长春：吉林人民出版社，2005年，第454页。
③ 陆九渊：《陆九渊集》22卷，北京：中华书局，2008年，第273页。

上说，创新从本质上应该叫作"返本开新"或"推陈出新"。也就是说，"我们要从检讨这旧的传统观念里，去发现最新的时代精神。从旧的里面去发现新的，这就叫做推陈出新。必定要旧中之新，有历史有渊源的新，才是真正的新"①。

他强调，"在思想和文化的范围里，现代决不可与古代脱节。任何一个现代的新思想，如果与过去的文化完全没有关系，便有如无源之水、无本之木，绝不能源远流长、根深蒂固。文化或历史虽然不免经外族的入侵和内部的分崩瓦解，但也总必有或应有其连续性"②。

对此，他曾就儒家思想的创新做过说明。众所周知，儒家思想一直以来都是中国社会的思想主流，但近代以来人们将儒家思想弃之如敝屣，认为它是封建社会的精神食粮，与现代人毫无关系。贺麟认为，这是一个极大的误解。在他看来，"儒家思想，就其为中国过去的传统思想而言，乃是自尧舜禹汤文武成康周公孔子以来最古最旧的思想；就其在现代及今后的新发展而言，就其在变迁中、发展中、改造中以适应新的精神需要与文化环境的有机体而言，也可以说是最新的新思想。在儒家思想的新开展里，我们可以得到现代与古代的交融，最新与最旧的统一"③。现代新儒家之所以能够从中吸取营养，就在于其能够从中"返本"进而有所创造。

贺麟坚持这一思想，他还曾经专门援引过著名康德哲学家郑昕的一段意味深长的论述。郑昕认为，"康德哲学并非历史上的陈言，他所批评的玄学（即指误用理性，使人妄谈本体，妄立绝对，以之为知识之对象的玄学）也非死去的玄学。土生今日，固然有权利广立新论，以博众誉，却也不妨从好学深思的'古人'得到许多教诲。我常想，康德哲学是哲学的不可动摇的'常识'，你得

---

① 贺麟：《文化与人生》，北京：商务印书馆，2005年 第51页。
② 贺麟：《文化与人生》，北京：商务印书馆，2005年 第4页。
③ 贺麟：《文化与人生》，北京：商务印书馆，2005年 第4页。

先走进他的哲学里去，再谋求超过他，才能是'新'的哲学。如果未睹康德的门墙，即折转方向，标奇立异，则必然地要重走康德以前的哲学的旧路"[1]。显然，贺麟对此是深以为是的。

在贺麟看来，人生最怕的在于两个极端：一是固守"原教旨主义"，一是"无中生有"。所谓原教旨主义，即在于用古代的思想强制今天的事物，尽管时代发生了变化，但思想观念却一成不变。对于这样的人，既无所谓创，更无所谓新。所谓"无中生有"，即全盘脱离自身的传统和基础，异想天开。其看似言之凿凿、貌似精彩，实则经不起时间的检验。其实，人生的发展何尝不是如此？昨天、今天和明天，天天常新；过去、现在、未来，环环相扣。人不仅要回顾过去、立足当下，还应该筹划未来。

在讨论人的理想人格的时候，贺麟曾明确地提出了理想人格应该具备的三大态度：合理性、合时代、合人情。如果将这三者与上述观念意识进行结合，我们将会发现，如果说独立自主的批判意识体现了一种合理性的态度，同情理解的接受意识、中西对勘的比较意识体现了一种合人情的态度，那么，推陈出新的创新意识则体现了一种合时代的意识。其实，理想人格之所以为人们津津乐道，光芒四射，不仅仅在于它是一个价值目标的设定，而且在于它在观念意识上符合我们时代的要求。有同情，有批判，有比较，有创新，能够倾听他人的声音，能够纠正他人的过失，能够看到他人的长短，能够提出自己的观点，而这一切，恰恰是实现优越人生必不可少的生存智慧和精神要件。

---

[1] 贺麟：《五十年来的中国哲学》，上海：上海人民出版社，2012年，第49页。

第十七章　社会生活的开展

在人生哲学上，贺麟尽管奠基于陆王心学，但却不同于传统儒家将人生价值追求引向片面的内在完善，高谈心性。在贺麟看来，人是社会的产物，近代以来的中国社会已发生了剧烈变化，这种变化不仅表现在道德领域、法治领域，而且表现在公与私、利己与利他的相互关系之上。他认为，自从中国文化与西洋文化接触以来，我们对于道德已有新的认识："道德不是死的，而是活的；不是沉滞的，而是进展的；不是因循偷惰的，率由旧章，而是冲突挣扎，日新不息的。"①与道德互为表里的是法制，道德问题固然重要，然而良心或内心制裁只是防治作恶的第一道防线，没有法律的惩罚，道德生活同样会受到损害。同时，旧式的内心道德，纯义务的道德思想，不仅应超越物质的限制，提高人格修养，而且能够超越个体局限，发展到为大众谋福利的新时代，由个体的功利主义进展到社会理想主义或福利主义。以杨子的"为我"为出发点，而以墨子的"兼爱"为归宿，既维护个人权益，又造福人类社会。同时，要充分培养人的仁爱之心，树立乐观精神，使男女之爱遵循理性、时代、人情的要求；要关注生死。只有对死亡获得正确的理解，人才能真正"向死而生"。

一、道德生活的新动向

对人生而言，道德生活无疑是生活中最为核心的部分。人之

---

① 张学智编：《贺麟选集》，长春：吉林人民出版社，2005年，第125页。

所以异于禽兽,与人能进行自我道德完善不无关系。长期的道德实践给予我们一种错误的印象,似乎道德要求是一成不变的,只要遵循道德律令,坚守道德底线,人就能实现自己良好的道德生活。然而,近代以来,随着西洋文化的输入和对传统道德观念、礼教权威的剧烈抨击,人们对道德的权威的认识发生了彻底的转变。贺麟认为,"这总算是一个好的现象"①。我们姑且不论这种变动是好是坏,但至少我们有了一种新的认识,即道德是变动的。

不过,在新旧道德的整个冲突的挣扎中,在全民族道德生活的伟大变动过程中,对于道德变动的认识却不应该停留在偶然性上,或者仅从个人的主观臆断,提出自己对于新道德应该如此、应该如彼的理想和希望。在贺麟看来,道德生活有其固有的路径,对于道德生活的变动,我们应该从事实和理论上去找出其"势所必至、理所固然"的方向,从势和理上去发现今后真道德、新道德所应遵循的途径。

"概括的讲来,道德变动的方向,大约是由孤立狭隘,而趋于广博深厚;由枯燥迂拘,违反人性,而趋于发展个性,活泼有生趣;由因袭传统,束缚个性,而趋于自由解放,发展个性;由洁身自好的消极的独善,而趋于积极的社会化平民化的共善。"②四者辩证统一,从不同重点、不同方面为新道德的发展指明了方向。

首先,"由孤立狭隘,而趋于广博深厚"。在贺麟看来,道德生活不是孤立的社会事件,践行道德生活与其他社会生活并不相互冲突。过去抱狭隘的道德观念的人,太把道德当作孤立自足的事了,从而将道德与知识、经济、艺术、法律和宗教等对立起来,认为它们界限分明、互不相容。在他们看来,知识进步,道德反而退步;欣赏自然、寄意文艺,便是玩物丧志;经济繁荣是罪恶的渊薮,人愈穷困,道德则愈高尚;重视德治,就必须反对法治;重视礼教,就必须反对宗教。换句话说,只要有了道德,则其他

---

① 张学智编:《贺麟选集》,长春:吉林人民出版社,2005年,第125页。
② 张学智编:《贺麟选集》,长春:吉林人民出版社,2005年,第125页。

文化部门皆在排斥反对之列。这种将道德一尊化的看法，推至其极，则将认为道德本位的文化不仅根本与西洋整个文化、与西洋近代的物质文明相冲突，而且与希腊的科学的求知精神、希伯来的宗教精神、罗马的法治精神，都根本不容。贺麟认为，道德观念如果狭隘到了这一步，便是作茧自缚、不打自倒。因此，要穷则思变，从狭隘走向广博，"即从学术知识中去求开明的道德，从艺术陶养中去求具体美化的道德，从经济富裕的物质建设中去求征服自然，利用厚生的道德，从法制中去为德治建立健全的组织和机构，从道德中去为法治培植人格的精神基础，从宗教的精诚信仰去充实道德实践的勇气与力量，从道德的知人工夫进而为宗教阶段的知天工夫，由道德的'希贤'进而为宗教的'希天'。如是庶道德不惟不排斥其他各文化部门，而自隆于孤立单薄，且可分工互助，各得其所，取精用宏，充实自身。而西洋文化的介绍与接受，亦足以促进道德的进步"①。总之，道德要想从孤立狭隘趋向广博深厚，就必须破除道德本位主义，实现道德生活的兼容并包。

其次，"由枯燥迂拘，违反人性，而趋于发展个性，活泼有生趣"。贺麟认为，旧道德之所以偏于枯燥迂拘、违反人性，一个重要的原因就在于道德本位主义，使得道德未能经过艺术的美化，没有契合孔子"兴于诗，立于礼，成于乐"的人生理想。相反，一味执着于人我界限，苛责严格的道德律令和是非判断，不从感情上去培养熏陶，从灵性上去顺适启迪。另一个原因则在于，道德生活未能得到两性关系的调剂。在对待女性的问题上，旧道德往往视女性为畏途，认女人为老虎，或倾城倾国的妖孽。好像一生的修养都能在回眸一笑中灰飞烟灭。在男人的道德生活中，女性不仅不能有所裨益，反而成了一种累赘和障碍。而两性之间的爱恋所可产生的种种德性和美好，似乎完全与道德无关。在道德家的压抑和摧残下，人们的真性情、生活中的活泼和生趣便荡然

---

① 张学智编：《贺麟选集》，长春：吉林人民出版社，2005年，第125-126页。

无存,生命本身受到严重的束缚。所以,"今后新道德的趋势,首先须确证女子不是败坏道德,摧残人格,倾人城倾人国的妖魔,而是道德的鼓舞者,品格强弱的试金石,卫国卫民的新力量。新时代的男子对于女子在道德生活上的地位,必须有一种新认识,新时代的女性亦应该自觉其促进道德生活的伟大使命"①,从而使人生更加丰富而富有情趣。

再次,"由因袭传统,束缚个性,而趋于自由解放,发展个性"。在贺麟看来,由于古人对权威的盲从,典章制度的僵化以及风俗习惯的强制,人的个性已被严重束缚,其中尤以家庭制度的束缚为最。所以诗人们早就奋起反抗,"打破周孔权,解开仁义结。礼法本防奸,岂为吾曹设?"近年来,旧式家庭制度已逐渐解体,发展个性自由的青年男女愈来愈多,这无疑是一个极大的进步。不过,在这一良好的趋势下,也有过犹不及者。一些谈论自由的新道德主义者,在争取自由解放的过程中既打破了传统的束缚,也走向了狂放与私欲。一方面,他们只求情欲之满足与放任,对他人的苦乐置之不理。另一方面,他们只争自己的权利,甚至剥夺他人的权利。这种"只知肆无忌惮,反抗外界的权威,而无理性的法则以厉行内心的节制。其抹杀他人的个性,剥夺他人的自由,较之风俗习惯,传统礼教的权威,实只有过之而无不及"②。在这种破旧立新的过渡期,愚弱者常常受到双重压迫:在家庭则受到礼教的束缚,在社会则受到野心家的浸剥。"总之,解除礼俗的束缚,争取个人的自由,发展个性,扩充人格,实为今后新道德所必取的途径。但欲达到此目的,必须基于积渐的学术文化的水准提高,理性规范的有效,精神生活的充实,内心修养的深笃,则具有道德的敏感(一如艺术家之具有锐敏的美感一样),以内求心之所安的人自当逐渐增多。不然,则无异在道德生活上去轻躁助长;自由解放等美名,适足以助恶遂私罢了。试看西洋反抗传

---

① 张学智编:《贺麟选集》,长春:吉林人民出版社,2005年,第126页。
② 张学智编:《贺麟选集》,长春:吉林人民出版社,2005年,第126页。

统礼俗的权威,争取思想信仰的自由的人物,如苏格拉底,如布鲁诺,如斯宾诺莎等,莫不是道德出于学术,人格基于理性。"①既能自我约束,又能自我解放。

最后,'由洁身自好的消极的独善,而趋于积极的社会化平民化的共善"。贺麟认为,在道德生活上,旧道德太偏于独善其身,忽略了积极的求共善或一起进步。人们专注于潜心修行,脱离社会团体的生活。在生活中只从伦常、亲友中去增进道德,而较少到民间社会中去求道德,没有养成一种勇往无私的伟大人格。在贺麟看来,道家"向往山林"的隐士生活,似乎只是体弱多病和年老气衰的人退休的办法。儒家的"往朝廷去",得志行道,兼济天下,功名之念太过厚重;而落魄不得志,回家耕读自娱自乐,"各扫门前雪",又太过消极。唯有耶稣、墨子那种深入民间服务的宗教精神,似乎比较富于积极的道德性、穷达的一致性和当下的实践性。所以,贺麟认为,"认识了除共善外无独善,证实了平民、劳苦群众、颠连无告者之了解与亲近,同情与服务;觉悟了为团体的牺牲,对国家的忠爱,就是磨练品格,培养德性的要道;循社会化,平民化的方向迈进,就是新道德所必取的趋向"②。总之,在贺麟看来,置身贫民窟、农村、工厂,要比安居山林的高人更富于可歌可泣的诗意,比出入朱门的阔佬们更顾盼自雄;辅助救治衣衫褴褛的痛苦呻吟的贫民,比玩花赏月、酌酒吟诗更来得清高风雅,比与军政要人周旋以及应接外国贵宾来得尊荣华贵。"穷则独善其身"既不能强行应用到孔子身上,更不能作为今天道德生活的基本信条。

根据贺麟对新儒学的探索,上述四点正是他将儒家思想新开展在社会生活上的具体应用。其中,"由孤立狭隘,而趋于广博深厚"作为纲领,指示了道德的总趋势,即道德应该与知识、艺术、宗教相融合;"由枯燥迂拘,违反人性,而趋于发展个性,活泼有

---

① 张学智编:《贺麟选集》,长春:吉林人民出版社,2005年,第127页。
② 张学智编:《贺麟选集》,长春:吉林人民出版社,2005年,第127页。

生趣",阐明了"从艺术中去寻求具体美化的道德";"由因袭传统,束缚个性,而趋于自由解放,发展个性",阐明了"从学术知识中去求开明的道德";"由洁身自好的消极的独善,而趋于积极的社会化平民化的共善",阐明了"从宗教中去求深厚的道德"。"换言之,欲求道德内容的具体充实,广博深厚,新道德如果不仅是时间上的新道德,而须是本质上的真道德,则必须采取学术化、艺术化,宗教化的途径……。就中三者,尤以学术化为最重要。盖宗教而无学术,则陷于迷信与狂热,艺术而无学术,则流于奢侈逸乐低级兴趣,故学术实为推动宗教艺术道德之主力。以真理指导德行,以学术培养品格,实为今后新道德亦即任何真道德所必循的康庄大道。"①

在贺麟看来,道德的变动并不意味着道德本身无标准,行为无规范,更不是新文化运动时期的反孔的道德。一种道德之为新道德、真道德,并不只是时间意义的新,或以新为新、以西洋为新;真正的新道德,是逻辑意义的新,是较高阶段的新,较前一阶段为新。"譬如由本能冲动的道德,进而为外界权威的道德;由外界权威的道德,进而为良心直觉的道德;由良心直觉的道德,进而为社会福利的道德;由社会福利的道德,进而为学术艺术宗教的学养所陶铸熔炼出来的道德,亦称为学养的道德。由本能的道德到学养的道德,中间经过许多变化进展,就是我所谓道德变动。"②对人生而言,就是要从这种变动中看到它的逻辑、规则,看到道德变动的本质,使自己遵循道德变动的发展规律,并止于至善。

二、法制观念的新认识

与其他新儒家有所不同,贺麟虽然立足心学,遵循孟子到王

---

① 张学智编:《贺麟选集》,长春:吉林人民出版社,2005年,第128页。
② 张学智编:《贺麟选集》,长春:吉林人民出版社,2005年,第128页。

阳明的精神传统，但他从不空谈心性。在社会生活中，他的这一特点显得尤为突出。其中最为明显的就是他在积极强调道德的同时，非常重视法治对人生的重要价值。这种重视既是对孔孟思想的重新理解，更是对荀子等人隆礼重法的合理吸收。

贺麟认为，很多人都认为儒家重视德治而反对法治，这其实是一个极其错误的观念。孔子很早便指出"刑罚不中，则民无所措手足"，孟子则感叹于"上无道揆，下无法守"，认为"徒善不足以为政，徒法不足以自行"。可见，孔子和孟子都不轻视法治，"不过认为法治须推本于道德礼乐和正名工夫罢了"。儒家发展到后来同样如此。宋儒周敦颐便以善断刑狱著称，而朱子论证尤重视法纪，针对当时社会过于宽纵，力主"矫之以严正"。"由此愈见真正的儒家，不惟不反对法治，甚且提倡法治……。换言之，儒家与申韩的冲突，不是单纯的德治与法治的冲突，而是基于道德礼乐的法治与功利权术的法治的冲突。"①

在贺麟看来，道德和法律对人的作用是有所不同的，"就法律与道德的关系而论，良心或内心制裁是防治作恶的第一道防线；清议、礼教或社会制裁是防止作恶的第二道防线；刑罚或法律的制裁是防止作恶的第三道防线。……这三种制裁虽有内外、群己、精粗之不同，但于维系人群道德生活则各有其特殊功能，缺一不可。若缺少任何一种制裁，其他二种均会连带受损害"②。显然，贺麟并不认为道德或法律能够对人生单独发生决定作用，甚至用道德替代法律，或用法律替代道德。事实上，正是因为道德、法律、各种礼教和社会制裁的共同作用，为人生确立起行为的规则和边界，人才能在社会生活中来去自如。

从三道防线上看，贺麟一方面继承了孟子良知良能对人的影响，希望通过人的自我反省，天赋的良知实现自我的规范与约束。但是另一方面，贺麟又加入了清议、礼教、社会制裁和法律，希

---

① 贺麟：《文化与人生》，北京：商务印书馆，2005年，第49-50页。
② 贺麟：《文化与人生》，北京：商务印书馆，2005年，第45页。

望通过隆礼重法，起到防治作恶的补充作用。这一点显然受到了荀子的影响。荀子认为，人天生具有的只是身体的欲望和能力，并不存在与生俱来的善性，善性都是后天教化的结果。然而，这种教化的本身是有限度的，对于一部分人而言，无论如何进行教化都不能转化为善人，如"嵬琐之类"（不德之人）；另一方面，即使大部分人可以接受教化，但这种教化也不足以保证人在任何时候都是善的，任何时候都能自觉遵守礼仪法度。既然如此，唯一的出路就是赋予礼仪法度以强制性，迫使人们遵守和执行。只不过，贺麟既承认人性之善，又看到人性有恶；既重视良知道德的作用，又看到律法的裁制作用。

在法律与人的自由的关系上，贺麟认为，二者其实并不冲突。很多人认为法律会妨碍自由，其根本原因在于误解了自由的意义，幻想着归真返璞的乌托邦生活，认为法律是桎梏人性、剥夺自由的枷锁。在他们看来，法令越多，则狡黠、犯法的人越多。这种思想发展到极端，就是希望取消法律而实现无政府主义，重回人类本能的生活。"殊不知从正确的文化发展的眼光来看，法律乃正是发展人性、保障公民自由的一种具体机构，且是维持公共生活和社会秩序的客观规律。公民犯法，只要政府能执法以绳，则无损法律的真价，亦无妨社会秩序。而且对于被法律制裁的公民来说，也是一种训练和教育。"[①]

贺麟认为，法治与人治并不冲突。在他看来，"真正的法治，必以法律的客观性与有效性为根本条件"[②]。所谓客观性，是指法律作为维持公众秩序和公平的客观准则而言；所谓有效性，是指立法者、执法者以人格为法律的后盾，执行法律、爱护法律、尊重法律，使其有效。二者缺一不可。失去客观性，或失去有效性，都不能说是法治。"故法治的本质，不惟与人治（立法者、执法者）不冲突，而且必以人治为先决条件。法治的定义，即包括人治在

---

① 贺麟：《文化与人生》，北京：商务印书馆，2005年，第45页。
② 贺麟：《文化与人生》，北京：商务印书馆，2005年，第46页。

内。离开人力的治理,则法律无法推动,所谓'徒法不足以自行'。故世人误认人治与法治的根本对立,以为法家重法治,儒家重人治,实为不知法治的真性质的说法。"①

不过,因为建立或推动法治的人或人格有所不同,法治在类型上也有所不同。"其人多才智而乏器识,重功利而蔑德教,则所推行的法治,便是申韩式的法治。其人以德量为本,以法律为用,一切法令设施,目的在求道德的实现,谋人民的福利,则此种法治便可称为诸葛式的法治。法令之颁行,不出于执政者在上之强制,而出于人民在下之自愿的要求;法律之推动力基于智识程度相当高、公民教育相当普及的人民或人民代表,即近代民主式的法治。"②三者自成系统,切忌混淆。在逻辑上,由申韩式的基于功利的法治,进展为诸葛式的基于道德的法治,再由道德的法治进展为基于学术的民主式的法治,是法治的必然阶段,原则上不能颠倒。为政者切忌开倒车,倒行逆施。

贺麟强调指出,三种法治在价值上不能同日而语,其中,以申韩式的法治价值最低,而诸葛式和民主式的法治价值则较高。在历史的发展中,切忌将申韩式的法治杂糅到诸葛式的法治和民主的法治中。例如,王安石的学问文章及政治风范皆可比拟诸葛,但他推行新法时迫切贪图速效近功,杂采申韩之术,最终导致变法失败。而日本明治维新,民主式的法治本来根基未牢,却更采取军阀专政,严刑峻法,剥削人民,贯彻武力征服,最终走向毁灭。所以"我们以后必须确切的认识,必基于道德学术的法治,才是人类文化中正统的真正的法治。那基于权术功利一类的法治只是法治未上轨道时一个抽象的阶段,绝不能代表法治的本质,概括法治的全体"③。

总之,在贺麟看来,无论是政府还是个人,都要认识国家法

---

① 贺麟:《文化与人生》,北京:商务印书馆,2005年,第45页。
② 贺麟:《文化与人生》,北京:商务印书馆,2005年,第46页。
③ 贺麟:《文化与人生》,北京:商务印书馆,2005年,第50页。

纪的庄严和神圣，它不仅是个人自由权利之所系，而且是国家民族的治乱安危之所托，应当用最大的努力和决心去建立和维护，从而为国家事业和个体人生建立起坚实的基础。而每一个现实个体，也应该在高扬道德理想主义的同时，维护法治的尊严，并过一种符合法治的生活。

三、功利主义的新发展

在伦常德性的守持中，贺麟从纯义务性方面阐释了三纲学说的真精神，认为三纲说的重点就是不顾经验中的偶然情景，完全尽个人单方面的纯道德义务，在人与人之间应该有所守持。既然如此，我们又如何将这种纯义务性的关系贯彻到底，推广到更为广义和宽泛的社会生活之中呢？显然，如果我们坚持儒家的义务性，就应该反对功利主义。然而，功利主义在现代社会是如此之重要，离开了对功利的追求，人与社会都难以为继。相反，如果我们赞成功利主义，伦常德性又何以能够守持，儒家道德如何立足？面对这样的矛盾，贺麟选择了对功利主义进行重新评价，企图通过对"体用"关系的把握和对近代功利主义的引入，从传统旧式的功利主义过渡到新式的功利主义，调和功利主义与纯义务说的冲突，从而消弭现代人在道德义务和功利主义人生问题上的两难选择。

为深入把握功利主义的实质，贺麟首先对功利主义进行了总结和界说。他说："概括来讲，功利主义把在实际上可以感到、可得到的事物认作有道德价值、并认其为生活目的的学说。所以功利主义者，所要求的是看得见、摸得着、感觉到的东西。这类东西，大体上分为四种：第一是快感或快乐，第二是财货或金钱，第三是名誉，第四是权利或权力。凡是求四者中的任何一个或一个以上的人,都可以概括的称为功利主义者。"①不过贺麟指出,功利主义发展到近代,已经具有新旧之分。旧式的功利主义和新式的功利主义不仅在时代上有所差别,而且在观点上也有很大的不同。

在贺麟看来,旧式的功利主义也叫作个人的功利主义。这种功利主义"所求的是个人的幸福、财富、名利或权力。常识上的功利主义,大都指此种个人的、旧式的、极现实的功利主义而言"②。这种功利主义的特点在于,人们追求的是个人自然欲望的满足。在他们看来,个人自然欲望不仅不被认为不道德,反而应当予以加强、发展和扩充。其具体方法是运用理智才能,获得人生的最大利益。现实生活中,人们在名利场上追逐、在宦海中沉浮,都是这种功利主义思想的表现。商鞅、李斯、韩信,其人生目的就是封侯拜相,并无道德观念和为人民谋福利的纯粹动机;秦始皇、汉武帝就是好大喜功,名垂千古,缺少仁爱的道德理想。就个体而言,似乎人人都有所沾染,难以尽脱。

针对旧式的功利主义,历来都不乏批评之声。一方面,功利主义者向外作无穷追求,其追求之物没有本身目的或内在目的。人们虽为之奔波不已,却永远也得不到满足。而非功利主义者则与之不同,他们能满足于当下,无入而不自得,随处均可见道。颜回箪食瓢饮,便乐在其中。艺术家、诗人有发挥其创造力的冲动时,也能当下得到这种满足。另一方面,功利主义善于用计算苦乐、得失、利害的方式来估计人生。儒家则反对这种算账式的生活,认为这种生活是最无意义、最枯燥无味的生活。孟子曾明确提出"乍见孺子入井,应皆有怵惕恻隐之心"的命题,他认为,一个人的行为应该完全出于纯义务的、纯道德的动机,但求心安理得,而非功利计较;孔子的"汝安之则为之"的道德训诫同样表明,人不应该向外追求,而应以内心的当下满足为依归。在他

---

① 贺麟:《文化与人生》,北京:商务印书馆,2005年,第205页。
② 贺麟:《文化与人生》,北京:商务印书馆,2005年,第205页。

们看来，如果做人做事都计较功利，则难免伤害人情和人类的伦常关系。

但是，在贺麟看来，对传统的、旧式的个人功利主义的批评固然确有所指，但本身也存在缺陷。首先，功利主义者的外向追求，并非完全得不到当下的满足。例如：钓鱼固然是为了求鱼得鱼，但同时也有钓胜于鱼的乐趣；喝酒未必直指升官发财，从喝酒本身也能得到当下的快感。过分注意当下的满足，一味反对向外追逐，便很容易陷入具有禅悦意味的名士风流，以当下满足替代一切。其次，外向追求虽无穷尽，难达目的，但其目的则可为追求的本身。因为追求的过程和追求的精神本身就有价值，是否能得到东西本身反倒无足轻重。例如，军人以上战场为快，秀才以上考场为快，是否全胜，都在其次。"所以说近代西洋人大都向外追求是对的，说他们永远不能得到满足却是错的。他们的满足，就在追求的过程之中。"①

此外，对传统的、旧式的个人功利主义的批评的问题还在于，把功利主义和非功利主义机械地对立起来，认为功利主义者利欲熏心、盲目自大、毫无理想的指导，非功利主义则视功名为粪土、蔑视享乐、喜欢过孤寂的生活。"这样一来，功利的热烈追求，无补于道德的发展。非功利的高尚襟怀，无补于社会福利。殊不知功利与非功利（道德的）不是根本对立的，是主与从的关系。非功利是体，功利是用，理财与行仁政，并不冲突，经济的充裕为博施济众之不可少的条件。"②他认为，功利与非功利并不相反，而且相辅相成。权利的获取，无非是要实现理想，理想是目的，权力绝不与此理想根本对立。由于"旧式的批评者，不明白这道理，所以流为极端的反功利而逃避人生，使整个社会成为死气沉沉、无人生乐趣的社会。真正说来，功利是实现理想、道德所必

---

① 贺麟：《文化与人生》，北京：商务印书馆，2005年，第208页。
② 贺麟：《文化与人生》，北京：商务印书馆，2005年，第209页。

不可少的条件。"①

为了从根本上解除对功利主义的偏见，避免消极的、极端抹杀功利的态度，贺麟提出了两条实践原则，这就是"尊重他人的福利"和"保持自己的福利"。在贺麟看来，"福利是健全的生活所必要的、不可少的。他人侵犯我们的福利，我们是要依法、依理力争的。有人因为自己蔽履福利，乃忽视他人福利；自愿牺牲福利，便不尊重他人的福利，强迫别人也去牺牲福利。自己逃避人生，便斥肯定人生的人为向外追逐。这是不对的"②。贺麟强调，追求功利、维护功利、分配功利，必须遵守恕道和公平的原则，从而才能避免"上下交征而国危矣"和"乱则争，争则穷"的恶性循环和危险。

然而，贺麟之所以对功利主义做如此大费周章的正反考察，绝非为了使人重新回到旧式功利主义的窠臼，做一个只顾积极钻营的人。恰恰相反，贺麟正是希望通过检讨旧式功利主义，提出功利原则，使功利主义从传统的、个人的旧有形态过渡到具有近代意义的新式功利主义，使人生能够树立正确的功利态度。因此，他说："由这两个原则，就过渡到近代新式的功利主义了。近代的功利主义不是个人的功利主义，而可以说是社会的理想主义，或社会福利主义。"③

显然，贺麟这里所说的新式功利主义，其实就是19世纪产生的以英国哲学家边沁和密尔等为代表的功利主义人生哲学。他认为，这种"新功利主义是近代西洋的最大思潮，正好与十八世纪到十九世纪的工业革命和民主政治的潮流配合起来，而其与旧功利主义之不同，也正如民主社会与封建社会之不同一样"④。贺麟认为这种功利主义具有三点思想要义。首先，近代功利主义者把前面所列举的四种功利归纳为一种功利，即快乐和幸福。因此，这种功利

---

① 贺麟：《文化与人生》，北京：商务印书馆，2005年，第209页。
② 贺麟：《文化与人生》，北京：商务印书馆，2005年，第209页。
③ 贺麟：《文化与人生》，北京：商务印书馆，2005年，第210页。
④ 贺麟：《文化与人生》，北京：商务印书馆，2005年，第210页。

主义也被称为快乐主义或福利主义。他们认为，人生的目的就是对快乐的求取，而快乐以外的金钱、名誉、权力，甚至德行，或是其本身包含快乐，或是达到快乐的手段。其次，近代功利主义者所求的是最大多数人的最大快乐。他们将最大多数人的最大快乐作为人生的理想、行为的目的和道德的标准。符合此标准即为善，违背此标准即为恶。快乐所涉及的人数多少和快乐的大小即判别善恶等级的标准。最后，分配快乐的原则是一人一份，没有人可算两份。在方法上，一是改进平民的物质生活，谋求大众衣食住行的改善，绝非口惠而实不至；二是在知识方面促进学术文化普及于大众，坚持人人获得求知的权利，享受求知的快乐。总之，新功利主义者就是要为全体社会谋福利，为平民百姓求利益。

在贺麟看来，如果能对新式功利主义加以同情的了解，从时代和社会的需要角度出发，其实它具有很多优点。[①]第一，打破亲疏贵贱之分，确立一人一份的福利分配原则，是一种革命性的思潮。它推翻了封建性亲疏贵贱之分，公平地承认一人一份。因为按照人伦要求，利益具有等差，而功利主义的看法，则是平民主义的分配原则。第二，这一原则是一个立法的原则，在法律面前人人平等，其创始人如边沁等也都是立法家，所以这种思想足以作为近代法治社会的礼法准则。第三，这派思想所注重的在于消极扫除道德障碍，而非积极提倡道德，其办法是布置良好的道德环境，创设道德生活的实践条件。例如：贫穷不利于道德发展，则设法使民众富有；愚昧不利于道德发展，则力谋普及教育；病弱不利于道德发展，则注重保育，增进卫生。第四，这派思想有增进公德心的优点。由于它以最大多数人的最大幸福作为目标，则自然使人去私存公、立己立人。在增进全体的幸福的同时，即增进自己的真正的幸福，从而使自己的生活利益必须安排得与大众福利相一致。第五，这派思想足以促进社会进步。在传统或非

---

① 贺麟：《文化与人生》，北京：商务印书馆，2005年，第211页。

功利观点下,人们消极避世,社会停滞不前。新功利主义肯定福利,肯定对社会福利的追求,自然就能使社会获得实际上的进步。

从学理上看,贺麟并不认为新功利主义只是对旧式功利主义的简单超越,而是认为它是从旧式的道德和纯义务的道德演化而来。他说:"从发展上看,这种新功利主义的思想,是从旧式的内心道德,纯义务的道德思想进化过来的。因为内心的道德思想注重人格修养,不受物质的限制,保持自己的纯洁,这固然很好,但新功利主义则要进一步,从人格的保持到人格的发展;从不受物质的支配,到支配物质;从消极的个人人格修养,到积极的大众福利的增进。总之,从消极道德,进而为积极的道德;从不计算人生利害得失,在彻底计算人生利害得失,用科学统计方法计算人生的利害得失。由一时的从内心直觉出发的善行,到有组织有计划的公益事业。"①所以,新功利主义实是单纯内心道德思想的进一步发展。

更为重要的是,近代新功利主义的发展,远承基督教博爱精神、人类兄弟感和"己所不欲,勿施于人"的箴言,发挥孔德、圣西门人道教精神。从社会福利角度上看,这种新功利主义观点又具有宗教精神或非功利主义色彩和基础。其理论主要以杨子的"为我"为出发点,以墨子的"兼爱"为归宿。"即从分析各人各求其自己的快乐的心理事实出发,而达到以最大多数人的最大幸福为前提的利他的宗教精神。其操行虽口口声声不离快乐或福利,而实际着眼全在社会民众的福利,淡然无个人利禄自私之心。"②贺麟认为,在迈向现代化的今天,这种新功利主义的影响已经初见端倪。人们应解除对功利主义的误解和偏见,发挥其于公于私皆益的双重价值。

四、人己关系的新评价

在"天道人欲"的辨析中,贺麟从纵向的角度阐述了天与人、

---

① 贺麟:《文化与人生》,北京:商务印书馆,2005年,第211-212页。
② 贺麟:《文化与人生》,北京:商务印书馆,2005年,第212页。

天理与人欲的关系，接下来，他认为还需要在横向的人与人的利益关系上做进一步探讨，因为人与人之间除了正常的伦常关系，还有极其现实的利益关系，这种利益关系从古至今都是处理人生问题的核心。只有实现纵向的天人关系和横向的人己关系的全面调整，人生哲学才有一个更为整全的价值取向。

贺麟认为，对人己关系的评价可追溯到先秦的伦理思想。其中，尤以杨朱的"为我"和墨子的"兼爱"为显例。前者为利己主义的代表，后者为利他主义的代表。利己主义的出发点是自保自利，利他主义的出发点则是同情。不过长期以来，由于二者都毫无例外地与儒家爱有等差原则相违背，因而遭到激烈的排斥。孟子大声高呼"杨氏为我，是无君也；墨氏兼爱，是无父也。无父无君，是禽兽也"（《孟子·滕文公下》）。孟子认为，无论是杨朱还是墨子，都破坏了正常的人伦关系，必须予以谴责。然而，问题的症结还不仅在此，以杨朱为代表的利己主义和以墨子为代表的利他主义不仅要共同面对儒家的声讨，而且彼此之间的观念冲突更为激烈，势成水火。

然而，近代以来，随着辩证法的发展和社会生活的丰富，人们对利己主义和利他主义的看法发生了显著的变化。贺麟认为，这种对立关系在今天是可以被克服和解除的。例如，每当人类遭遇惨绝人寰的浩劫时，人们不仅会发挥出本能的自保自利的意志，而且对于他人的厄难灾殃，也最容易流露出同情心。显然，在利己主义和利他主义之间没有绝对的界限。

为了深入讨论对二者的新认识，贺麟从人与人之间的利害关系入手，通过排列组合，系统考察人我利害的所有可能。他指出："就一个行为之涉及人与我或己与他的利害关系来说，大约不外下列六种可能：（一）人己两利，（二）利人无损于己，（三）利己无损于人，（四）损己利人，（五）损人利己，（六）人我两损。"[①]他

---

① 贺麟：《文化与人生》，北京：商务印书馆，2005年，第199页。

认为，在此六种关系之中，不同组合的价值明显不同。其中，最合理、最理想的行为是"人我两利"，但它既不能认作单纯地利己，也不能认作单纯地利他。最不合理、最恶的行为是"人我两损"，同为利己主义和利他主义者所不取。"利人无损于己"不能算是利他，只能算是聪明的行为，如一富人将剩余饭菜给予乞丐，绝不能被认为是利他主义的行为。"损人利己"则是人们最为痛恨的"自私"，是人我关系的恶化，从道德的立场上看，其比人我两损更为败坏。因为后者很多源于愚昧，主观用意不恶，能为人们所原谅；而损人利己不仅牺牲别人，甚至牺牲国家和社会多数人的幸福成就自己的私利。同时，这种人往往才智很高，地位优越，是社会的败类。因此，损人利己无法成为伦理上的主义。

最后，剩下两种关系——"利己无损于人"和"损己利人"，则是贺麟所赞成的人己关系的正途。其中，"利己无损于人"才是利己主义者的主张，"损己利人"是利他主义者的主张。就"利己无损于人"而言，"于不损人范围内，讲求真实的利己，不仅不抱损人利己的主张，且较之伪善之流高明多了"①。利己主义者在保持自己的生命、利益和幸福时，虽不去有意做利他之事，但至少不去危害别人的幸福；且保护自己的利益也需要有相当的修养和克制，才能不致损害别人的正当利益。"故利己主义，亦有其道德价值。"②就"损己利人"而言，"虽不一定要忘怀小我，同情人群摩顶放踵；甚至作可歌可泣的牺牲自我救助他人的义烈行为，方可称为真正的利他，但至少个人必须在某种程度内减损自己的利益，牺牲自我的幸福，以谋他人或社会的福利，才可算得利他主义者。如果他自己的福利丝毫不受牺牲，他虽发挥他的才能，于人群福利有所贡献，人群也感谢他，酬劳他，但严格讲来，在道德上也不能算作利他主义者"③。例如，英国首相丘吉尔曾领导英

---

① 贺麟：《文化与人生》，北京：商务印书馆，2005年，第200页。
② 贺麟：《文化与人生》，北京：商务印书馆，2005年，第200页。
③ 贺麟：《文化与人生》，北京：商务印书馆，2005年，第200页。

国人民抗击法西斯,并造福于民,贡献于英国及其盟友,不可谓功绩不大,然而却始终没有人称他为利他主义者,反而称他为"太上的个人主义者"。这说明丘吉尔显然与利他主义的基本精神是相违背的。

问题的关键在于,无论利己主义和利他主义存在怎样的武断和偏执,在针对"损人利己"的自私态度面前,二者都有补救校正的功效。"利己主义"在伦理学上的意义在于利己无损于人,它承认人的自然愿望,不取伪善,不唱高调。"不损人以利己"本身就具有救治和规避损人利己者恶行的功能。贺麟分析杨朱的利己主义指出:"'不拔一毛以利天下'即极言其既不损己以利人,以示与损己利人的利他主义相反,亦不损人以利己,以示与损人利己的恶人相反,而取两极端的中道。"①与此相对,利他主义则有一种主观态度上的自我牺牲。"至于抱损己利人的利他主义者则同感损人利己的恶人太多,悲悯为怀,抱我不入地狱谁入地狱之旨,以期感化损人利己者,并思虑多为贫苦无告者及受压迫剥夺者谋福利,以期抵消或减轻损人利己的恶人所造成的罪恶,这确有为恶人赎罪的宗教精神。"②更为重要的是,利己主义与利他主义都是针对损人利己的恶人而发,而两派最后的目的皆在达到人己两利的理想。

基于对利己主义与利他主义的积极方面的认识,贺麟认为,用现代的眼光来看,对于崇尚"为我"的杨朱和崇尚"兼爱"的墨子,我们似乎都应给予相当的谅解和嘉许,从而团结起来,集中力量,以对损人利己的恶人发起总攻击。相反,孟子辟杨墨、朱子辟永嘉事功和金谿的顿悟,反而失之狭隘,导致放过了损人利己者这一共同的敌人。贺麟赞成曾国藩对宋儒的评断:"性理之学,愈推愈密。苛责君子愈无容身之地,纵容小人,愈得宽然无忌。如虎飞鲸漏,谈性理者熟视莫敢谁何?独于一二朴讷之君子

---

① 贺麟:《文化与人生》,北京:商务印书馆,2005年,第201页。
② 贺麟:《文化与人生》,北京:商务印书馆,2005年,第201页。

攻击惨毒耳。"认为他"虽尊程朱,而于宋儒太苛太狭,攻击君子排斥异己之说,反而纵容了恶人的地方,亦洞见其弊"①。

在贺麟看来,利己主义和利他主义各有其深厚的文化背景,或者说,透过其利己主义或利他主义的行为,我们看到一个人的文化修养和精神世界。他指出:"利己主义者都是艺术的维护者。利他主义者大都是宗教的宣扬者。"②这种情况无论是在中国还是在西洋,都有其典型的代表。在中国,利己主义者杨朱的"全性葆真""不以物累己",力求保持天人本性之纯朴,不役于物,接近老庄,颇具隐遁山林、超然物外的艺术家风味;在西洋,利己主义者伊壁鸠鲁则追求个人的身体无痛苦,精神无烦恼,其生活理想亦在于享受有艺术意味的高雅快乐。在中国,利他主义的代表墨子,摩顶放踵,以利天下,富于宗教精神;在西洋,耶稣基督倡导爱仇敌爱邻居如爱己的普爱主义,同样将利他主义理想尊崇为宗教和道德的核心。

由于"利己主义既以艺术为其文化背景,故利己主义者多诗人、艺术家、隐君子"③,他们多数清高风雅,主张到山林去隐逸,注重艺术的欣赏。他们常常诗酒书画、抚琴垂钓,需求观山玩水的清欢,不以世俗荣辱、天下国家为介怀。他们亦有为朋友牺牲的时候,但却并非出于道德的动机,而是意气相投,真性情使然。他们看透人情冷暖、险诈虚伪,不过这样一来,他们获得并保持了较多的自由,时时反抗不合理政治,倒可以救治社会上和政治上的污浊之气,可以使那些损人利己的恶人感到自惭形秽。而"利他主义则多数为救人于苦海、拔民于水火的宗教家或先知先觉之士"④。他们主张去民间拯救,注重宗教精神。他们认为自己奉天命,必须尽天职,有拯救世人的神圣使命,他们要领导一切、转

---

① 贺麟:《文化与人生》,北京:商务印书馆,2005年,第202页。
② 贺麟:《文化与人生》,北京:商务印书馆,2005年,第202页。
③ 贺麟:《文化与人生》,北京:商务印书馆,2005年,第203页。
④ 贺麟:《文化与人生》,北京:商务印书馆,2005年,第203页。

变一切，唤醒世人、点醒世人，促其再生。他们真切地而且深切地具有民胞物与、己饥己溺的敏感。

贺麟指出，尽管利己主义和利他主义发展到极端，都会到达反对礼教赋予君父的权威，反对家庭的私恩，反对政治，反对齐家治国、尊崇君父的儒家思想的境地，然而，在现代中国，我们已经经历了新文化运动的摧毁和破坏，杨子的思想已随西洋个人主义的输入而抬头，墨子的思想亦随西洋的宗教、人道教和社会主义思想的输入而复兴。所以无论是以后的儒家，还是现实个体人生，都应该正确地看待利己主义和利他主义。以杨子为我为出发点，以墨子兼爱为归宿点，以维护个人权益为出发点，以造福人类社会为归宿点，不仅在人生中可取，而且更应该成为调节人生的正途。

五、爱与生死的新体验

贺麟认为，人类最高尚、最纯洁、最普遍的爱便是仁爱，或者说儒家所说的恻隐之心。它既是一种情绪，更是一种心态。具有仁爱精神，不仅能够带来快乐，而且能够带来信心。因为"仁爱为快乐之本"[①]，"仁爱就好像光明，光明一到，黑暗消散，仁爱所至，悲苦绝迹"[②]。在贺麟看来，人们常说的"情人眼里出西施"，就是普遍的爱情心理。"一个人有了爱情，有时可以化丑为美，把他爱的对象认作美的对象。同样一个人有了仁爱，他就可以化恶为善，化险为夷；看得见人性中最光明的一面，因而养成乐观的心境。"[③]

如果将仁爱之心缩小到男女关系上，便成了爱情；而将男女

[①] 贺麟：《文化与人生》，北京：商务印书馆，2005年，第110页。
[②] 贺麟：《文化与人生》，北京：商务印书馆，2005年，第111页。
[③] 贺麟：《文化与人生》，北京：商务印书馆，2005年，第111页。

关系上升到爱情,便可称为仁爱。在贺麟看来,"男女关系可以说是中国现代许多解放运动的发端。许多反家庭、反礼教、反儒家思想的运动均肇端于男女关系"①。不能在男女关系上实现合理性、合时代、合人情,很多社会问题都难以得到解决。在当今时代,"父母之命、媒妁之言"、男女授受不亲、三从四德、纳妾出妻的封建教条固然不合时宜,但是,酒食征逐、放纵肉欲、追逐个人享乐的婚姻、发疯、自杀、决斗的热情爱恋同样是男女关系的堕落、国家社会的病态。

正确的爱恋关系,绝不仅仅是个体的性欲和享受,而是一种富于道德和诗意的社会关系。它是能唤醒善意、符合诗意、给人美好的过程。在贺麟看来,"假若男女问题能循有诗意、合礼仪、负社会国家的道德责任的途径以求解答,便可算得上契合儒家的规范了"②。

所谓有诗意,是指男女关系是真正基于爱慕和欣赏,是"关关雎鸠"式的爱恋,是"辗转反侧"式的相思,是"思无邪"的正大光明;所谓合礼仪,是指爱情过程中,男女的交往要有内心的裁制,有社交的礼仪,爱情的结果得到家庭、社会和法律的认可。所谓负社会和国家的责任,是指婚姻关系不仅仅关涉个人,而是有深刻的道德意义,对国家、社会、家庭都有重要的责任,不可轻浮而为。

在贺麟看来,新时代下,"男女关系须受新诗教、新礼教的陶冶,且须对社会、国家负道德责任,这就是儒家思想新开展中所指示的途径"③。这种途径并非脱离现实的虚幻的设想,现在很多中国人、许多美满的家庭都在无意间实践和遵循着。

当然,除了爱,人生还要关注生死。在贺麟看来,传统对生死的态度存在很多问题。例如,孔子曾言,"未知生,焉知死?"

---

① 贺麟:《文化与人生》,北京:商务印书馆,2005年,第16页。
② 贺麟:《文化与人生》,北京:商务印书馆,2005年,第16页。
③ 贺麟:《文化与人生》,北京:商务印书馆,2005年,第16页。

显然是对死亡的回避；伊壁鸠鲁则认为，"要习惯于相信死亡与我们无关，因为一切的好与坏都在感觉之中，而死亡是感觉的剥夺"，认为死亡与我们毫无关系。他们的观点固然有其理论和依据，然而，如果从宗教等角度看，则难免显得狭隘。对人而言，人生观并不仅仅局限于生，也包含着死，健全的"人生观"必然包含着"人死观"。

贺麟指出，近代以来，人们在对待生死的问题上已经出现了很大的转变，"而近代的哲学家则多认为生和死是相互交织着，决不能截然分开的。或认为死是生的另一阶段或另一面，而对于生的看法，处处都与对于死的看法有密切的关系，不能分开。一个人对于死的看法，往往就整个支配着影响着他生的态度"①。例如，两军人交战，怕死的人与不怕死的人在战场上的表现是不同的，不怕死者英勇顽强，而怕死者则胆小懦弱。苏格拉底之所以能慷慨赴死，就在于他认为他的灵魂一定能够到达极乐的神灵世界，而现实中的有些人则糊涂地生活着。

在贺麟看来，对人而言，死亡无疑是生命中的终极难题，其根本的原因不仅在于人们无法阻挡死亡的降临，更为重要的是人们无法确定死后的状态。如果一个人能够对死后的世界有相应的了解，那么他对生活的态度应该是完全不同的。所以，对死亡的认识对人的行为和生活有莫大的影响，"所以要建立一个健全的人生观，对于死要有一个正确的看法，实在是非常重要"②。

贺麟对死亡的认识明显受到过海德格尔等哲学家的影响。③在海德格尔看来，死是"此在"的未来状态，是存在的终结。揭示人的全部本质，还必须通过"死"才能体验出来。他认为人最终

---

① 贺麟：《文化与人生》，北京：商务印书馆，2005年，第315页。
② 贺麟：《文化与人生》，北京：商务印书馆，2005年，第315页。
③ 在贺麟的哲学文本中，海德格尔出现的次数并不多。不过，他对海德格尔应该是很熟悉的，例如，在讨论"超时空"时，贺麟曾引用过海德格尔《康德与形而上学》中的观点。至于在人生哲学，贺麟是同意近代以来西方哲学对待生死的态度，自然也能接受海德格尔的"死亡观"。

逃脱不了"死"。死使人返本归真,即从沉沦中的非本真之中返归本真,使人进入"本质的状态"。他所说的"死",当然不是人们通常所说的"死"。"死亡"是此在的"尚未":当此在存在之时,死亡虽然'尚未"来临,但是作为可能性的死亡已经在此在自身之中了。从生存论来看,"死"是指人的本真意义上的"死",不同于生命的死。"人本真意义上的死"使人的"在世"成为一种可能。也就是说,是既要到来的,但又没有到来的可能性。任何一个"此在",任何一个人,在一开始的时候就面临着死,"人是向死而在的"。海德格尔给死亡下的定义是:死亡是"最本己的、无所关联的而又无可逾越的、确知但却不确定的可能性"。在这里,首先,死亡是不可替代的。任谁也不可能拿走他人的死,因为任何人的死都必须是"亲自去死",都不可能由别人去代替。其次,死亡是此在的一种可能性。人一生下来,究竟成为什么样的人,将会经历怎样的人生,无可知。但有一点是可以肯定的:他必须有一死。活着的时候,死亡尚未到来,所以是可能性。然而,人必有一死,所以是确知的可能性。虽然是确知的可能性,我却不知道哪一天会死,因而又是不确定的可能性。最后,死亡是"无所关联的而又不可逾越"的可能性。死亡乃人生之大限,死亡将解脱你所有的一切,无论你生前声名显赫还是默默无闻,无论你是"朋友遍天下"还是"孤家寡人",在死亡面前都会烟消云散。所以,死是人最本己的、最无关涉的,又具有不可逃脱的可能性。

不过,与海德格尔不同的是,贺麟认为,死亡固然不可逃避,但是我们又不能想得太多,或者说沉浸其间不能自拔,因为"当一个人若对死的问题想得太多,甚至专想到死而不能想到生,就不免沉溺于天堂、地狱、来生种种妄诞的幻想,而忽视现实。这样就如西洋的中古时代,易陷于一种不健全的出世思想。但若专注意到生而没有对死有一个正确的看法,则亦属偏而不全"①。

---

① 贺麟:《文化与人生》,北京:商务印书馆,2005年,第314页。

第十八章　知行合一的践履

以"逻辑心"为起点,贺麟为人生搭建起坚实的价值基础,进而建立自我、辨析理想、言说使命、体验哀乐,并在人与自然、人与人、人与理、人与社会、人生内外的穿越中不断前行、不断涵养。然而,他深知无论人生如何开展,知识如何丰富,生活如何谋划,其最终都必须落实到实践中去,这与阳明先生早年以"心学"始、以"知行合一"终的思路是一致的。不过,贺麟对知行合一的探讨参考了更多的西学元素,在传统知行合一的基础上进行了创造性的发挥和补充。通过对斯宾诺莎的身心平行论的理解,他提出了"自然的知行合一";通过对价值的知行合一的区分,他辨析了朱熹的"理想的价值的知行合一"与王阳明的"率真的(直觉的)价值的知行合一"。进而,他系统地将知行合一分为"两类三说"。在贺麟看来,知行合一表面上虽与常识抵触,但实际却有深刻的事实基础和理论基础,对于学术求知、道德践履均有效用。不批评地研究知行问题而谈本体,必得武断的玄学;不批评地研究知行问题而谈道德,必得武断的伦理学。因此,我们必须反对武断的道德判断、道德命令和道德学上的武断主义,避免"汝应如此""汝应如彼",使"由"不使"知"的道德命令;避免不审问人背后的知识基础,只知从表面上去判断别人行为的是非善恶。他希望通过对知行问题的检讨,使人们能够对道德生活得到正确的理解:离知外无行,离学问外无涵养,离开真理的指导外无道德。

一、"知行合一"字词释义

知行关系在文字上的记载，最早可见之于《国语》和《左传》。根据《国语·周语（上）》记载，邵公谏厉王时便指出"夫民虑之于心而成之于口，成而行之"，《左传·昭公十年》中也曾提到"非知之实难，将在行之"的命题。然而，明确提出"知行合一"的哲学家则属明朝的王阳明。明武宗正德三年（1508年），他在贵阳文明书院讲学时，首次提出"知行合一"这一重大命题。不过，他所谓的"知行合一"，不是一般的认识和实践的关系。"知"，主要指人的道德意识和思想意念；"行"，主要指人的道德践履和实际行动。因此，知行关系也就是指道德意识和道德践履的关系，也包括一些思想意念和实际行动的关系。

贺麟讨论知行问题也是从王阳明开始的。他说，关于"知行合一与王阳明的名字，可以说是分不开的。王阳明之提出知行合一说，目的在为道德修养或致良知的工夫，建立理论的基础"[①]。不过，"到他晚年便专揭出致良知之教，以代替比较有纯理论意味的知行合一说。所以后来各派门徒所承于他而有所发挥的，几乎完全属于致良知之教及天泉证道的四句宗旨。他的各派门徒，对于他知行合一，不为没有新的发挥，甚至连提也绝少提到。此后三百多年内，赞成反对阳明学说的人虽多，但对知行合一说，有学理的发挥，有透彻的批评和考察的人，几乎一个代表都找不出"[②]。显然，贺麟对于阳明后学以来的这一历史倾向是颇有微词的，因此他对知行问题的承袭也可以说是刻意为之。然而与王阳明不同之处在于，他对知行合一的认识经历了西学的浸染。其中，斯宾诺莎和英国新黑格尔派领袖格林（T.H.Green）均给予他深刻的影响，斯宾诺莎的《道德学》、格林的《道德学导言》在知行问题

[①] 贺麟：《近代唯心论简释》，北京：商务印书馆，2011年，第49页。
[②] 贺麟：《近代唯心论简释》，北京：商务印书馆，2011年，第84页。

上对他的启蒙意义均不容忽视。

所以，经历了近现代西学的洗礼后，贺麟在知行问题上也就具有更为系统、更为学术化的研讨，特别是他对"知行合一"字词内涵、概念系统有了更为出色的演绎。

首先，就"知""行"而言。贺麟认为，"知"是一切意识的活动，"行"则是一切生理的活动。前者包括记忆、感觉、推理、思辨等具体内容，后者则包括四肢五官的运动，联同神经系统等细微变化。具体而言，知行关系可表现为以下几个方面。①

第一，知行同是人体的一种活动。在贺麟看来，"行是一种活动，知也是一种活动，行是生理的，或物理的动作；知是意识的，或心理的动作。知行虽是两种性质不同的活动，但知与行皆同时活动"。因此，我们不能说行是动的、知是静的，相反，行有动静，知也有动静。

第二，知行活动都具有等级差别。"知既指一切意识活动，当然包括各式各样的意识活动，而在这些样式不同或种类不同的意识活动中，是有等级可分的。同样，行既指一切生理活动，亦当然包括各式各样的生理活动在内，而这些样式不同种类不同的生理活动中，也是有等级可分的。"在贺麟看来，对于知行的这种等级活动，我们可以借用心理学"显"与"隐"（explicit and implicit）两个具体标准加以表示。例如，我们可以将动手、动脚的行为称之为显行，静坐、沉思等不显著或隐晦的生理动作称之为隐行；我们可以将沉思、推理、研究学问等显著意识活动称之为显知，本能的意识、下意识活动称之为隐知。而无论是显知还是显行，它们之间只有量的、程度的或等级的不同，而无根本的不同或性质的不同。

第三，知行活动具有"无知之知"与"不行之行"两种事实。根据对等级区分的了解，可进一步推知，"最隐之行，差不多等于

---

① 贺麟：《近代唯心论简释》，北京：商务印书馆，2011年，第50-51页。

无行"。例如，对于头脑中最轻微的一个运动，不仅神经学家无法研究，而且行为心理学家也无法观察，因此我们可以称之为"无行之行"。"同时，最隐之知，也差不多等于无知。"如人的下意识活动，不仅自己不知道，他人也难以知道，因此可称之为"无知之知"。

其次，就"合一"而言。"合一"的基本含义并非我们日常思维中的大杂烩，不加区别地糅合在一起。在贺麟看来，"知行合一"中的"合一"不仅应该逻辑清楚，而且应该深具哲学义理。①

第一，知行合一中的"合一"不是"混一"。贺麟指出，说知行合一，既不是说知行关系混淆不清，更不是把知行两个概念弄得混淆不清，认为知行合一是漆黑一团、不可分辨的。恰恰相反，持知行合一的人，正是想清楚认识知行概念的真意思与真关系，从而把握什么是才是真知，什么才是真行。同时，"持知行合一的人，既不一味说知行是合一的或混一的，亦不一味说知行是对立的、二元的。他要看出知行关系的分中之合，又要看出知行关系的合中之分"，从而形成一个完整的逻辑链条，即一方面指出知行如何本来是合一的，另一方面分析清楚知行如何分而为二，彼此对立，最后追溯出知行如何复归于同一。

第二，知行合一是知行同时发动之意。贺麟指出，根据定义，知是意识的活动，行是生理的活动。所以，"所谓知行合一就是这两种活动的同时产生，或同时发动。在时间上，知行不能分先后。不能说知先行后，亦不能说知后行先。两者同时发动同时静止。不能说今日知明日行，更不能说此时只有意识活动，他时另有生理活动"。不过，贺麟指出，他的"同时发动"的这一说法采自斯宾诺莎，因为斯宾诺莎曾主张身体之主动与被动次序和心之主动与被动是同时发动的。

第三，知行合一中的知与行是同一活动的两面。在贺麟看来，

---

① 贺麟：《近代唯心论简释》，北京：商务印书馆，2011年，第51-52页。

知行合一中的知与行如同人的手心与手背，连为一体。一方面，手心是手心，手背是手背，性质不同，功用各异；另一方面，我们永远无法将手心与手背彻底分裂开来。同样，"知与行既是同一活动的两面，当然是两者合一的。若缺少一面，则那个心理生理的活动，便失其生理心理的活动。因为知行合一是两面式的合一，所以可以解释作同时发动"。换言之，无无知之行，也无无行之知，知与行相互陪伴着，且永远在一起。

第四，知行合一又是知行平行的意思。贺麟认为，如果"单抽出一个心理生理的孤立活动来看，加以横断面的解剖，则知行合一乃知行两面的意思。就知行之在时间上进展言，就一串的意思活动与一串的生理活动知行合一并进言，则知行合一则是知行平行"。也就是说，一方面，知识的主动被动变迁进退的次序或程度，与行为的主动被动变迁进退的次序或程度相同；另一方面，知行不能交互影响，知为知因，行为行因，知不决定行，行不决定知。最后，知不能使身体动作，行不能使知识增进。以知释知，以行释行，自成系统，各不相干。

经过这样的分析，贺麟对知行的概念的辨析明显突破了王阳明的知行的道德属性，引申到了更为宽广、更为全面的一般意义，特别是通过对现代生物学、生理学、心理学和精神分析等相关概念、术语的引入，使知行合一接受了现代化的学术洗礼。

二、"自然的知行合一"向"价值的知行合一"的转进与分歧

不过，贺麟也认识到，如果根据上面对知行合一的解释，那么任何一种行为都有意识作用，任何一种知识都有生理作用。知行作为一个心理生理活动的两面，就会永远合一、永远平行、永远同时发动。进而，最高级的知与最高级的行平行，最低的知永

远与最低的行平行,"伪知"与"妄为"合一,"盲目"与"冥行"合一,这样一来,人就完全被知行合一所束缚了,因为"照这样的说法,说假话作汉奸的人也是知行合一的。上至圣贤豪杰,下至愚夫愚妇,再下至禽兽昆虫都一概是知行合一的。我们且欲知行不合一而不可得!我们人类为自然命运所决定。没有脱离行为的束缚,而单要纯知的自由,也没有放弃知识而要纯行的自由"①。只要人有意识活动,就无法取消身体的跟随。贺麟认为,对于这一现象,我们姑且可以称之为"普遍的知行合一论"或"自然的知行合一论"。一方面,它表示凡有意识,莫不知行合一;另一方面,它表示不假人为,自然而然。对人而言,这种知行合一是人生所固有的、不能回避的。

不过,人生是否就此仅仅只能遵循普遍的或自然的知行合一呢?如果真是这样,人生不就真的失去了知行的一切选择权利吗?如果答案是否定的,那么,人生还有哪些选择的可能性呢?

在贺麟看来,普遍的或自然的知行合一其实并非人生仅有的知行形式。因为从文字上我们就能看出,与普遍相对应的是理想的有所选择的知行合一,与自然相对应的是价值的知行合一。换言之,人生不仅可以遵循普遍的、自然的知行合一,而且可以实现理想的、价值的知行合一。人在遵循自然的知行合一的同时,同时也可以实现普遍的、价值的知行合一。于是,贺麟便将知行合一从一个方向转向了另一方向,从普遍的、自然的知行合一转向了理想的、价值的知行合一。他指出:"价值的或理想的知行合一说,认知行合一为理想的知或理想的行,认知行合一为'应如此'的价值或理想,为须加以人为的努力方可达成实现的职责(Aufgabe),是只有少数人的功绩。而自然的知行合一则认为知行合一乃是'是如此'的自然事实。知行本来就是合一的,用不着努力即可达到,因此单就知行合一本身言,并无什么价值,虽然

---

① 贺麟:《近代唯心论简释》,北京:商务印书馆,2011年,第55页。

有高级的知和低级的知的知行合一之别，但以知与行的内容为准。"①

因此，贺麟认为，在"是如此"和"应如此"、"自然的知行合一论"和"价值的知行合一论"之间存在着显著的区别。

首先，自然的知行合一论者与价值的知行合一论者对知行的界说不同。在自然的知行合一论者看来，纯意识活动为知，纯生理物理动作为行。而价值的知行合一论者认为，显行隐知为行，显知隐行为知。换言之，"前者合显行隐知之全，而分知行。后者只抽象地为方便计，指显知为纯知，显行为纯行"②。

其次，自然的知行合一论者与价值的知行合一论者在"合一"的理解上不相同。贺麟指出："自然的知行合一论者，以显行与隐知合一，或显知与隐行合一。换言之，以每一活动里知行两面自行合一，同时合一。不同时之知行合一，显知隐行与显行隐知之合一，在自然说中不可能。而价值的知行合一说者，则在不同的时间内，去求显知隐行与显行隐知之合一。因为知与行间有了时间的距离，或成为理想的而非自然的，因为要征服时间的距离与阻隔，故须要努力方可达到或实现。"③在贺麟看来，与自然的知行合一不同，价值的知行合一论实则是知行二元论，即先根据常识或方便起见，将知行分为两事，然后再用种种努力勉强使知行合一，求两事兼有。为了实现这种知行合一或兼有的努力，可通过两条途径：一是由行（显行隐知）以求与知（显知隐行）合一的向上的途径；一是由知（显知隐行）以求与行（显行隐知）合一的向下的途径。其中，向上的途径是为了超越不学无术的冥行，从而寻求知识学问的基础，是一条求学术化的途径；相反，向下的途径是要避免空疏之知、虚玄之知，求学术知识的应用与服务于国家社会的途径，是一条求普及化、社会化、效用化的途径。

---

① 贺麟：《近代唯心论简释》，北京：商务印书馆，2011年，第55页。
② 贺麟：《近代唯心论简释》，北京：商务印书馆，2011年，第56页。
③ 贺麟：《近代唯心论简释》，北京：商务印书馆，2011年，第56页。

最后，自然的知行合一说与价值的知行合一说在知行能否交互的认识上不同。按照自然的知行合一说，知行是不能互为因果、互相解释的；但价值的知行合一说则认为，知行可以相互决定、相互解释。知可以成为行的原因，行也可以成为知的原因。于是，通过对一个人的知识就可以解释他行为的原因，也可以用他的行为来解释他具有某种知识的原因。因此，自然的知行合一与价值的知行合一在知行能否交互影响的问题上持截然相反的看法。

然而，既然自然的知行合一与价值的知行合一在观点上如此鲜明对立，面对浑然天成的自然的知行合一，我们无能为力，那么，我们如何才能深入价值的知行合一，从而使自己真正践履呢？贺麟认为，我们可以从区分朱熹与王阳明两条路线出发，从而找到适合自己的知行合一的方式。

三、"理想的价值的知行合一"与"率真的价值的知行合一"的努力方向

根据对朱熹和王阳明的深入分析，贺麟认为，价值的知行合一实则具有两种形态。"所以我们可以这样说，价值的知行合一可以分两派，一派为理想的价值的知行合一观，一派为直觉的或率真的价值的知行合一观。前一派以朱子为代表，后一派则是阳明所创立、所倡导。"[①]

在贺麟看来，在中国历史上对知行问题做了很多方面讨论并有重大影响的当首推朱子。朱子在知行问题上的基本思想是将知行分为二截和坚持知先行后。其中，最为有名的就是他在白鹿洞书院学规中对《中庸》"博学之、审问之、慎思之、明辨之、笃行之"的强调，明确将知与行切实区分开来。他认为，学者应先格

[①] 贺麟：《近代唯心论简释》，北京：商务印书馆，2011年，第70页。

物穷理，然后才能躬行实践，而他自己所艰苦努力的工夫就在于"穷理以致其知，反躬以践其实"。朱子一再强调："义理不明，如何践履？如人行路，不见便如何行？""万事皆在穷理后，经不正、理不明、看他如何践履？也只是空！"贺麟认为他的这一看法与程颐的"未致知，怎生得行？勉强行之，安能持久？"的思想是完全一致的，即明确强调知先行后、知主行从。

朱子在知行问题上的看法，贺麟将其称之为"价值的或理想的知行合一"，他说："其实他的这种看法，可以说是正代表我们所说的典型的价值或理想的知行合一观。任何持价值的知行合一观的人，他不能不为方便计，根据常识，将知行分作二事，有时间先后的距离，然后再努力使知行合一或兼备于一身。朱子平生所艰苦用力的'穷理以致其知，反躬以践其实'的功夫，就是实现价值的知行合一的最大努力。"①只不过，朱子的问题只限于"知行何以应合一"和"何如使知行合一"，而没有涉及自然的知行合一和王阳明的即知即行的说法。

不过，在古代封建社会，朱熹所说的由学问思辨而笃行的步骤，的确存在很多弊端。在贺麟看来，它实是"学而优则仕"的另一说法。"他主观上自以为他的学说可以造就出能知、能行，兼立言立德立功三不朽于一身，或学问文章道德事功兼备的大政治家。但社会的实践证明了在几百年来的封建统治和科举制度下，他所谓学问思辨事实上就变成了进京考试的举子'十年寒窗苦读'，而他所说的'笃行'也就具体化为举子金榜题名后的'飞黄腾达（韩愈'示儿'诗中语。）换言之，他的先知后行说，在封建社会的客观实践中就成了'先读书后做官'的人生观。他的学说被统治阶级利用作为巩固封建剥削、束缚个性、桎梏思想、阻碍进步的工具，并非偶然。'"②

然而，贺麟也认为，朱子的学说尽管存在许多的困难和流弊，

---

① 贺麟：《近代唯心论简释》，北京：商务印书馆，2011年，第74页。
② 贺麟：《五十年来的中国哲学》，上海：上海人民出版社，2012年，第207页。

但至少从表面和常识上看，它是一般人所信奉的原则。例如，先到学校去求知，毕业后到社会机关去服务；先研究理论，在思想上整明白，然后方可好好做工作。"所以朱熹先知后行的说法如果有错误了的话，也是很接近常识，代表一般人所常犯的典型的错误的。"①

贺麟认为，与朱子不同，王阳明的知行合一则体现知行合一的内在要求。王阳明曾言："行之明觉精察处便是知，知之真切笃行处便是行。若行而不能明觉精察便是冥行，所以必须说个知。知而不能真切笃实，便是妄想，所以必须说个行。原来只是一个工夫。凡古人说知行，皆是说一个工夫上补偏救弊说，不似今人截然分做两件事。如今说知行合一，虽亦是就今时补偏救弊说，然知行体段亦本来知是。"（见《语录》）

首先，"王阳明提出知行合一说，是想补救朱熹知与行相脱离的偏向和弊病"②。所谓补偏救弊，就是勉强地将知行分为两件事。如果有人偏于冥行，便教之知以救其弊；如果有人偏于妄想，便教之行以救其弊。从而使人达到明觉精察之行，真切笃实之知，或知行合一而后已。在贺麟看来，王阳明的"冥行以教真知"实则相当于由行以求与知合一的向上的途径，而"空想教以笃行"实则相当于由知以求与行合一的向下的途径。这种将知行一分为二的说法，其实只是权宜之计，不得已而为之。

其次，王阳明的知行合一说还有一种本来的体段，或本来的知行合一。其特点相当于"自然的知行合一"。例如，王阳明认为"学之不能无疑则有问，问即学也，即行也。又不能无疑，则有思有辨，思辨即学也，即行也"（《答顾东桥书》）。换句话说，知行之间没有长远的距离，学问思辨本身即行为，不是在学问思辨之外或之后，另有所行为。而"我今说个知行合一，正要人晓得一念发动处便是行了"（《传习录》）则与"自然的知行合一"完全契

---

① 贺麟：《五十年来的中国哲学》，上海：上海人民出版社，2012年，第207页。
② 贺麟：《五十年来的中国哲学》，上海：上海人民出版社，2012年，第208页。

合。相反，知行不合，一定是有了蒙蔽或阻碍，则是我们必须克服的病态。

在贺麟看来，王阳明在知行问题上唯一没有说透的地方，是在知行合一的时间观念上没有交代清楚。换句话说，究竟知行合一是指同时的知行合一，还是异时的知行合一？如果是指同时的知行合一，也就是自然的知行合一，这样一来，人与禽兽、智愚不肖便同可知行合一，毫无修养可言，似乎并不合王阳明的本意；如果有长时间的距离，需要经年累月辛苦努力才能达到知行合一，如朱子所谓的博学之、审问之、慎思之、明辨之和笃行之，则又恰恰是王阳明所反对的。所以，"我们试仔细理会阳明的意思，则知他所谓知行合一的本体，既非理想的、高远的，亦非自然的、毫无价值意味的，而乃持一种率真的或自发的（spontaneous）知行合一观。所谓率真的或自发的知行合一观，就工夫言，目的即手段，理想即行为，无须高悬理想，设远目的于前，而勉强作积年累月之努力，以求达到。就时间言，知与行紧接发动，即知即行，几不能分先后，但又非完全同时。换言之，可以说，就时间言，知与行间只有极短而难于区别之距离，如见父知孝，见孺子入井而自往救等，便是阳明所谓知行合一的真体段"，"只可惜阳明所谓知行几纯属于德性和涵养心性方面的知行。同样的意思，只消应用在自然的知识和理论的知识方面，便可以作科学思想，以及道德以外的其他一切行为的理论报告"[①]。

不过，阳明把知行关系说得如此感性，使得一般平民便可在短时间内受到感悟，使得满街满地均可称为圣人，使得人人相信当下的直观、直感和内心的认识，因而敢于打击传统的风俗礼教、圣贤权威和书本上的教条。"换言之，使得在层层封建压迫下的人敢于发'狂'。对于在科举牢笼下的人也有相当解放的作用。他尝说：'不以不得第为耻，而以不得第动心为耻。'所以阳明学说向

---

① 贺麟：《近代唯心论简释》，北京：商务印书馆，2011年，第69页。

左发展便产生了接近唯物论的感觉主义者和浪漫的反抗礼教,敢于发狂,敢于打破男女、农夫与士大夫的界限的'猖狂末流',他在当时有了一定的进步作用是可以肯定的。"①

总之,在贺麟看来,尽管自然的知行合一与价值的知行合一存在很大的差别,但从本质上说,"自然的知行合一"与任何一种"价值的知行合一"观都不冲突。在学理上持"自然的知行合一"观的人,在修养上,可以任意选择一种理想的朱子的路线,或是选择直觉的阳明的路线。

四、讨论"知行合一"的原因及其价值

通过对知行合一的深入探讨,贺麟已经从原来王阳明的知行合一学说中发掘出了更为系统的内容。他在王阳明知行合一的基础上提出了自然的知行合一学说,在价值的知行合一上区分了理想的价值的知行合一与率真的价值的知行合一,从而使知行合一在本体论层面表达得更为严谨和清晰。然而,在他看来,知行合一绝不能仅仅是形而上学的理论设定,对人而言,知行合一一定是关乎人生实践的重大问题。

对贺麟而言,他之所以对知行问题加以讨论,主要是基于两个重要原因:"因为反对武断的道德判断、道德命令和道德学上的武断主义,所以我们要提出知行问题。因为要超出常识的浅薄与矛盾,所以我们要重新提出表面好似与常识违反的知行合一说。"②

首先,就常识的浅薄地对待知行合一,以及知行合一表面好像与常识相违背而言,贺麟认为这实是人们对知行合一的重大误解和对人生的无知。因为在常识看来,知是知,行是行,知属于

---

① 贺麟:《五十年来的中国哲学》,上海:上海人民出版社,2012年,第208-209页。
② 贺麟:《近代唯心论简释》,北京:商务印书馆,2011年,第50页。

意识，而行属于行动，两者风马牛不相及。所以，从常识的角度来看，对于知先行后或行先知后都能理解，唯独对于知行合一颇难接受，正如王阳明的学生徐爱问及王阳明一样，"今人尽有知父当孝兄当弟，却不能孝不能弟，知行分明是两件事"。而王阳明则认为，"此已被私欲间断，不是知行本体。未有知而不行者，知而不行知是不知。圣贤教人知行，正是要复那本体。故《大学》指个真知行与人看，说'如好好色，如恶恶臭'，见好色属知，好好色属行。只见好色时，已自好了。不是见后又立个心去好。闻恶臭属知，恶恶臭属行。只闻恶臭时已自恶了，不是闻后别立个心去恶"。(《传习录》) 显然，从哲学上看，徐爱的观点是常识性的，是对知行合一的误解。而阳明的纠正则触及了道德本体的层面，有一种醍醐灌顶之效。所以，贺麟认为，"知行合一说虽因表面上与常识抵触，而易招误解，但若加正当理解，实为有事实根据，有理论基础，且亦于学术上求知，道德上践履，均可应用有效的学说。而知行问题，无论在中国的新理学或新心学中，在西洋心理学或知识论中，均有重新提出探讨，重新加以批评研究的必要"①。

其次，就反对武断的道德判断、道德命令和道德学上的武断主义而言，贺麟认为只有正确地理解知行合一，才能为哲学本体、道德和伦理学奠定基础，从而避免对人进行武断的道德命令和是非判断。他说："我且以为，不批评地研究知行问题，而直谈本体，所得必为武断的玄学（dogmatic metaphysics），不批评地研究知行问题，而直谈道德，所得必为武断的伦理学（dogmatic ethics）。因为道德学研究行为的准则、善的概念，若不研究与行为相连的知行、与善相关的真，当然会陷于无本的独断。至于不理知与行根本的关系，一味只知下'汝应如此''汝应如彼'，使'由'不使'知'的道德命令的人，当然就是狭义的、武断的道德家。而

---

① 贺麟：《近代唯心论简释》，北京：商务印书馆，2011年，第49页。

不审问他人行为背后的知识基础，只知从表面上去判断别人行为是非善恶的人，则他们所下的道德判断，就是武断的道德判断。"① 因为根据知行合一说，知行是平行的，知为主、行为从。如果知识方面陷于愚昧，则行为方面便沦为奴隶。知的方面如果只是一些糊涂的经验、混淆的观念，行的方面便是被动，成为情欲的奴隶。相反，如果知的方面对人、对物、对自然、对人的本性或情感有了正确的、科学的知识，则行的方面便有一征服自然、自由自主、利己利人的行为。同时，由于知与行的关系平行并进，知的方面有了自主的思想，则行的方面有自由的意志。思想进展成为理性的系统，则意志进展成为坚定的自由的人格或品格。

总之，从小处讲，知行合一是要求人表里如一、刚柔并济，使人格挺立高尚。从民族的角度看，知行合一能扫荡几千年来深印人心的畏难苟安的积习，破除知而不行的偷懒心理，同时鼓舞力行的勇气、求知的决心，恢复民族的自信心，展开民族前途的希望，指示我们的新文化应向科学化、工业化、民主化、社会化的方向迈进。

---

① 贺麟：《近代唯心论简释》，北京：商务印书馆，2011年，第49-50页。

后　记

在我的人生经历中，儒家思想是给予我人生安顿的最初源泉。记得上大学时，何仁富教授是我哲学上的启蒙恩师。作为宜宾学院的教学名师，他在学校之中颇具威望。他以深厚的人文素养和通透的哲学演讲，展现出一幅十分诱人的思想画卷。每次上课不仅座无虚席，而且更有余者，讲到迫切处，大家都会报以积极的姿态和会心的微笑，那是极其美妙的时刻，并使我意识到，原来哲学竟与我们如此切近，年少时的种种疑惑、困顿竟在千百年前便有如此多的圣贤哲人开始思考和体察，并如此这般的深刻而周至。

后来，随着课程的深入和开展，我们又开始接触到现代新儒家。梁漱溟、熊十力、张君劢、冯友兰、贺麟、牟宗三和唐君毅等哲学巨子也开始进入我们的视野，虽恍兮惚兮，但知确实有象。这使我知道风云变幻的20世纪还有如此众多的卫道之士坚守着中国的孔孟之道，在四顾苍茫、一无凭借的年代仍信心不改、卓然而立，践履着"为天地立心，为生民立命，为往圣继绝学，为万世开太平"的儒家抱负，努力为国人搭建起生命的路标。

大三那年，学校举办首届"唐君毅杯"征文大赛，我有感而发，写下了人生的处女作《"花果飘零"文化心态下的寻道者——论唐君毅文化意识自觉与自救》。这也促使我走上了人生的哲学之路，同年报考四川大学哲学系西方哲学史专业研究生，学习的精力和方向由东方转向西方，一个更为广阔的思想天地展现在我面前，极大丰富了我的人生和视野。2007年，我毕业并开始工作。

峰回路转，2008年，由于种种机缘，我申报了"四川思想家研究中心""贺麟综合研究"课题,开始对现代新儒家进行系统认识,并独立完成了"贺麟西方古典哲学译介研究"专题。然而,在对贺先生译介思想的研究过程中,其人生哲学也与我不期而遇,并给予了我极其深刻的印象,《文化与人生》等著作甚至一度成为我的案头读物。

经过一段时间的学习和梳理,我对贺麟先生也有了更为全面的认识。作为一个真正的儒者,他对人生没有惊天动地的豪言壮语,也没有写就一本首尾一致、井然有序的皇皇巨著。但这并不意味着他对哲学本身没有要求。在他看来,"哲学不是空疏虚幻的玄想,不是太平盛世的点缀,不是博取科第的工具,不是个人智巧的卖弄,作为时代的精华,哲学是调整个人和民族生活矛盾的利器",一种哲学成功与否,不在于是否具有美丽的外观,而在于其能否切中时弊,为人生提供一种必要的指引。古今中西,都不过是人生自我革新的源泉。因此,贺麟人生哲学虽缺乏伟大哲学体系所需的巍峨宏伟架构的形式外观,但却并不缺乏真诚和睿智,即使在自由主义、马克思主义和保守主义"三足鼎立"的20世纪思想争鸣中,贺麟的人生哲学也有其当仁不让的学术价值,并引领着一代学人的思想建构。

"人事有代谢,往来成古今。江山留胜迹,我辈复登临。"英雄的胜迹能引发人们的吊凭之情,思想的胜迹同样需要吾辈学习和瞻仰。今天,我们将如何来描绘贺麟人生哲学思想轨迹,同样值得探索和思考。如果能够以粗浅的笔墨将作者本来如花的思想路径勾勒出来,何尝不是一件壮举。本书若要如自己期待的那样,全面反映贺麟先生人生哲学的特色和初衷,或许尚待努力,但首先跟随贺麟先生的脚步一起思考或许更为珍贵。

为此,我要首先感谢贺麟先生本人,是他让我知道在一个变动不居的时代里,个人应该如何"先立其大者"、守住本心,如何因时而变、吐故纳新。贺先生认为,理想的人生追求应该是成为一个"儒者",成为一个有学问、有技能、有道德、有涵养的人。

在今天看来，这既是一种朴实的人生愿望，更是一种极高明的人生要求。只有怀揣理想、牢记使命、知行合一，生命才有不可磨灭的味道和光彩。

感谢"四川思想家研究中心"杨永明主任和李蕾老师，他们不仅是我学业上的恩师，教会我做人的道理，而且在我工作之后也一直给予我持续的关怀和帮助。从 2008 年以来，杨永明主任曾先后两次邀我回宜宾学院参加一些重要的学术会议，然而事与愿违，每次关键时刻我都被其他事务所耽搁，愧疚之心至今不能释怀。

感谢我的恩师何仁富教授。对我而言，他既是一位极具风采的学者，更是一位如父如友的师长。十余年来，无论我成长如何，他都给予我最大的鼓励和最真挚的关怀，让我始终感佩于心。如今，自己已近不惑之年，自信在人生的道路上尚未忘记初心，但是沉潜下来终需时日，如能得其指点，紧随贺先生的人生心法，在人生的道路上砥砺前行，具备一点"儒者气象"，也算是对人生的一个交代吧！如真能做到"合理性、合时代、合人情"，则功莫大焉！

感谢单位的各位领导和同事。我一直庆幸我能工作在这样一个单纯、友爱和宽松的环境，让我获得了一种近乎希腊哲人希冀的"闲暇"。感谢我的父母、妻子和女儿，是他们给予我无穷无尽的人间真情，并使我深刻感悟：人生离不开哲学，哲学更离不开人生。

代发君

2019 年 5 月攀枝花